新时代新理念职业教育教材·城市轨道交通系列
职业教育校企合作开发教材

城市轨道交通车辆驾驶技术

主　编　黄志高　王红红　王元芳
副主编　胡　翔　何安琪　黄昌兵
参编者　李剑锋
主　审　何成才

北京交通大学出版社
·北京·

内 容 简 介

全书共有 8 个项目，项目 1 主要介绍行车设备，包括城市轨道交通线路、车站和车辆段主要设备、车辆主要设备等内容；项目 2 主要介绍行车规则，包括行车组织、行车信号、列车运行图、行车安全管理等内容；项目 3 主要介绍车辆段内作业流程，包括乘务员岗位职责、出退勤及交接班作业标准、列车静态试验流程、列车动态试验作业标准、出入车辆段作业标准、调车作业等内容；项目 4 主要介绍正线驾驶作业，包括对司机室设备介绍、正线驾驶作业标准、站台及开关门作业标准、广播作业等内容；项目 5 主要介绍折返作业，包括站前折返作业流程和站后折返作业流程等内容；项目 6 主要介绍列车运行过程中出现的几种典型故障，包括牵引系统故障处理及方法、制动系统故障处理及方法、辅助系统故障处理及方法、车门故障处理及方法、高压设备故障处理及方法、因故障无法动车的列车救援处理流程和方法；项目 7 主要介绍城市轨道交通车辆在非正常条件下的行车组织，尤其是对城市轨道交通区间火灾、异物侵限、有人侵入等应急情况的处置流程；项目 8 主要介绍行车事故的预防与处理，包括行车事故的定义、分类、分析、处理及案例等内容。

通过 8 个项目的学习，使读者清楚掌握城市轨道交通车辆驾驶全过程中涉及的设备及不同阶段驾驶作业中的流程标准，对车辆的驾驶做到"心中有数"。

图书在版编目（CIP）数据

城市轨道交通车辆驾驶技术 / 黄志高，王红红，王元芳主编. —北京：北京交通大学出版社，2023.6

新时代新理念职业教育教材. 城市轨道交通系列

ISBN 978-7-5121-5030-0

Ⅰ. ① 城… Ⅱ. ① 黄… ② 王… ③ 王… Ⅲ. ① 城市铁路－铁路车辆－驾驶术－职业教育－教材 Ⅳ. ① U268.4

中国国家版本馆 CIP 数据核字（2023）第 123782 号

城市轨道交通车辆驾驶技术
CHENGSHI GUIDAO JIAOTONG CHELIANG JIASHI JISHU

策划编辑：张亮　　责任编辑：陈可亮	
出版发行：北京交通大学出版社　　电话：010-51686414　　http://www.bjtup.com.cn	
地　　址：北京市海淀区高梁桥斜街 44 号　　邮编：100044	
印 刷 者：北京时代华都印刷有限公司	
经　　销：全国新华书店	
开　　本：185 mm×260 mm　　印张：12.5　　字数：306 千字	
版 印 次：2023 年 6 月第 1 版　　2023 年 6 月第 1 次印刷	
印　　数：1～2 500 册　　定价：46.00 元	

本书如有质量问题，请向北京交通大学出版社质监组反映。对您的意见和批评，我们表示欢迎和感谢。
投诉电话：010-51686043，51686008；传真：010-62225406；E-mail：press@bjtu.edu.cn。

前　言

随着我国经济的快速发展，城市轨道交通也进入了高速发展的时期。截至 2022 年底，我国 31 个省（自治区、直辖市）和新疆生产建设兵团已有 53 个城市开通了城轨交通，运营里程达到 9 584 km。随着城市化进程的进一步加速，我国的城市轨道交通建设有望迎来黄金发展期。

城市轨道交通安全、准点、速度快、能耗低、运量大，是出行的最有效交通工具。城市轨道交通也是集车辆、线路、通信信号、供电、运营管理于一体的综合性系统。随着科学技术的发展，新工艺、新方法不断应用到城市轨道交通中来，尤其是城市轨道交通车辆驾驶技术，是确保城市轨道交通安全可靠运行的关键技术。这其中，司机的培养至关重要，所以本书从行车设备、行车规则、段（场）作业、正线驾驶作业、折返作业、故障处理、非正常条件下行车和应急处置、行车事故的预防与处理等几个方面出发，从司机作业的角度进行编写，为城市轨道交通车辆司机的学习、岗前培训及技能考证等提供重要的指导。

本书的项目 1、项目 3 由武汉铁路职业技术学院黄志高编写，项目 2 由武汉铁路职业技术学院胡翔编写，项目 4、项目 5、项目 8 由武汉铁路职业技术学院王红红、湖南铁路科技职业技术学院黄昌兵编写，项目 6 由武汉铁路职业技术学院王元芳编写，项目 7 由武汉铁路职业技术学院何安琪编写，中国铁路武汉局集团有限公司武昌南机务段李剑锋参与了本书编写。

本书编写过程中，武汉铁路职业技术学院何成才教授作为主审提出了许多宝贵的建议和意见，在此表示感谢！

由于本书涵盖内容较多，参考资料和编者水平有限，难免存在不足之处，诚恳欢迎同行专家、师生及相关读者提出批评及改进意见。

编　者
2023 年 3 月

目 录

项目 1　行车设备认知

1. 了解城市轨道交通线路的类型和组成。
2. 掌握城市轨道交通线路与限界的定义和作用。
3. 掌握城市轨道交通车站的分类及设计原则。
4. 了解城市轨道交通车辆段的作用。
5. 了解城市轨道交通车辆类型和我国城市轨道交通车辆的发展现状。
6. 了解城市轨道交通一些其他设备的作用。
7. 了解城市轨道交通车辆、车站、线路及相关设备。

项目任务

1. 掌握城市轨道交通线路和限界在行车中的作用。
2. 掌握城市轨道交通车站和车辆段的作用。
3. 掌握城市轨道交通车辆中设备的作用。
4. 掌握城市轨道交通中与行车相关的其他设备的作用和对行车的影响。

项目实施

　　城市轨道交通系统作为现代化城市的重要基础设施之一，是为了最大限度地满足市民出行需要，迅捷、舒适、安全、便利地在城市范围内运送乘客。该系统包括：地铁系统、轻轨系统、单轨系统、有轨电车系统、磁浮系统、自动导向轨道系统、市域快速轨道系统等。各类城市轨道交通系统都是由各种先进的设施、设备组成，这里主要介绍这些设施、设备的功能及行车设备对保障电客车司机安全驾驶列车的重要性。

　　行车设备主要由车辆、线路、车站、车场、轨道、道岔、地面信号、列车自动控制系统、通信系统、供电设备及机电设备构成。作为电客车司机，必须掌握和了解这些行车设备的基本知识，更好地利用这些设备来确保行车安全。

任务 1.1　城市轨道交通线路与限界

1.1.1　城市轨道交通线路

城市轨道交通线路是城轨列车运行的道路设施，是城市轨道交通的重要组成部分，是城轨列车运行的基础。它直接承受列车轮对传来的压力，保证列车能按规定的速度安全、平稳、不间断地运行，质量良好地完成运营任务。线路的设计必须满足行车安全、线路平顺与养护方便等要求，并保证一定的舒适度及符合有关设计规范的要求。

1. 线路的分类

城市轨道交通线路按照其在运营中功能定位，分为正线（干线与支线）、车场线和配线。配线包括车辆基地（停车场）出入线、联络线、折返线、停车线、渡线、安全线。除车场线使用由车辆段调度员指挥外，其余线路由行车调度员（简称行调）统一指挥。地铁车场线路如图 1-1 所示。

图 1-1　地铁车场线路

正线：是指载客列车运营贯穿全程的线路。当线路分叉时，可细分为干线和支线。一般情况下，在正线上分叉以侧向运行的线路为支线，直向运行的线路为干线。支线通过配线连接干线，可混合运行，也可独立运行。由于干线与支线有主次地位之分，所以干线、支线应单独命名，但其技术标准没有区分。

车场线：是指设在车辆基地（或停车场）内，由车辆段专用并管理，提供列车停、检、修的线路，或各种维修车辆停放的线路。

配线：原称"辅助线"，现改称"配线"。凡在正线上分岔的，为配合列车转换线路或运行方向等某些运营功能服务的，并增加运行方式灵活性的线路，统称为配线。配线是城市轨道交通的重要组成部分，为配合列车转换线路或运行方向等运营功能服务，增加运行方式的灵活性，直接关系到系统运营组织的效率。例如，列车在正线上运行时，若突然出现意外故障，而上下行线路没有岔道时，列车既不能改变方向，也不能超越，便有可能造成全线瘫痪。为了运营时段意外事故发生后可以迅速进行抢修，每隔 2～3 个车站应选择一处设置渡线和临时停车线等配线，用于特殊情况下应急使用。

车辆基地（停车场）出入线：简称"出入线"，是从正线上分叉引出至车辆基地（停车场）的线路。

联络线：是指设置在两条不同正线之间，为各种车辆过渡运行的线路。

折返线：是指列车折返运行的线路。

停车线：是指故障列车待避、临时折返、临时停放或夜间停放列车的线路。

渡线：是指设置在正线线路左右线之间，为车辆过渡运行的线路，或在平行换乘站内，为相邻正线线路之间联络的线路，如图 1-2 所示。

图 1-2　地铁渡线

安全线：是指对某些配线的尽端线，或在正线上的接轨点前，根据列车运行条件，设置在设计停车点以外，具有必要的安全距离的线路，以避免停车不准确发生冒进的安全问题。

专用线：是指根据地铁建设与运营的需要，与国家铁路网相联系的线路。

2. 地铁线路的空间设置位置

地铁线路按照所处的地理位置不同可分为地下线路、地面线路及高架线路。

1）地下线路

地下线路常用于地下铁道系统，线路设置于地下隧道中。其优点是与地面交通完全分离，且不占城市地面与空间，基本不受气候影响。其不足是需要较大的投资，较高的施工技术，较先进的管理，完善的环控、防灾措施与设备；建设过程仍会影响地面交通；运营成本较高；改造调整与线路维护均较困难。

2）地面线路

地面线路一般采用独立路基的方式，减少与地面道路交通的互相干扰。其优点是造价最低，施工简便，运营成本低，线路调整与维护较容易。其不足是运营速度难以提高（有部分信号控制的平面交叉点），占地面积较多，破坏城市道路路面，使城市道路交叉口复杂化，容易受气候影响（如雨水、雾、台风等），乘车环境难以改善，有一定的污染负效应（如噪声、景观等）。

3）高架线路

高架线路设置在高架工程结构物上，与地面交通无干扰，造价介于地下与地面线路之间。施工、维护管理、环控及防灾诸方面都较地下线路方便，但要占用一定的城市用地并有光照、景观、噪声等污染负效应，也受气候变化的影响。高架线路平面位置选择较地下线路更严格，受城市建筑约束大，一般要与城市主路平行设置。高架线路设置于快慢车分隔带上，可充分利用道路隔离带，减少高架桥墩柱对道路宽度的占用和改建，线路高架桥墩柱位置要与道路车行道配合，一般宜将桥墩柱设置于分隔带上。在无中间分隔带的道路上敷设时，改建道路工程量大。

由于城市地铁选线的特殊性，为减少对城市规划的影响，以及减轻列车运行时产生的噪声影响，地铁线路正线主要由地下隧道组成，配合地面车场线路、少量的地面正线与高架线路。

3. 地铁线路的平面和纵断面

经过选定的地铁线路在空间的位置是用线路中心线来表示的。线路中心线在水平面上的投影，叫作线路的平面，线路的平面可以表示出线路的曲直变化；线路中心线在垂直面上的投影，叫作线路的纵断面，线路纵断面可以表示线路的坡度变化。

4. 轨道系统的组成

地铁轨道是列车运行的基础，要求能满足列车行驶的安全、可靠、平稳等要求，并且需要便于养护管理。轨道是由钢轨、轨枕、连接零件、道床、道岔和其他附属设备等不同力学性质材料组成的构筑物。现代轨道常用两根专门轧制的工字形截面的钢轨固定在轨枕上而形成，作用是通过道床将载荷传递到路基上去。主要部件如下。

1）钢轨

钢轨（见图1-3）是轨道结构的重要组成部分，是轨道的基本承重结构，用来引导轨道车辆行驶，并将所承受载荷传到轨枕、道床及路基上去，也为车轮的滚动提供最小阻力接触面。钢轨要求具有足够的承载能力、抗弯强度、断裂韧性、稳定性及耐腐蚀性。目前，一般地铁线路正线及配线采用 60 kg/m 钢轨，基地（停车场）采用 50 kg/m 钢轨。

| 轨头 | 轨腰 | 轨基 | 螺栓 | 螺母 | 夹板 |

图 1-3　钢轨

轨距是钢轨头部踏面下 16 mm 范围内两股钢轨工作边之间的最小距离。直线轨距标准规定为 1 435 mm。

钢轨长度决定于轧制、运输、铺设，在两根定长的钢轨之间，用夹板连接成连续的轨线，称为钢轨接头。虽然在地铁和轻轨上已大量采用无缝线路，但在无缝线路的缓冲区、轨道电路的绝缘区、有道岔的线路区段中，还必须用钢轨接头。钢轨接头的连接零件包括夹板、螺栓螺母、弹簧垫圈等。

2）轨枕

轨枕是轨下基础部件之一，功能是支撑钢轨，保持轨距和方向，并将钢轨对其各向压力传递、分散至道床上。轨枕必须具有坚固性、弹性和耐久性。

轨枕按材料可分为木枕、钢筋混凝土轨枕及钢枕，如图 1-4 所示。

（a）木枕

（b）钢筋混凝土轨枕

（c）钢枕

图 1-4 轨枕

（1）木枕是由木材制成的轨枕，是铁路上最早采用而且到目前为止依然采用的一种轨枕。优点是弹性好，易于加工、运输、铺设、养护，维修方便，绝缘性能好。但是木枕的使用寿命短，其失效原因很多，主要是腐蚀、机械磨损和开裂。木枕易腐蚀，在上道前要进行防腐处理。

（2）钢筋混凝土轨枕的主要特点是稳定性好，使用寿命长，能提供较高的阻力；但质量比较大，不利于铺设，且弹性比较差。

（3）钢枕曾在德国和瑞士铁路上被广泛使用，但由于钢枕易于锈蚀、用钢量大、维修费用高，因此使用量逐渐减少。

3）道床

道床是轨道的重要组成部分，是轨道框架的基础，通常指路基、桥梁或隧道等下部结构之上，钢轨、轨枕之下的碎石、卵石层或混凝土层。道床的主要作用是支撑轨枕，把来自轨枕上部的巨大荷载均匀地分布到路基面上，大大减少了路基的变形。道床依靠本身和轨枕间的摩擦，起到固定轨枕的位置，阻止轨枕纵向或横向移动的作用。

道床铺设在路基之上、轨枕之下，一般分为有砟道床和无砟道床两种。一般地铁线路地面用有砟道床中的碎石道床铺设，而隧道和高架上则采用无砟道床，见图1-5。

（a）碎石道床　　　　　　　　　　　　（b）无砟道床

图1-5　道床

4）道岔

道岔是一种使车辆能从一股道转向或越过另一股道的线路连接设备。道岔是铁路轨道中不可缺少的重要组成部分。根据用途和条件的不同，可以利用道岔把许多平行股道组合成各种不同形式的车站或车场，满足地铁运营中的各种作业需要。

道岔比较常见的有普通单开道岔、对称双开道岔、三开道岔及复式交分道岔4种形式。道岔根据辙岔角度大小，可分为7号、9号、12号等，号数越大其侧向通过能力越高。目前地铁正线一般采用60 kg/m钢轨的9号道岔，基地或车辆段采用50 kg/m钢轨的7号道岔（试车线为60 kg/m钢轨，与其接轨的道岔为60 kg/m的9号道岔）。普通单开道岔主要由转辙器、连接导轨和辙叉及护轨组成，见图1-6。普通单开道岔和对称双开道岔见图1-7。

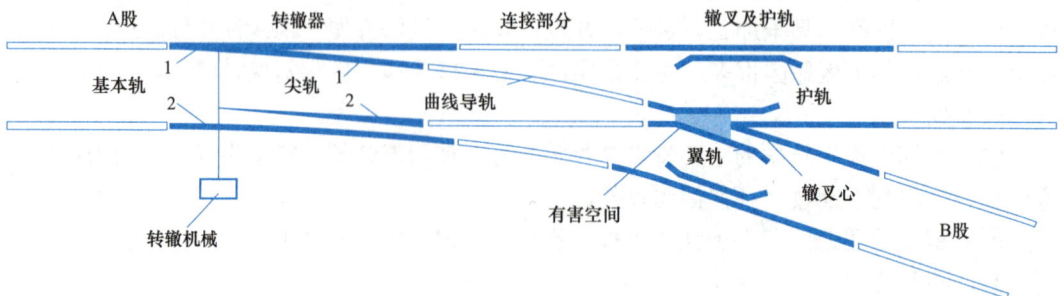

图1-6　普通单开道岔示意图

（a）普通单开道岔　　　　　　　　　　　（b）对称双开道岔

图 1-7　普通单开道岔和对称双开道岔

转辙器：包括转辙机械，用来控制轨道变线连接，分为电动和手动两种。

尖轨：两条可以水平移动的钢轨，用来引导车轮进入导轨，依靠尖轨的扳动，将列车引入正线或侧线方向。

轨距拉杆：一根位于两条尖轨间的连接拉杆，用来维持两条尖轨的距离，并加强尖轨间的联系，提高尖轨的稳定性。

转辙拉杆：用来控制尖轨位置的转换，并与转辙机械相连，以实现尖轨的摆动。此外，转辙机械上还有一些常用的零配件，如滑床板、轨撑、顶铁、各种特殊形式的垫板等。

连接导轨：引导车轮进入辙叉的一组或多组轨道，分直线导轨和曲线导轨两种。

辙叉：是用来引导车轮准确地进入岔心的一组钢轨，由岔心、翼轨和连接零件组成。

护轨：是防止车轮在岔心处因轮缘有可能走错辙叉槽而引起脱轨或进错路线而在固定辙叉两侧设置的钢轨。

翼轨：是在内侧轮轨紧邻岔心处设置的钢轨，翼轨与岔心间形成必要的轮缘槽，引导车轮行驶。

辙叉心：是用来连接两边轨道的钢轨。

1.1.2　城市轨道交通限界

所谓限界就是运行主体的动轮廓线与周围建筑设备的静轮廓线之间，在空间范围内的安全间隔的警戒线。

1. 限界定义

地铁列车需要沿着固定轨道，在特定的空间中运行。根据车辆轮廓尺寸和性能、线路特性、设备安装及施工方法等因素，经技术、经济综合比较确定的空间尺寸称为限界。为了确保运营的安全，一切建筑物，在任何情况下，不得侵入地铁建筑限界；一切设备，在任何情况下，不得侵入地铁设备限界；一切机车、车辆，无论空、重状态，均不得超出机车、车辆限界。

2. 限界分类

限界是确定地下铁道与行车有关的构筑物净空大小和各种设备相互位置的依据。为了确保地铁车辆在地铁线路上运行的安全，防止地铁车辆撞击邻近的建筑物或其他设备，地下铁道的限界（见图 1-8）包括车辆限界、设备限界、建筑限界。

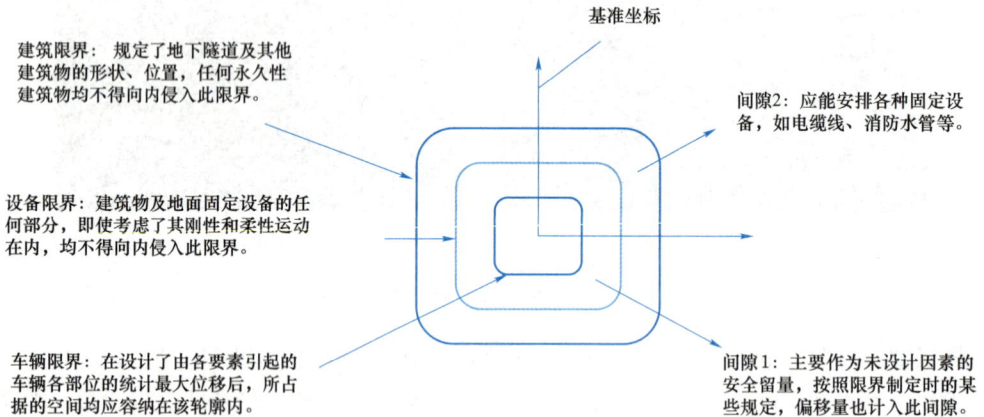

建筑限界：规定了地下隧道及其他建筑物的形状、位置，任何永久性建筑物均不得向内侵入此限界。

基准坐标

间隙2：应能安排各种固定设备，如电缆线、消防水管等。

设备限界：建筑物及地面固定设备的任何部分，即使考虑了其刚性和柔性动移在内，均不得向内侵入此限界。

车辆限界：在设计了由各要素引起的车辆各部位的统计最大位移后，所占据的空间均应容纳在该轮廓内。

间隙1：主要作为未设计因素的安全留量，按照限界制定时的某些规定，偏移量也计入此间隙。

图 1-8　限界关系

（1）车辆限界：可分为直线车辆限界和曲线车辆限界，应根据车辆主要尺寸等有关参数，并考虑在静态和动态情况下所达到的横向和竖向偏移量及偏转角度，按可能产生最不利情况进行组合计算确定。这是车辆的制造、安装，以及工程列车上所装载的施工料具不得向建筑物方向超出的安全警戒线。

（2）设备限界：应根据车辆限界、轨道状态不良引起车辆偏移和倾斜，并结合适当的安全度等因素计算确定。这是在沿线建筑物上所安装的一切设备，其外轮廓严禁向车辆运行空间方向侵入的安全警戒线。

（3）建筑限界：区间直线地段各种类型的建筑限界与设备限界之间的间距，应能满足各种设备安装的要求。其他类型与施工的建筑限界，应按照《地铁设计规范》（GB 50157—2013）规定要求进行加宽与加高。这是沿线一切建筑物的外轮廓严禁向车辆运行空间方向侵入的安全警戒线。

车站直线地段的站台高度应低于车厢地板面，其高度差宜为 50～100 mm；站台边缘距车厢外侧之间的空隙宜采用 100 mm。

（4）接触轨限界：应根据受流器的偏移、倾斜和磨耗、接触轨安装误差、轨道偏差、电气间隙等因素来确定。

例如：隧道的断面尺寸、桥梁的宽窄，都是依据限界确定的。限界越大，安全度越高，但工程量和工程投资也随着增加。地下铁道限界应根据车辆轮廓尺寸、线路特性、安装施工精度等因素进行综合比较，确定一个既能保证列车运行安全，又不增加桥梁、隧道空间的经济合理的断面，这是制定地铁工程限界的任务和目的。

任务 1.2　城市轨道交通车站和车辆段

1.2.1　城市轨道交通车站

城市轨道交通车站是对外提供客运服务的窗口，是吸引客流和疏散客流、为乘客提供乘降车服务的基本设施。它既是城市轨道交通客运服务的起点，也是客运服务的终点，如图 1-9 所示。

（a）地下车站剖面

（b）站厅

（c）站台

图 1-9　城市轨道交通车站

1. 城市轨道交通车站的分类

车站按照所处位置不同可以分为：地下车站、地面车站和高架车站。按照车站运行性质不同可以分为：中间站、区域站、换乘站、枢纽站、联运站、终点站。按照车站站台性质不同可以分为：岛式站台车站、侧式站台车站、混合式站台车站。

1）按照车站运行性质分类

中间站：仅供乘客上、下车之用，功能单一，是地铁路网中数量最多的车站。

区域站：设在两种不同行车密度交界处的车站，设有折返线和设备。区域站兼有中间站的功能。

换乘站：位于两条及两条以上线路交叉点上的车站。除了具有中间站的功能外，更主要的是它还可以从一条线路上的车站通过换乘设施转换到另一条线路上的车站。

枢纽站：由此站分出另一条线路的车站，该站可接、送两条线路上的乘客。

联运站：车站内设有两种不同性质的列车线路进行联运及客流换乘。联运站具有中间站及换乘站的双重功能。

终点站：设在线路两端的车站，就列车上、下行而言，终点站也是起点站（或称始发站），终点站设有可供列车全部折返的折返线和设备，也可供列车临时停留检修。

2）按照车站站台性质分类

岛式站台车站：候车区在站台层中央，双向行车轨道在站台两侧，乘客可在候车区选择不同方向列车，其优点是站台面积利用率高、能灵活调剂客流、乘客中途改变乘车方向方便、车站管理集中、站台空间宽阔，常用于客流量较大的车站（见图1-10）。

图1-10　岛式站台车站

侧式站台车站：列车行驶轨道在中间，不同方向候车区分别位于轨道两侧，每个候车区对应一个方向。进入站台层前，需要选择正确的候车区。侧式站台的优点是站台上、下行乘客可避免相互干扰，正线和站线间不设喇叭口，造价低，改建容易；缺点是站台面积利用率低，不可调剂客流，中途改变乘车方向须经地道或天桥，车站管理分散，站台空间不及岛式宽阔（见图1-11）。

图1-11　侧式站台车站

混合式站台车站：主要用于两侧站台换乘或列车折返，有一岛一侧式或一岛两侧式。

2. 城市轨道交通车站设计的原则

（1）组织人流线路的要点：进、出站客流线路和换乘客流要分开，尽量避免交叉和相互干扰；乘客购票、问讯及使用公用设施时，均不应妨碍客流通行；当地铁与城市建筑物合建时，地铁客流应自成体系。

（2）车站公用区应划分为付费区与非付费区。此两区应由进、出站检票口进行分隔。换乘一般设在付费区内。

（3）车站的站厅、站台、出入口楼梯和通道、升降设备、售票口、检票口等部位的通过能力应相互适应，且通过能力按远期超高峰客流量确定。

（4）有噪声源的房间应远离有隔声要求的房间及乘客使用区；对有高音质要求的房间，均采取隔、吸声措施。

（5）车站应考虑防灾设计和无障碍设计。

3. 城市轨道交通车站的组成

（1）车站的组成：主要包括车站主体、出入口及通道、通风道及地面通风亭（仅限地下站）。

（2）车站的规模：指车站站台外轮廓尺寸、层数及用房面积大小等，由客流量、所处位置的重要性、设备和管理用房面积及该地区的远期发展规划等因素决定。车站规模的大小，将直接影响到工程造价的高低。规模过大，投资太高；规模不足，满足运营的需要期限短，影响运营功能且日后改建困难。

1.2.2　城市轨道交通车辆段

车辆段又称为车辆停放及维修基地（见图 1-12），是车辆停放、保养、修理的专门场所，主要由停车库、列检库、站场线路、信号控制楼等组成。为了便于统一管理，往往将机电、通号、工务、仓库、教育培训等部门、设施与车辆基地组建在一起，成为更大的车辆综合维修基地。一般来说，一条线路可设一个车辆段；线路长度超过 20 km 时，可考虑设一个车辆段、一个停车场。

图 1-12　车辆段

1. 车辆段内线路

车辆段内的线路按作业目的和功能可分为：运用线、检修线和其他线。

运用线：包括出入车场线、停车线、双周检线、月检线、洗车线、试车线、走行线、安全线和牵出线等。

检修线：包括大修线、架修线、定修线、临修线、静调线和不落轮镟修线等。

其他线：包括维修中心线、工程车及特种车存放线、长轨运输线、材料总库线、调车机库线和联络线等。

2. 车辆段内信号机

车辆段内的信号机（见图 1-13）按作业目的不同，可分为：入车场信号机、出车场信号机、调车信号机、阻拦信号机等。

图 1-13　车辆段内信号机

3. 车辆段的业务

车辆段的业务范围主要有：列车运用、编组、调车、停放、日常检查、故障处理、清扫等；车辆技术检查、月修、定修、架修、临修等；列车折返及乘务组换班；其他维修工作。

车辆段主要承担的任务有列车的运营及定期检修作业。车辆修程可根据车辆的质量及管理水平确定。我国城市轨道交通车辆的修程一般为：厂修、架修、定修、月修、列检（日检）。

（1）厂修：全面恢复性修理。要求对车辆全面解体、检查、整行、修理和试验，要求完全恢复其功能。组装后要重新油漆、标记、静调和试车。总之，厂修后的车辆基本上要达到新车出厂水平。

（2）架修：主要目标是检测和修理大型部件（如走行部、牵引电动机、传动装置等），同时经架车，对车辆各部件进行解体和全面检查、修理、试验，对计量的仪器、仪表进行校验，车体要重新油漆标记，组装后进行静调和试车。

（3）定修：主要是预防性的修理，需要架车。对各大部件的技术状态和作用做较仔细检查，对检查发现的故障进行针对性修理，对车上的仪器和仪表进行校验，车辆组装后要经过静调和试车。

（4）月检：对车辆外观和一般功能进行检查，即对车辆主要部件的技术状态进行外观检查和必要试验，对危及行车安全的故障进行全面修理。

（5）列检（日检）：对容易出现危及行车安全的各主要部件（如轮对、弹簧、转向架、受流器、控制装置、空气制动装置、车钩及缓冲装置、蓄电池、车门风动开关装置、车体、车灯等）进行外观检查，对危及行车安全的故障及时进行重点修理。

任务 1.3　城市轨道交通车辆

1.3.1　城市轨道交通车辆的一般概念

城市轨道交通车辆一般指的是城市公共交通的乘客运载工具，它不仅要保证车辆运行的安全、准点、快速，而且要为乘客提供良好的服务条件，使乘客乘车舒适、方便，同时还要考虑对城市景观和环境的影响。为了达到这些要求，在设计、制造城市轨道交通车辆上采用了大量高新技术。例如，车体结构材料的轻量化；走行装置的低噪声和高平稳性设计；线性电机驱动；再生制动技术及交流变频调压技术等。

城市轨道交通车辆的基本要求：应具有先进性、可靠性和实用性，满足容量大、安全、快速、舒适、美观和节能的要求。

城市轨道交通车辆的简单分类：按是否有动力分为动车和拖车两类，按有无司机室分为带司机室和不带司机室两类。为了提高效率，现代车辆大多按动车组（单元）设计，在一组动车组内，动车、拖车及司机室的分布是一个有机的整体，不能随意拆卸。例如，北京地铁 1 号线按全动车设计，6 辆为一固定编组；复八线为 2 辆车一单元，列车编成可以按 2/4/6 辆编挂。

1.3.2　城市轨道交通车辆的列车编组及标识

1. 列车编组

目前，城市地铁列车一般由两个单元电动车组编成，每个单元车采用 2 动 1 拖的编组型式，示意如下：

$$—A=B＊C=B＊C=A—$$

其中："A"为带有一个司机室的拖车，包括 1 个司机室、1 个司机室端部自动车钩、1 个另一端半自动车钩；

"B"为装有受电弓的动车，包括 1 个受电弓、1 个半永久牵引杆、1 个半自动车钩；

"C"为无受电弓的动车，包括 1 个半永久牵引杆、1 个半自动车钩；

"—"为自动车钩；

"＊"为半永久牵引杆；

"="为半自动车钩。

整列车连接方式：单元内车辆之间为半永久牵引杆，两个单元之间为半自动车钩，与其他列车连挂为全自动车钩。A–B–C 组合为一个单元，可独立供电起动，但只限于慢性和非运营目的。列车可自动驾驶或人工驾驶。列车在特殊情况下，可以与另一列车连挂以实现救援。

2. 车端、车侧的定义

（1）车端。在车辆两端的车钩一般都不为同一类型车钩，将车钩自动化程度较高的一端定义为 1 位端，自动化程度较低的一端定义为 2 位端，如图 1–14（a）所示。

（2）车辆的车侧。若某人站立在某车辆的 1 位端，面向 2 位端，则该人的右侧就称为该车辆的右侧，该人的左侧就称为该车辆的左侧，如图 1–14（b）所示。

（3）列车的车侧。列车车侧的定义与车辆车侧的定义是不同的。它是以司机坐在列车的驾驶端座位上驾驶列车的方位来定义的，此时司机的右侧即为列车的右侧，司机的左侧即为列车的左侧，如图 1–14（c）所示。

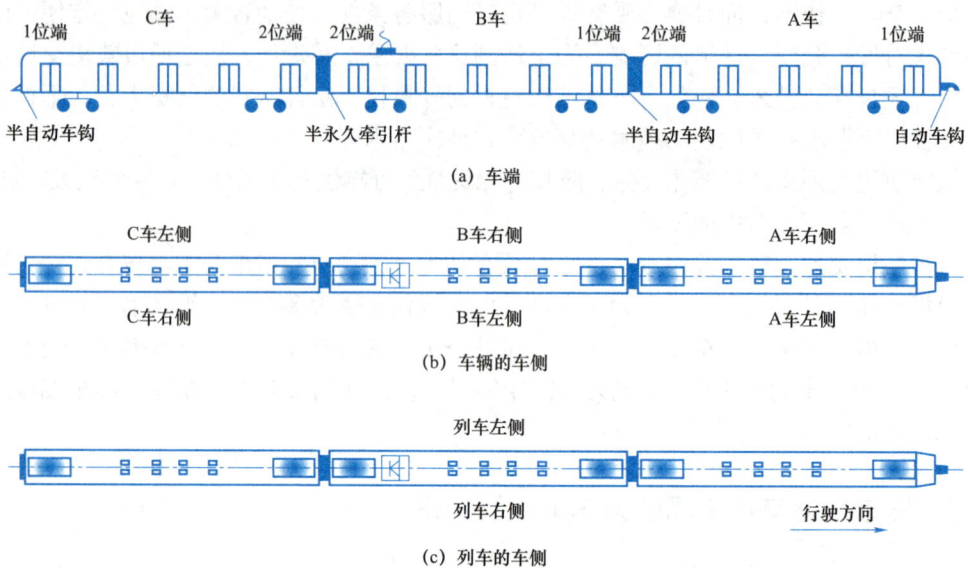

图 1–14　车端、车辆车侧、列车车侧的识别

1.3.3　城市轨道交通车辆的主要设备

1. 城市轨道交通车辆设备的作用和分类

按照设备的用途，车辆设备包括车用设备和服务于乘客设备两大类。

车用设备主要有：牵引动力设备（如受电弓、逆变器、牵引电机）、计算机控制设备（如微机控制单元）、制动设备、风源设备等，用于满足列车运行要求。

服务于乘客设备主要有：乘客乘坐设备（如座席、扶手等）、照明设备、信息广播设备、空气调节设备等，用于为乘客提供方便和服务，保证乘客良好的乘车环境。

按照设备的性质，车辆设备分为机械设备、电气设备及控制设备。按照设备的布置位置，车辆设备分为车底设备、车顶设备和车内设备，见图 1-15～图 1-17。

图 1-15 车底设备

图 1-16 车顶设备

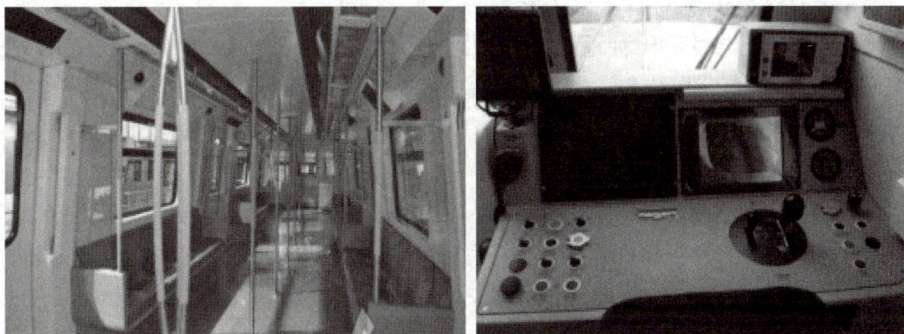

图 1-17 车内设备

一般城市轨道交通车辆以动车组的形式出现，车内空间尽量用于容纳乘客，设备的布置应使客室环境安全、舒适，与乘客无直接关系的车辆运营所需设备尽可能悬挂于车外，以使车内空间最大化。

2. 城市轨道交通车辆的基本组成

城市轨道交通车辆主要由车体、走行部分（转向架）、车辆连接装置、制动装置、受流装置、电气系统、列车自动监控设备等七大部分组成。

（1）车体：作用是容纳乘客，安装并连接其他设备和部件。现代城市轨道交通车辆均采用整体承载的钢结构或轻金属结构，以达到满足强度、刚度要求的同时，最大限度地减轻自重。车体由车顶、侧墙、端墙、底架、车门及车窗等组成。

（2）走行部分（转向架）：是车辆安全运行的基础；安装于车体和轨道之间，用于支撑、引导车体沿轨道行驶；传递和缓和来自车体及线路的各种载荷；是保证车辆运行品质的关键部件，一般由构架、轮对轴箱装置、弹簧悬挂装置和制动装置等组成；有动力转向架和非动力转向架之分。

（3）车辆连接装置：包括车钩缓冲装置和贯通道。车钩缓冲装置起着传递牵引与制动力、缓和车辆间纵向冲击的作用，同时还起着联系车辆之间的电路和气路的作用。贯通道是车辆与车辆之间的客室连接通道。

（4）制动装置：用于产生制动力，以确保车辆能可靠减速或在规定的制动距离内停车，是车辆运行安全、可靠的基本保障。常见的制动方式有摩擦制动、动力制动和磁轨制动等。

（5）受流装置：是将接触网或导电轨的电能引入动车的装置。城市轨道交通车辆的受流器分为三轨受流器和受电弓受流两种，受流器的选择主要取决于供电电压。供电电压为DC 750 V，一般采用三轨受流器，其优点是对市容景观影响较小；供电电压为DC 1 500 V，一般采用架空线接触网受电弓受流，其优点是线路电压降小，能量损失少，同时需要的牵引变压站数量少。

（6）电气系统：包括车辆上的各种电气设备及其控制电路，按其作用和功能可分为主电路、辅助电路和控制电路三个子系统。

（7）列车自动监控设备：包括列车内部监控设备、列车自动控制 ATC 系统及列车故障自诊断系统等。

3. 城市轨道交通车辆的基本设备配置

（1）受电弓。受电弓是一种通过空气回路（或电动）控制升、降动作的铰接式机械构件，受电弓从接触网上获取电能，并将其传送到车辆电气系统。单臂式受电弓一般由底架、框架、集流头和升降装置所组成。受电弓一般通过基础框架安装在车顶上，并尽量靠近转向架回转中心，以避免车辆通过曲线时引起受电弓偏离接触网导线。

（2）空调单元。空调单元的作用是确保车内具有舒适的环境温度、湿度和充足的新鲜空气。城市轨道交通车辆每车车顶都安装两个车顶一体式空调单元。位于 1 位端的空调单元称空调单元Ⅰ，位于 2 位端的空调单元称空调单元Ⅱ。

（3）牵引逆变器。采用接触网直流供电车辆交流传动时必须采用牵引逆变器，通过它的电源回路，逆变器驱动 4 个并联的三相交流牵引电机，此外还能执行电阻制动或再生制动。

在运行工况：牵引逆变器将接触网得到的直流电源转换为三相变频变压电源，驱动牵引电机。

在制动工况：牵引逆变器将此时由电机产生的三相变频变压电源转换为直流电源，产生的电源反馈回到接触网供给其他负载或供给其他车上耗电设备。未被消耗的电能由制动电阻转换为热能散逸到大气中去。

（4）牵引单元。牵引单元包括牵引电机、联轴节和齿轮箱等。三相牵引电机的转矩通过联轴节和齿轮箱驱动轮对。从牵引变电所来的直流电经接触网—受电弓—高速断路器—线路滤波器—牵引逆变器—方向接触器（受主控制器控制）—牵引电机—斩波器—接地装置—轮对—钢轨（回流线）到牵引变电所。

（5）辅助设备。辅助设备是城市轨道交通车辆上的一个必不可少的电气部分，它可为列车空调、通风机、空压机、蓄电池充电器及照明等辅助设备提供供电电源。辅助电源系统的电力主要来自牵引供电接触网（或第三轨），经受电弓（或集电靴）进入列车。当电力不来自牵引供电接触网（或第三轨）时，采用外接电源（例如车间电源）或者蓄电池供电。

（6）空气制动系统。用于产生空气制动力，以确保车辆能可靠减速或在规定的制动距离内停车，它是车辆运行安全、可靠的基本保障，主要包括空压机单元、空气控制屏、空气干燥器、储风缸（主风缸、制动供风缸、空气弹簧缸、门控风缸等）和装在转向架上的基础制动单元。

（7）车门系统。一般城市轨道交通车辆共有 4 种车门，即客室车门、司机室车门、紧急疏散门、司机室通道门。地铁每辆 A 型车分别安装了 10 个客室车门（每侧 5 个），供乘客上下车使用。在 A 型车司机室安装有 2 个司机室车门、1 个紧急疏散门、1 个司机室通道门，整列车共 4 个司机室车门、2 个紧急疏散门、2 个司机室通道门。在每扇客室车门的上方车体内外部各装设有一个警示灯，开关门时警示灯将会亮并闪烁；当车门被切除时或遇障碍物 6 次（可设置）激活后，警示灯将常亮；同时在开关门时，光电管式的蜂鸣器将会发出蜂鸣声音，并持续 3 s（可设置），以警告乘客车门将要打开或关闭。

（8）乘客信息设备。为了方便乘客知悉列车信息，特别是弱视和弱听乘客的上下车，一般客室安装了扬声器和显示屏，可以广播和显示站名等信息。

（9）车辆连接装置。车辆连接装置包括车钩缓冲装置和贯通道装置，通过它们使列车中各车辆相互连接，实现相邻车辆之间的纵向力传递和通道的连接。

按照车辆牵引连挂装置的连接方法的不同，可分为全自动车钩、半自动车钩和半永久牵引杆三种类型车钩。

① 全自动车钩：机械、电气、气路都自动连接，用于两列车之间的连接。

② 半自动车钩：机械和气路自动连接，电气手动连接，用于两个单元之间的连接。

③ 半永久牵引杆：只有机械自动连接，电气和气路都手动连接，用于单元内车辆连接。

（10）列车故障自诊断系统。列车采用微机故障自诊断系统，用便携式数据采集器采集各种有关数据。另外在轴箱上还装有速度传感器、接地装置、防滑传感器，在列车前端装有 ATC 传感器及轮缘润滑装置等。

4. 城市轨道交通车辆的运用特点

城市轨道交通车辆的牵引力来自动车，而拖车没有，所以称之为动车牵引力。从牵引电气化、自动化角度来看，虽然城市轨道交通列车（简称电客车）和普通铁路的电力机车都是由受流器接受来自接触网的电能，再在控制系统的指挥下，经主回路、牵引电机将电能转换为驱动列车所需机械能，并且在必要时使车辆实施制动。但为了满足城市公众对大容量快速交通的需求，主要在市内和市郊运行的城市轨道交通列车，需要在地下隧道、高架和地面轨道运行，而且站距短、线路曲线半径小、坡度大，客流量大而集中，乘客上下车频繁，高峰时可能严重超载。为了尽量缩短乘客的乘坐时间，要求有较高的运行速度，特别是较大的起动加速度和制动减速度，传动系统应效率高、能耗少，尽量减少发热，减轻自重；控制系统更可靠、精确，并有良好的适应能力，对乘坐舒适性和对城市环境无公害的要求也越来越高。因此，城市轨道交通列车相对于普速铁路运输在编组形式、动力配置、轨道线路、操纵方式上仍有一定的区别。这些区别如下：

1）列车动力配置与编组形式不同

对于中国铁路而言，普通客运列车动力集中在一个或两个机车上，编组辆数一般为 14～20 辆，编组辆数比较灵活，运营过程中，可以随着客流量的变化调整。城市轨道交通列车则一般是动力分散的，编组一般为 4～8 辆，在运用过程中，列车编组基本固定。动力分散型与动力集中型两者不同的特性及编组辆数的不同，决定了两种轨道交通在列车起动加速性能、爬坡性能、调速制动性能等控制性能上的差异。因此，在理解相关概念时要注意上述两者的区别。

2）区间长度短、线路纵断面变化大

城市轨道交通为了方便人们出行，市区站间距约为 0.8～1.8 km，市郊线路站间距约为 1～3 km，远远小于普通铁路的站间距。而且线路坡度变化较大，20% 左右的大上坡及大下坡较普通铁路多，造成线路附加阻力较大；曲线半径较小，一般在 1 000 m 以下，甚至困难地段有 300 m 以下的曲线半径。因此，城市轨道交通的线路条件，决定了城轨列车在运行中存在起动频繁、起动加速快和制动减速快、目标速度低的特点。

3）城轨列车紧急制动距离短、操纵要求更加严格

普速列车一般条件下的紧急制动距离规定为 800 m，城轨列车一般条件下的紧急制动距离是 180 m；同时要体现公交的特点，对乘坐舒适要求较高，运行要平稳；制动方式主要是电制动与闸瓦制动相结合，对停站要求更严格，要停得准、停得稳，实际的停站误差在米级甚至 20 cm 以下。因此，城市轨道交通对于列车的操纵方式要求更加严格。

城市轨道交通电力牵引系统汇集了电力电子、计算机检测与控制、电机与电器制造等多学科的先进技术，正朝着智能化、模块化、轻量化、节能型、免维修方向发展。特别是城轨列车，普遍具有自动保护（ATP）、自动驾驶（ATO）、自动监控（ATS）等功能，其安全性、舒适性及正点率都有较高要求，这些特点都对城市轨道交通车辆运用提出了更高的要求。

5. 国内部分城市轨道交通车辆

1）北京城市轨道交通不锈钢地铁车

北京城市轨道交通不锈钢地铁车是长春轨道客车股份有限公司近年来成功开发的新型地铁车辆，如图 1-18 所示。

图 1-18　北京城市轨道交通不锈钢地铁车

2）天津滨海不锈钢城轨车

天津滨海 110 km/h 不锈钢城轨车，是长春轨道客车股份有限公司为天津滨海线研制的一种整体承载筒形点焊结构的轻量化车辆，如图 1-19 所示，是国内首批不锈钢城轨车，它创造了多项全国第一，填补了多项城轨车的技术空白。

图 1-19 天津滨海不锈钢城轨车

3）武汉铝合金城轨车

武汉铝合金城轨车是我国首次自主研发设计的 B 型铝合金车体结构城市轨道交通车辆，如图 1-20 所示。

图 1-20 武汉铝合金城轨车

4）DLW 系列轻轨电车

DLW 系列轻轨电车包括 DL6W 型现代轻轨电车和 DL4W 型仿古轻轨电车，由中车集团大连机车研究所与大连现代轨道交通公司联合研制，是大连市城市轨道交通线路改造配套的轻轨电车，如图 1-21 所示。

图 1-21 大连 DLW 系列轻轨电车

5）高档次 70%低地板轻轨车

高档次 70%低地板轻轨车由中车集团唐山机车车辆厂研制，该车是目前国内首辆与发达国家具有同等档次和水平的 70%低地板轻轨车，如图 1-22 所示。

图 1-22　高档次 70%低地板轻轨车

6）大连城市快速轨道车辆

大连城市快速轨道车辆由中车集团大连机车车辆有限公司研制，该车拥有完全自主知识产权，国产化率达 70%以上，目前已经制造 15 列，在大连市区至金石滩快轨交通线投入运营。

7）各大城市其他新型国产城市轨道交通车辆

由中车青岛四方机车车辆股份有限公司生产的北京地铁 1 号线新型地铁车辆在安全性能和人性化设计方面，较之此前在北京地铁 1 号线上运行的部分陈旧车型均有较大突破和改观。

截至 2023 年 2 月，我国 31 个省（自治区、直辖市）和新疆生产建设兵团共有 53 个城市开通运营城市轨道交通线路，实际开行列车 280 万列次，完成客运量 21.8 亿人次。其中上海运营线路 20 条，运营里程 825 km；北京运营线路 27 条，运营里程 807 km；广州运营线路 18 条，运营里程 609.8 km。这三个城市占据轨道交通线路里程前三位。我国运营线路达到 291 条，运营里程共计 9 628.2 km。

任务 1.4　城市轨道交通行车相关设备

1.4.1　供电设备

电能是城市轨道交通车辆电力牵引系统必需的能源，电动车辆以及为轨道交通运营服务的机电设备也都依赖并消耗电能。城市轨道交通供电电源一般取自城市电网，通过城市电网一次电力系统和轨道交通供电系统实现输送和变换，最后以适当的电流形式（直流或交流）和电压等级供给用电设备。在城市轨道交通供电系统中，根据用电性质的不同可分为两部分，即由牵引变电所为主的牵引供电系统和降压（动力）变电所为主的动力供电系统。地铁供电牵引系统其各设备名称及功能简述如下：

（1）牵引变电所：供给地铁一定区段内牵引电能的变电所。

（2）接触网：经过电动列车的受流器向电动列车供电的导电网。

（3）回流线：用以供牵引电流返回牵引变电所的导线。

（4）馈电线：从牵引变电所向接触网输送牵引电能的导线。

（5）电分段：为了便于检修和缩小事故范围，将接触网分成若干段。

（6）轨道电路：利用走行轨作为牵引电流回流的电路。

一般将接触网、馈电线、轨道、回流线总称为牵引网。

地铁地下正线一般采用刚性接触网。车辆段采用柔性接触网。通常地面线路采用架空柔性接触网较多。

刚性接触网导线距轨面的标准距离：隧道内为 4 040 mm，个别特殊地段不低于4 000 mm；隧道外正线为 4 600 mm，试车线为 5 000 mm；车辆段一般为 5 000 mm；接触网与车辆装载货物的距离不少于 200 mm。

轻轨正线及车辆段采用接触轨与集电靴受电。接触轨是指沿线路一侧架设的、与集电靴直接接触，供给电客车电能的复合轨，主要由钢铝复合轨、绝缘支架和防护罩组成。

为保证人身安全，除专业人员执行有关规定外，其他人员（包括所携带的物件）与牵引供电设备带电部分的距离，有防护栅时不得小于 350 mm，无防护栅时不得小于700 mm。

1.4.2　地铁屏蔽门

地铁屏蔽门由屏封和门组成，利用固体隔离物把车站站台与轨行区隔离开来，使站台成为封闭式。地铁屏蔽门（安全门）分为闭式屏蔽门和开式屏蔽门两种，如图 1-23、图 1-24 所示。

图 1-23　地铁闭式屏蔽门

图1-24 地铁开式屏蔽门

1. 屏蔽门系统的特点

1）安全

（1）避免乘客探头张望。

（2）避免候车人员及物品意外跌落站台轨道。

（3）屏蔽门上安装传感器可减少车门夹人、夹物的事故。

2）节能

（1）避免大量空调冷气进入隧道。

（2）减少冷量消耗和空调设备容量。

（3）降低人工成本，减少甚至不需要站台工作人员。

3）环保

（1）降低地铁候车区域中的噪声。

（2）隔离活塞风从隧道中带来的垃圾和灰尘。

4）增加站台候车面积

安装屏蔽门系统需要25～30 cm，候车安全线距站台边缘距离为50～60 cm。

2. 屏蔽门的功能

（1）屏蔽门具有障碍物的检测及处理功能，并有障碍物故障报警功能。例如，乘客探测器在屏蔽门关门后对车门和屏蔽门的间隙进行探测，如果发现有乘客夹在车门和屏蔽门之间，将会切断安全回路，列车不能离开站台。

（2）站务人员可以从车门指示灯、PSA（远方报警盘）、PSC（屏蔽门中央控制盘）柜了解屏蔽门运行状态、报警信息。

（3）站务人员可对发生故障的车门进行隔离旁路和维修。

（4）屏蔽门操作控制（开、关）优先级从高到低依次为：屏蔽门专用钥匙手动操作（就地级）、PSL（就地控制盘）操作（站台级）、屏蔽门与信号联锁控制（系统级）。

3. 屏蔽门的站台级控制功能

（1）通过站台上的PSL进行开、关门操作，如图1-25所示。

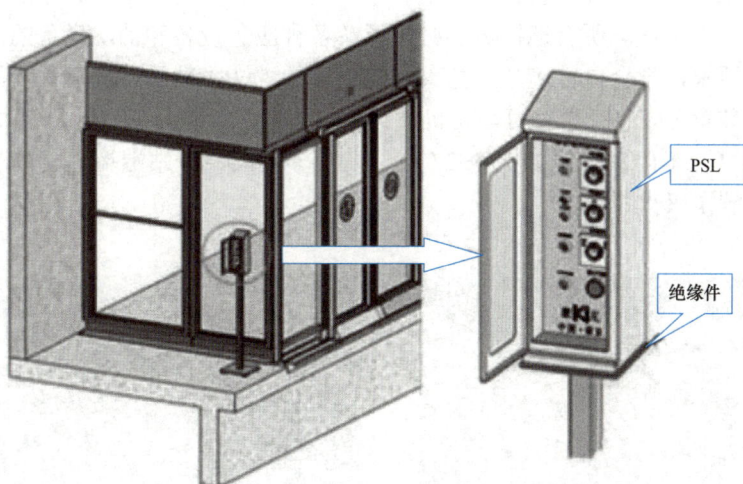

图 1-25 就地控制盘 PSL 示意图

（2）站务人员在站台侧用专用钥匙打开屏蔽门（包括滑动门、应急门、端门）。

4. 屏蔽门的系统级控制功能

屏蔽门的系统级控制功能与车门之间实现联锁控制。

（1）屏蔽门控制系统通过执行信号系统的开、关门命令，进行屏蔽门开、关操作。

（2）屏蔽门（包括应急门）关闭时，屏蔽门控制系统向信号系统发送"屏蔽门（含应急门）锁闭"信号。

（3）当某一屏蔽门（包括应急门）单元不能形成其"锁闭"信号时，站务人员人工关闭或隔离该门单元，以便列车离站或进站。

（4）当各屏蔽门（包括应急门）单元正常，而屏蔽门关闭后系统内部不能形成"屏蔽门锁闭"信号或信号系统不能接收到"屏蔽门锁闭"信号时，站务人员操作 PSL"屏蔽门互锁解除"开关，向信号系统发送"屏蔽门互锁解除"信号并保持，以便列车离站或进站。

（5）当信号系统不向屏蔽门系统发送开、关命令时，司机或站务人员可选择 PSL（站台级）控制功能进行屏蔽门开、关操作。

1.4.3 消防设备

地下车站站厅、站台、设备及管理用房区域、人行通道、地下区间隧道应设室内消火栓。地面或高架车站室内消火栓的设置应符合《建筑设计防火规范》（GB 50016—2014）（2018 年版）的规定。

地铁列车上每节车厢都配备有两只灭火器，足以应付车厢内的初期火灾。在车站内，消防设施非常完善，按规范配置足够的消火栓和灭火器。地下车站的车站控制室、通信及信号机房、地下变电所应设置气体自动灭火装置。地上运营控制中心气体灭火装置的设置，应符合《建筑设计防火规范》（GB 50016—2014）（2018 年版）的规定。在车站的出入口附近设有与外部消防车接口的消火栓，方便外部救援力量的支援。消防用电设备按一级负荷供电，并应在末级配电箱处设置自动切换装置。当发生火灾切断生产、生活用电时，应能保证消防设备正常工作。所有地铁员工必须了解各种应急设备和消防设备的安装位置，掌握消防灭火的要求，学会自行施救、扑灭初起火灾的方法，熟悉各类灭火器的使用等。车厢内紧急呼叫装置（应急时乘客可与司机通话）如图1-26所示，车厢内紧急解锁装置（使用该装置紧急打开车门疏散）如图1-27所示，在车辆段、车站端墙内、列车司机室、列车车厢内均设置了灭火装置。

图1-26　车厢内紧急呼叫装置　　　　　图1-27　车厢内紧急解锁装置

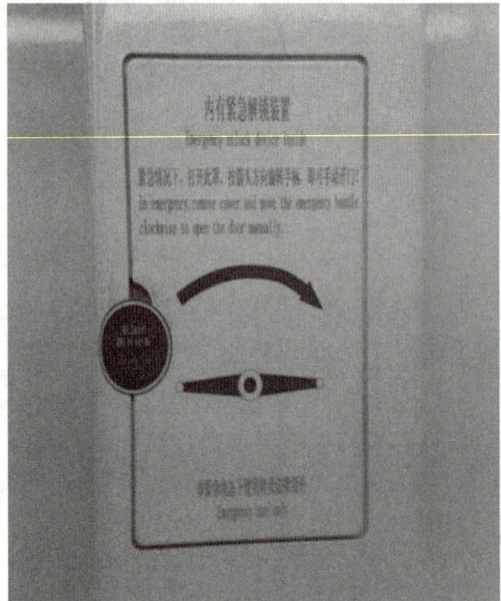

1.4.4　救援设备

在车辆段（基地）等指定地点设救援、抢险车，配备应急通信设备，并处于整备待发状态，其工具备品应保持齐全整洁，作用良好。

根据运营生产需要，应成立事故救援队，配备起复设备和工具。机车、轨道车上应备有铁鞋，抢险车除铁鞋外还应备有复轨器。

应急救援指挥中心、调度指挥中心应配备相应的应急通信设备，确保事故现场的信息在规定的时限内传送至应急救援指挥中心、调度指挥中心。

1. 救援列车的请求与派遣

（1）列车的故障在规定时间内未能排除，且不能动车时，司机及时报告行调，由控制中心值班主任确定处理办法。当决定救援时，司机做好救援的防护连挂工作。

（2）正线发生列车故障需救援时，行调及时通知相关换乘点的司机，事后应通报派班员。需车辆段出车时应及时通知信号楼，由信号楼负责车辆段内的组织安排。

（3）请求救援列车需要疏散乘客时，行调发出口头命令通知司机和有关车站，要做好乘客疏散及救援工作。司机除引导乘客下车外，还必须做好列车的防护及协助救援工作。

2. 救援列车的开行

（1）行调决定救援或接到司机的救援请求后，向有关车站、司机（检调、运转派班员）发布开行救援列车的命令，及时组织备用车上线。采用无 ATP 保护的列车救援或因挤岔、脱轨、线路故障等可能会影响后续列车行车安全的原因救援时，必须发布封锁线路的命令。

（2）已申请救援的列车严禁动车，司机应做好防护及救援准备工作。

（3）原则上救援列车空车前往救援。救援列车司机接到救援命令，清客广播两次后，可关闭客室照明，2 min 内未能清客完毕，带客前往救援。列车到达存车线车辆段前，安排车站、公安配合再次清客。

（4）救援列车应距故障列车 20 m 外停车，以 5 km/h 速度接近故障列车 3 m 处一度停车，听候救援负责人（故障列车司机）的指挥连挂。故障列车在连挂之前可继续排除故障，但不能动车，如故障排除则报告行调解除救援。

（5）向封锁线路发出救援列车时，不办理行车闭塞手续，以行调命令作为进入该封锁线路的许可。

（6）在未接到开通封锁线路的调度命令前，不得将救援列车以外的其他列车开往该线路。

思考题

1. 城市轨道交通线路有哪些类型？
2. 什么是城市轨道交通限界？有哪些分类？
3. 岛式站台的优缺点有哪些？
4. 城市轨道交通车辆段的主要作用是什么？
5. 城市轨道交通车辆的基本组成是什么？
6. 地铁屏蔽门有哪些作用？

项目 2　行 车 规 则

知识要点

1. 熟知城市轨道交通行车组织的作用和特点。
2. 能正确识别列车运行图，明确列车运行图基本要素的意义，知道列车运行图的编制步骤。

项目任务

1. 对城市轨道交通行车组织的作用和特点有所认识。
2. 能读懂列车运行图。
3. 能掌握行车信号的作用。
4. 了解行车安全的重要性。
5. 了解司机心理调适对安全驾驶的影响。

项目准备

1. 所需设备：城市轨道交通车辆模拟驾驶台。
2. 所需物品：列车运行图、《司机日志》、《司机报单》。

随着社会工业化和现代化的迅速兴起，社会生产力不断发展，适合各类生产劳动的规则得到了完善、有了进步，逐步符合社会生产的实际要求，并且最重要的是有了一定的系统性，有了比较完整的程序。

城市轨道交通运输的过程是一个动态的过程，在整个动态过程中必须有一个十分权威的规定来制约和维持其运作，这就是运行的规则。行车组织规则的总体要求：

（1）地铁全线运营管理和行车组织工作，以安全运送乘客，满足设备维护的需要，按运营时刻表的要求，实现安全、准点舒适、快捷的运营服务为宗旨。各单位、各部门必须在集中领导、统一指挥的原则下，紧密配合、协调动作，确保行车和乘客安全，完成各项工作任务。

（2）地铁运营的行车组织指挥工作，必须坚持安全生产的方针，贯彻高度集中、统一指挥、逐级负责的原则。

（3）运营时刻表是行车组织工作的基础，凡与列车运行有关的各部门都必须根据运营时刻表的规定组织本部门的工作。

（4）行车组织规则是地铁运营组织、管理的基本法规，地铁员工必须认真学习，严格执行。各单位及各部门必须按照相关标准的原则和要求，结合本部门的特点，制定各工种的运作手册或细则。

任务 2.1　行车组织

城市轨道交通行车组织工作是城市轨道交通的中心工作，指在运输生产的过程中，为完成运送乘客的任务所进行的一系列与运输有关的工作。它担负着指挥列车运行、保证行车安全、提高运输效率的重要任务。城市轨道交通行车组织工作是城市轨道交通系统运营的核心。

行车组织工作的定义：依据客流运输需求和实际运能配备，制订合理的运输计划（列车运行图），并通过各类行车人员（行调、列车司机、行值等）的紧密配合、协同工作，使列车尽可能按计划运行，从而实现乘客运送的最终目标。

城市轨道交通的信号系统沿袭铁路的制式，但由于其自身的特点，与干线铁路不同，城市轨道交通在整个运输生产过程中，调车作业甚少，行车组织基本上只从事列车运行组织和接发列车工作，由调度所（或中央控制室）和车站（段）两级完成。地铁行车指挥架构图如图 2-1 所示。

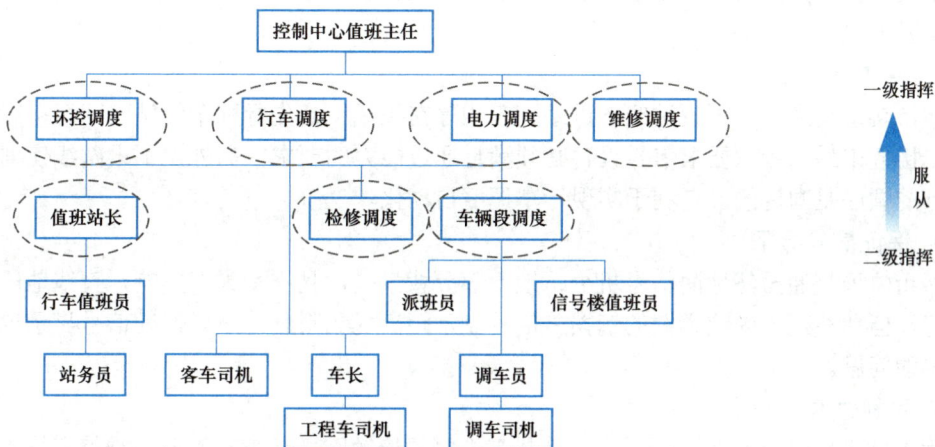

图 2-1　地铁行车指挥架构图

2.1.1　城市轨道交通行车组织的特点

1. 具有完善的列车速度监控功能

城市轨道交通所承担的客运量巨大，对行车间隔的要求远高于铁路，最小行车间隔达到 90 s 甚至更小，因此对列车运行速度监控的要求极高。

2. 联锁关系较简单但技术要求高

城市轨道交通的大多数车站没有配线，不设道岔，甚至也不设地面信号机，仅在少数有岔联锁站及车辆段才设置道岔和地面信号机，故联锁设备的监控对象远少于铁路车站的监控对象，联锁关系远没有铁路复杂。除折返站外全部作业仅为旅客乘降，非常简单。通常一个控制中心即可实现全线的联锁功能。

城市轨道交通信号自动控制最大的特点是把联锁关系和 ATP 编发码功能结合在一起，且包含一些特殊的功能，如自动折返、自动进路、紧急关闭、扣车等，增加了技术难度。

3. 车辆段独立采用联锁设备

城市轨道交通的车辆段类似于铁路区段站的功能，包括列车编解、接发列车和频繁的调车作业，线路、道岔、信号设备较多，一般独立采用一套联锁设备。

4. 自动化程度高

由于城市轨道交通的线路长度短，站间距离短，列车种类较少，行车规律性很强，因此它的调度系统中通常包含自动排列进路和运行自动调整的功能，自动化程度高，人工介入极少。

2.1.2 城市轨道交通对行车组织工作的要求

城市轨道交通，尤其是地下铁道，因其固有的特点，对其行车组织提出如下要求。

1. 安全性要求高

因城市轨道交通，尤其是地下部分，隧道空间小、行车密度大、故障排除难度大，若发生事故难以救援，损失将非常严重，所以对行车安全的保证，即对行车组织提出了更高的安全要求。

2. 通过能力大

城市轨道交通一般不设站线，进站列车均停在正线上，先行列车停站时间直接影响后续列车接近车站，所以要求信号设备必须满足通过能力的要求。另外，不设站线使列车正常运行的顺序是固定的，有利于实现行车调度自动化。

3. 保证信号显示

城市轨道交通虽然地面信号机少，地下部分背景暗，且不受天气影响，直线地段瞭望条件好，但曲线地段受隧道壁的遮挡，信号显示距离受到限制，所以保证信号显示也是一个重要的问题。

4. 可靠性高

由于城市轨道交通隧道净空小，且装有带电的接触网，行车时不便于维修和排除设备故障，所以要求信号设备具有高可靠性，应尽量做到平时不维修或少维修。

5. 自动化程度高

城市轨道交通站间距短，列车密度大，行车工作十分频繁，而且地下部分环境潮湿，空气不佳，没有阳光，工作条件差，所以要求尽量采用自动化程度高的先进技术设备，以减少工作人员，并减轻他们的劳动强度。

6. 限界条件苛刻

城市轨道交通的室外设备及车载设备，受土建限界的制约，要求设备体积小，同时必须兼顾施工和维护作业空间。

任务 2.2　行 车 信 号

信号从广义说是采用电波、灯光颜色、声音、动作和状态等传递信息或命令，指示列车运行条件的特殊符号。轨道交通信号设备是轨道交通运输的耳目，是保证行车安全和提高运输效率的有力工具。因此，人们将通信与信号比喻为轨道交通的"神经系统"。

在轨道交通建设中，尽管用于通信信号的投资额在整个工程中所占的比例低（通常在5%以下），但发挥了很大的经济效益。据统计和测算，通信信号的效益占全线运输总效益的 25% 以上，它的主要意义有：

（1）保证行车安全。

（2）指示列车运行条件。

（3）提高运输效率。

（4）改善行车人员劳动条件，实现列车快速、高密度、有序运行。

2.2.1　信号基础知识

1. 信号的定义与基本要求

1）定义

信号是指示列车运行与调车工作的命令，它传达指挥者的意图，指示列车运行条件，表示有关行车设备的位置和状态等，是行车指挥的一种形式，有关行车人员必须严格执行。信号装置就是实现信号含义的专用设备。

2）基本要求

（1）各种信号机的灯光排列、颜色、外形尺寸应符合规定的标准。

（2）信号机的显示方式和表达的含义必须统一并且符合规定的要求。

（3）信号机的设置须保持能够进行实时检测、故障警告，为列车运行提供安全保障、正确信息。

（4）在一般情况下，信号机设置在运行线路的右侧，与司机的驾驶位置相同，便于瞭望和确认信号。

（5）行车手信号、行车听觉信号的显示方式和表达的含义应该符合规定要求。

（6）信号机的设置以及行车手信号、行车听觉信号的显示应考虑线路地形、地物的相关影响。

2. 信号的基本分类

1）按接受信号的感觉器官分类

根据器官感受的区别把信号分为视觉信号和听觉信号两大类。

（1）视觉信号。

视觉信号是以信号的颜色、形状及用数字、灯光数目和状态等来表达的信号，如信号机、信号旗、信号标志牌、信号灯、信号表示器等。

（2）听觉信号。

听觉信号是以不同器具发出的声响的次数、声响长短作符号来表达的信号，如口笛、铃声及车辆的鸣笛声等。

2）按信号的形式分类

按信号的形式分为固定信号、移动信号和手信号三类。

（1）固定信号。

固定信号是固定安装在运行线路一定位置，用以指示列车运行和调车工作的信号，如信号机、行车信号标志牌、信号表示器等。

（2）移动信号。

当运行线路在特殊情况下需要施工、救援，要求列车禁止驶入某地点、区域或须减速运行时应设置移动信号，移动信号根据需要临时设置或撤除，如停车信号牌或灯、减速信号牌或灯、减速防护地段终端信号牌或灯。

（3）手信号。

手信号是行车有关人员手拿信号旗（灯）或直接用手臂显示的信号，用来表达相关的含义，指示列车或者车辆的允许和禁止条件。

3）按信号的用途和功能分类

（1）信号机信号、手信号和声响信号。

信号机信号、手信号和声响信号是通常用以指示列车、车辆的运行条件和要求的信号。

（2）信号表示器信号。

信号表示器可提供表示运行线路设备状态、位置变化的信号，如道岔表示器、脱轨表示器、车挡表示器、发车表示器等。

2.2.2 行车标志

列车运行中的行车有关标志分为线路标志和信号标志。它们是行车工作的一个重要组成部分，主要用来对列车运行时的驾驶，以及运行设备的巡检、维修等指示相关目标、条件、操作等要求。

1. 线路标志

表示建筑物及线路设备位置或状态的标志称为线路标志。通过各种线路标志可以使工作人员知道或明了线路情况，方便进行各种设备维修、检查，使司机能够掌握和依据各种标志指示的条件与要求驾驶列车，达到运行安全和规范行车的目的。与行车直接有关的线路标志主要有以下几种：

（1）百米标：表示正线距离里程计算起点每 100 m 的长度，以百米为单位。

（2）公里标：表示线路从起点开始计算的连续里程标志，以公里为单位。

（3）曲线标：表示曲线起点和曲线终点，设在曲线中点处，标志上标明了曲线中心里程、半径大小、圆曲线及缓和曲线长度、超高、加宽等有关数据。

（4）圆曲线及缓和曲线始终点标：设在直线、曲线、缓和曲线三者相互联系的节点处或开始与终止处，标明所向方向为直线、圆曲线、缓和曲线。

①缓和曲线是指线路上直线和圆曲线相接处为减少振动而设置的一段半径渐变的曲线，起点没有弯度，然后逐渐变弯，弯度加大、半径减小，与圆曲线半径相同时和圆曲线相接，这种曲线称缓和曲线。

②圆曲线是线路上的一段弧，它的弯曲程度用圆半径表示，即曲线半径，以"m"为单位。曲线半径越大，弯度越缓和；曲线半径越小，弯度越紧促。

（5）坡度标：设在线路纵断面的变坡点处。它在正面与背面分别表示两边的坡度与坡段长度，箭头所指为上坡或下坡，箭尾数字表示坡度千分率，侧面标明变坡点位置。

（6）桥梁标：表示桥梁位置（中心里程）的标志，一般设置在桥梁中心里程处或桥头端，上面标明桥梁编号及中心里程数。

2. 信号标志

表示运行线路所在地点的情况和状态，指示行车人员依据标志的要求，及时、正确地进行相关作业与操作的标志称为信号标志。与行车相关的信号标志主要有以下几种：

（1）警冲标：在两条线路汇合处，为了防止停留在一线的车辆与邻线上的车辆发生侧面冲撞而设在两汇合线路之间间距 4 m 的中间的标志。股道之间间距不足 4 m 时，应设在两线路中心线最大间距的起点处（见图 2-2）。

（2）站界标：是车站与区间的分界处的标志，主要用于车站管辖范围区界划分和列车运行时位置识别（见图 2-3）。

（3）鸣笛标：要求司机鸣笛的标志，一般设在道口、桥梁、隧道口，以及线路状况复杂地段的外方规定位置。

图 2-2　警冲标

图 2-3　站界标

（4）停车牌：指示列车停车位置的标志。通常用于车站站台规定的乘客上下车的停车地点，以及列车折返时指示司机停车的地点，固定设置在规定位置。

（5）一度停车标：要求列车（机车）在该地点停车后进行确认线路、道岔，以及进行相关操作后继续行驶的指示标志。

（6）车挡表示器：设在线路尽头线车挡上的表示器，便于司机及调车员确认车挡位置。隧道内显示红色灯光，地面线路昼间使用红色方牌，夜间使用红色灯光。

（7）接触网终止标：表示接触网已终止的标志，设在接触网终端，警告司机不准越过该标，防止脱弓。

（8）预告标：通常设于非自动闭塞区段进站信号机外方，用以预告进站信号机位置距离的标志。在地铁运输中的基地试车线设置了类似的预告牌（警告牌），用于预告试车线尽头端的距离。预告牌（警告牌）为直立白色长方形牌，三个为一组，牌上分别涂有三条、二条、一条黑色斜线，分别表示距车站 300 m、200 m、100 m 的距离。

（9）引导员接车地点标：指引导员引导接车时所站位置的标志，引导员接车时原则上站在进站信号机外方或车站端墙处。如因地形、地物影响，在上述地点显示手信号时不能保证列车在 200 m 以外确认时，引导地点应向区间延伸，在保证列车在 200 m 外方看清引导信号的地点设置引导员接车地点标。

立牌地点距尽头的距离由地铁管理部门依据实际情况制定。

在信号标志中，有些标志具有警告意义和防护功能，运行列车必须在其标志的内方停车，不得越过或者相碰，一旦越过或者相碰将构成行车事故（事件），如警冲标、车挡表示器、接触网终止标等，它们与行车信号显示有相同性质的含义。

2.2.3　视觉信号

1. 信号颜色应用的基本依据

地铁运输组织中使用的视觉信号基本上和目前世界上各类运输业使用的视觉信号的颜色与基本含义相一致，有三种基本颜色，分别表示不同的意思：

红色——停车；

黄色——注意并减速运行；

绿色——按规定速度运行。

2. 色灯信号机的基本种类

信号机是地铁最常用的视觉信号设备，它的作用贯穿于行车工作的整个过程中。一般情况下，按其功能可分为进站信号机、出站信号机、防护信号机、调车信号机、复示信号机、阻挡信号机、防淹门信号机、引导信号机等。

（1）进站信号机：防护车站并指示列车运行条件。

（2）出站信号机：防护发车进路及运行线路。

（3）防护信号机：防护敌对进路的列车相互冲突，通常设置在平面线路的交叉地点。

（4）调车信号机：保证机车、车辆在站内或基地内从事转线、编组作业能够安全高效地进行。

（5）复示信号机：受地形、地物影响，主体信号机的显示达不到规定的显示距离时，调车、出站及发车信号机前应设置复示信号机，复示主体信号机的显示状况。

（6）阻挡信号机：设置在线路尽头，不准车辆越过该信号机，防护线路终端。

（7）防淹门信号机：设置在防淹门前方，防护防淹门及列车运行进路。

（8）引导信号机：设置在进站信号机或接发车进路信号机机柱上。当主体信号机进行信号因故不能开放，显示一个红色灯光时，其可点亮一个白色灯光或白色灯光闪光引导列车进站（场）。

3. 色灯信号机的显示方式和意义

色灯信号机是列车运行组织过程中最基本的信号设备，它通过固定装置上的各种光色的变化来表达列车或其他车辆运行的条件，对列车、车辆的开行指示命令。

1）防护信号机显示信号

防护信号机是列车运行正线上对道岔及运行进路进行防护而设置的，对通过的列车或车辆显示信号。

（1）一个绿色灯光：表示前方进路道岔在直向位置，准许列车按规定速度越过该信号机。

（2）一个黄色灯光：表示前方进路道岔在侧向位置，准许列车按规定速度越过该信号机。

（3）一个红色灯光：不准列车越过该架信号机。

（4）一个红色灯光及一个白色灯光（有的地铁规定为红灯+黄灯）：准许列车在该信号前方不停车，以不超过 20 km/h 的速度进站或越过该架信号机继续运行，并准备随时停车。

2）阻挡信号机显示信号

阻挡信号机一般设置在线路的尽头线，用以指示列车的停车位置或者在停运检修期间指示检修作业位置，阻挡列车（车辆）越过，确保安全。

（1）尽头线：尽头线是指线路一端已经终止，无任何道岔连接，并设置安全车挡，以防车辆溜出的线路。

（2）显示状态：一个红色灯光表示不准列车（车辆）越过该架信号机。当该信号机的红色灯光熄灭、显示不明或显示不正确时，应视为列车的停车信号。

3）进站信号机显示信号

进站信号机一般设在进入车站前方的线路上，用于防护车站和指示列车运行条件。

（1）一个绿色灯光：允许列车越过该架信号机，进入车站。

（2）一个红色灯光：禁止列车越过该架信号机，列车在该架信号机外方停车。

4）出站信号机显示信号

出站信号机一般设在站界内出站前方的线路上，用于防护发车进路及运行线路，有以下两种状态显示：

（1）一个绿色灯光：允许列车越过该架信号机，出站运行。

（2）一个红色灯光：禁止列车越过该架信号机，列车不得出站。

5）复示信号机显示信号

一般在受地形、地物影响，当主体信号机的显示达不到规定的显示距离时，设置复示信号机，有以下两种状态显示：

（1）一个黄色灯光：表示前方主体信号机显示为红灯或引导信号（红灯+白灯），允许列车越过该架信号机，以随时准备停车速度继续运行至次一信号机前，按其显示要求执行。

（2）一个绿色灯光：表示前方主体信号机显示为绿灯或白灯，允许列车越过该架信号机继续运行。

6）通过信号机显示信号

采用 ATC 系统的城市轨道交通，自动闭塞通过信号机已经失去主体信号的作用，一般在区间不设置通过信号机。为便于司机在 ATP 设备发生故障时控制列车运行，可以根据需要设置通过信号机，有以下两种状态显示：

（1）一个绿色灯光：允许列车越过该架信号机，继续运行。

（2）一个红色灯光：禁止列车越过该架信号机，列车在该架信号机外方停车。

7）道岔预告信号机显示信号

道岔预告信号机一般设置在防护信号机的前方，用以预告防护信号机的显示状态，有以下三种状态显示：

（1）一个绿色灯光：表示前方防护信号机显示绿灯或黄灯，允许列车越过该架信号机继续运行或停站。

（2）一个红色灯光：不准列车越过该架信号机，列车在该架信号机外方停车。

（3）一个红色灯光加一个白色灯光（引导信号）：允许列车在特定的模式下越过该架信号机，并随时准备停车。

8）防淹门防护信号机显示信号

防淹门防护信号机设置在防淹门前，采用单显示机构，有以下两种状态显示：

（1）一个红色灯光：禁止列车越过该信号机，表示防淹门已关闭，列车在该架信号机方停车。

（2）不着灯：不起信号作用。

9）调车色灯信号机显示信号

调车信号机是对车场内进行调车作业的列车（车辆）指示准许或禁止作业条件和要的信号机，有以下两种状态显示：

（1）一个白色灯光：准许越过该信号机调车。

（2）一个蓝色（或红色）灯光：不准越过该信号机调车。

起阻挡列车运行及防护重要处所的调车信号机，用红色灯光代替蓝色灯光。当该信号机的红色灯光熄灭、显示不明或显示不正确时，应视为列车的停车信号。

10）发车表示器（倒计时发车牌 DTI）

车站可在正向出站方向的站台一侧、列车停车位置前方适当地点设置发车表示器，以指示司机能否关闭车门及发车的时间。

4. 信号机的显示距离

信号机的显示距离均应达到规定要求，即使是在曲线上的信号机，也应使接近的列车尽量不间断地看到显示。具体来说，信号机的显示距离应满足以下要求：

（1）正线上行车信号机和防护信号机显示距离应不小于 400 m。

（2）调车信号机的显示距离应不小于 200 m。

（3）引导和道岔表示器以外的各种表示器的显示距离应不小于 100 m。

5. 手信号显示的作用与分类

1）手信号基本作用

手信号是以人手持信号旗（灯）或徒手所显示的一种信号。手信号的基本作用是机动地指挥列车运行和调车作业，也可作为联系和传达行车有关事项的旗语，是地铁现场广泛采用的一种视觉信号，有关行车人员必须遵照执行。

显示手信号时，必须严肃认真，做到：横平竖直、灯正圈圆。手信号显示的停车信号、准许通行信号、注意或减速信号、引导信号与固定信号机所显示的含义具有相同的作用。

2）手信号分类

手信号显示根据作用与用途可以分为列车运行有关手信号、调车手信号、试验制动机手信号和联系用手信号。

3）手信号的显示方式和意义

（1）列车运行时，有关人员应遵守下列手信号的显示。

① 停车信号：要求列车停车。

昼间——展开的红色信号旗；夜间——红色灯光。

昼间无红色信号旗时，两臂高举头上向两侧急剧摇动；夜间无红色灯光时，用白色灯光上下急剧摇动。

② 减速信号：要求列车降低到要求的速度。

昼间——展开的黄色信号旗；夜间——黄色灯光。

昼间无黄色信号旗时，用绿色信号旗下压数次；夜间无黄色灯光时，用白色或绿色灯光下压数次。

③ 发车信号：要求司机发车。

昼间——展开的绿色信号旗上弧线向列车方面作圆形转动；夜间——绿色灯光上弧线向列车方面作圆形转动。在设有发车表示器的车站，按发车表示器显示发车。

④ 通过手信号：准许列车由车站（场）通过。

昼间——展开的绿色信号旗；夜间——绿色灯光。

⑤ 引导手信号：准许列车进入车场或车站。

昼间——展开的黄色信号旗高举头上左右摇动；夜间——黄色灯光高举头上左右摇动。

（2）调车手信号的显示方式。

① 停车信号：要求列车停车。

昼间——展开的红色信号旗；夜间——红色灯光。

昼间无红色信号旗时，两臂高举头上向两侧急剧摇动；夜间无红色灯光时，用白色灯光上下急剧摇动。

② 减速信号：要求列车降低到要求的速度。

昼间——展开的绿色信号旗下压数次；夜间——绿色灯光下压数次。

③ 指挥机车向显示人方向来的信号。

昼间——展开的绿色信号旗在下部左右摇动；夜间——绿色灯光在下部左右摇动。

④ 指挥机车向显示人方向稍行移动的信号。

昼间——拢起的红色信号旗直立平举，再用展开的绿色信号旗左右小动；夜间——绿色灯光下压数次后，再左右小动。

⑤ 指挥机车向显示人反方向去的信号。

昼间——展开的绿色信号旗上下摇动；夜间——绿色灯光上下摇动。

⑥ 指挥机车向显示人反方向稍行移动的信号。

昼间——拢起的红色信号旗直立平举，再用展开的绿色信号旗上下小动；夜间——绿色灯光上下小动。

对显示本条第②、③、④、⑤、⑥款中转信号时，昼间可用单臂，夜间可用白色灯光依式中转。

（3）联系用手信号的显示方式。

联系用手信号一般情况下与调车手信号配合使用，在整个调车作业包括正线列车救援作业时，仅有调车手信号的显示是不能够完成调车作业任务的，必须有联系用手信号辅助配合，才能形成完整的调车作业的过程。由于在调车作业时会存在特殊环境因素的影响，如噪声、距离、气候、语言规范程度等，使用一般的语言联系会产生失误与误解，所以用联系用手信号作为调车工作特殊的"语言"表示方式，表达工作要求。

① 道岔开通信号：表示进路准备妥当、准许列车通过道岔区段。

昼间——拢起的黄色信号旗高举头上左右摇动；夜间——白色灯光高举头上。

② 连接信号：表示连挂作业。

昼间——两臂高举头上，使拢起的手信号旗杆成水平末端相接；夜间——红、绿色灯光（无绿色灯光的人员，用白色灯光）交互显示数次。

③ 停留车位置信号：表示车辆停留地点。

夜间——白色灯光左右小摇动。

④ 三、二、一车距离信号：表示推进车辆的前端距被连挂车辆的距离。

昼间——展开的绿色信号旗单臂平伸；夜间——绿色灯光，在距离停留车三车（约 60 m）时连续下压三次，二车（约 40 m）时连续下压两次，一车（约 20 m）时下压一次。

（4）试验列车自动制动机的手信号显示方式。

① 制动。

昼间——用检查锤高举头上；夜间——白色灯光高举。

② 缓解。

昼间——用检查锤在下部左右摇动；夜间——白色灯光在下部左右摇动。

③ 试验结束。

昼间——用检查锤作圆形转动；夜间——白色灯光作圆形转动。

车站人员显示上述信号时，昼间可用摇起的信号旗代替。司机应注意瞭望试验信号，并按规定回答。

如列车制动主管未达到规定压力，试验人员要求司机继续充风时，按照缓解的信号同样显示。

6. 手信号的显示原则与时机

1）手信号的显示原则

手信号的显示原则是指在进行手信号显示时要遵循的使用规范，否则其显示将失去意义或是无效的。地面车站及停车场内，昼间使用信号旗，夜间使用信号灯；地下车站一律使用信号灯，按夜间形态办理。在显示手信号时左手持红旗，右手持绿旗（扳道员右手持黄旗）。

2）手信号的显示时机

手信号的显示时机是指正确及时地掌握显示手信号的时间，时机的掌握对安全行车与提高行车效率有着密切的关系。如果过早显示将影响行车工作效率，易产生行车节奏被打乱现象；而太迟显示将不能够保证列车运行安全，失去显示要求所要达到的目的。

（1）显示通过、接车信号时，必须在看见列车灯光时开始显示，待列车头部越过显示信号地点后方可收回。

（2）显示发车信号必须在确认列车起动后方可收回。

（3）显示引导信号必须待列车越过显示地点后方可收回。

（4）显示调车手信号必须待司机回示后方可收回。

（5）显示停车信号和临时停车信号必须待列车或车辆停止后方可收回。

（6）道岔位置正确后，向司机显示道岔开通信号，必须在司机鸣笛回示后方可收回。

2.2.4 听觉信号

1. 听觉信号的用途

听觉信号是以不同的声响符号，通过口笛、号角、客车及工程车的鸣笛等发出的声响而表示的一种信号。在地铁行车工作中，各工种必须相互协作、密切配合，彼此间有大量的工作需要联系，而许多工作又不能通过口头、电信设备及视觉信号完全代替，因此必须使用听觉信号进行相互的联络，维持工作的持续、效率和安全。

2. 听觉信号的鸣示标准

鸣示听觉信号时，为防止混淆，应按音节长短及间隔的规定标准进行，其规定如下：

长声鸣示时间为 3 s；短声鸣示时间为 1 s；声响的间隔时间为 1 s；重复鸣示时，需要间隔 5 s 以上。

在一般情况下，隧道内取消列车、机车应启动鸣笛和声响联络，如遇运行中行车安全及人身安全的突发事件和特殊情况时除外。地面车站、停车场作业时应充分考虑城市社会生活、居民区等情况，执行城市轨道交通有关规定。

3. 听觉信号显示含义

1）种类

城市轨道交通运行中常用的听觉信号有：起动注意信号、退行信号、召集信号、呼唤信号、警报信号、紧急停车信号 6 种。

2）听觉信号名称、鸣示方式及使用时机

具体见表 2-1。

表 2-1 听觉信号名称、鸣示方式及使用时机

序号	名称	鸣示方式	使用时机
1	起动注意信号	一长声 —	① 列车起动或机车车辆前进时；② 接近车站、鸣笛标、道口、曲线、遇行人侵入车辆限界、遇天气不良时
2	退行信号	二长声 ——	列车、机车（车辆）开始退行时
3	召集信号	三长声 ———	要求防护人员撤回或根据某种事先约定原因呼唤回规定地点时
4	呼唤信号	二短一长声 ..—	① 客车或机车要求出入库、出入场时；② 在车辆段或车站要求显示信号时

续表

序号	名称	鸣示方式	使用时机
5	警报信号	一长三短声 —…	① 发现线路有危及行车安全的不良处所时; ② 列车发生重大事故、大事故、火警,以及其他需要救援情况时
6	试验自动制动及复示信号	一短声 .	① 试验列车制动机开始减压时; ② 接到试验制动结束的手信号,回答试风人员时; ③ 调车作业中,表示已接受调车员所发出的信号时
7	缓解信号	二短声 ..	试验列车制动机缓解时
8	紧急停车信号	连续短声 ……	① 要求操纵列车司机采取紧急停车措施时; ② 邻线发生障碍,向邻线运行列车发出紧急停车信号时

任务 2.3　列车运行图

2.3.1　列车运行图

列车运行图是铁路运营企业向社会提供运输供应能力的一种有效形式,是全路组织列车运行的基础,是铁路运输生产的一个综合性计划,是行车工作的基础。

列车运行图是用坐标原理表示列车运行状态的图解形式,它规定和包括了运用列车占用区间的时分、车站到发时分、终点站折返时分,以及其他列车运用的相关内容。

1. 列车运行图的作用

1)列车运行图是组织列车运行的基础

列车运行是一个很复杂的环节,它要求各个部门、各工种、各项作业之间相互协调配合,才能保证列车安全和提高运输效率。列车运行图规定了各次列车占用区间的顺序、列车在一个车站到达和出发(或通过)的时刻、列车在区间的运行时分、列车在车站的停站时分、折返站列车折返作业时间及电动列车出入场时刻。列车运行图在保证城市轨道交通运营各部门的相互配合和协调动作上起到了重要的组织作用。

2)列车运行图是运行组织的一个综合性计划

运营生产是一个统一的整体,涉及城市轨道交通运营的各业务部门都需要根据列车运行图所规定的要求来安排工作。例如,车站根据运行图所规定的列车到达和出发时刻,安排本站行车组织工作和客运组织工作;车辆维修部门每天运营前要整备好运营需求的列车数,车辆运转部门要根据列车运行图的要求确定列车的派出时刻和乘务员的作息计划;工务、通信、信号、供电、机电等部门也要求根据列车运行图的规定来安排施工计划和维修计划。因此,列车运行图是城市轨道交通运行组织的一个综合性计划。

2. 列车运行图的格式及要素

列车运行图是列车在各车站到达、出发或通过和在各区间运行状态的一种图解形式。在运行图上将横轴按一定比例用竖线划分为若干等份，竖线代表一昼夜的小时或分；将纵轴按一定比例用横线加以划分，横线代表车站的中心线，便构成了列车运行图的基本格式。单线成对平行运行图如图 2-4 所示。双线成对平行运行图如图 2-5 所示。

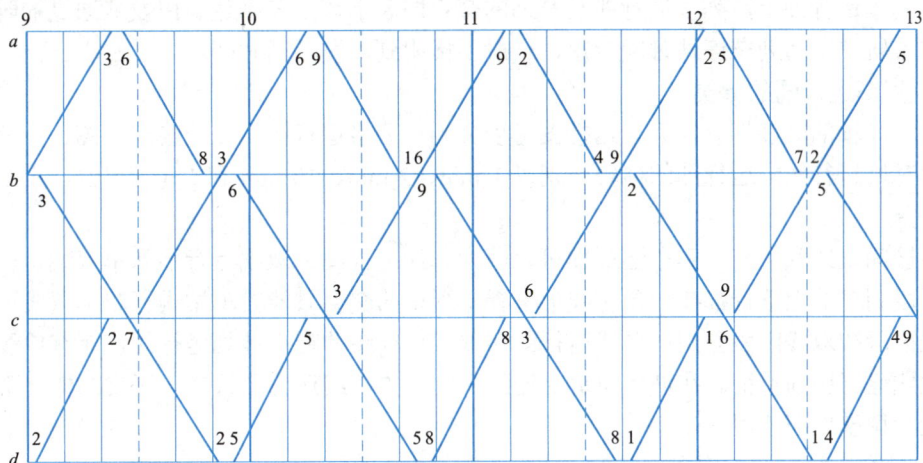

图 2-4 单线成对平行运行图

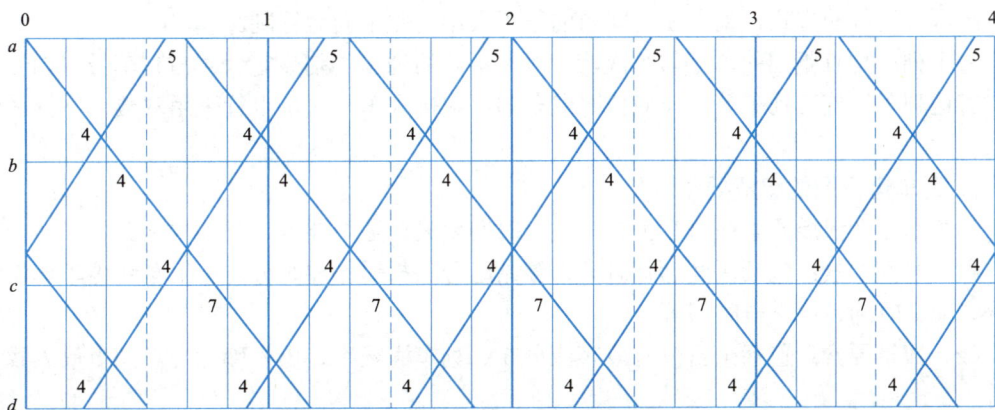

图 2-5 双线成对平行运行图

1）横坐标及垂直线

横坐标表示时间变量，按要求用不定的比例进行时间划分，一般列车运行图采用 1 分格或 2 分格，即每一等份表示 1 min 或 2 min。

垂直线是一组平行的等分线，表示时间等分段，一般整小时和整 10 min 用粗线表示，半小时用虚线表示，1 分线或 2 分线用细线表示。

2）纵坐标及水平线

纵坐标表示距离分割，根据区间实际里程，采用规定的比例，以车站中心线所在位置进行距离定点。

水平线是一组平行的不等分线，表示各个车站中心线所在的位置，各水平线间距离的远近基本表示了各站之间的距离远近。

3）斜线

斜线是列车运行轨迹（径路）线即列车运行线，一般以上斜线表示上行列车，下斜线表示下行列车。

4）运行线与车站交点

在列车运行图上，列车运行线与车站的交点即表示该列车到达、出发或通过的时刻。由于城市轨道交通列车停站时间较短，一般不标明到、发不同时间。

3. 列车运行图的分类

按时间轴的刻度划分，列车运行图可以分为一分格运行图、二分格运行图、十分格运图和小时格运行图。运行图的横轴分别以 1 min、2 min、10 min 和 1 h 为单位，用细竖线加以划分。

按区间正线数划分，列车运行图可以分为单线运行图、双线运行图和单双线运行图。单线区段列车的上下行都在一条正线上进行，列车的交会只能在车站进行。单双线运行图在单线区段和双线区段分别按单线运行图和双线运行图的特点铺画运行线，兼有单线运行图和双线运行图的特征。在城市轨道交通线网中，单双线运行图只在非正常的情况下，如列车运行调整期间使用。

4. 列车运行方向与车号、车次

我国城市轨道交通运输中，列车的上下行始终点一般由行车运行管理部门设定，并采用双线区段运行的方式，列车在区间内的行车采用右侧单向运行制。

每个列车均有不同的车号与车次，一般按不同的列车类别规定代号与列车号，如专运车、客运列车、施工列车等。一般按照发车顺序编排列车车次，上行采用双数，下行采用单数。

5. 列车运行图的组成要素

列车运行图组成要素在内容上有三类：时间要素、数量要素、相关要素。

（1）时间要素：包括区间运行时分、停站时分、折返作业时分、出入车辆停车场作业时分、营运时间、停送电时间等。

（2）数量要素：包括全日分时段客流分布、列车满载率、出入库能力、列车最大载客量等。

（3）相关要素：包括与其他交通方式的衔接，与大型体育场所、娱乐、商业中心的衔接，列车试车作业，司机作息时间，车站的存车能力，电动列车的能耗等。

6. 列车运行图的编制原则

（1）在保证安全可靠的条件下，提高列车的运行速度，缩小列车的运行时分。

（2）尽量方便乘客。

（3）充分利用线路的能力和车辆的能力。

（4）在保证运量需求的条件下，运营车数达到最少。

7. 列车运行图的编制步骤

1）按要求和编制目标确定编图的注意事项。

收集编图资料，对有关问题组织调查研究和试验。

（1）对于修改运行图应总结分析现行列车运行图的完成情况和存在问题，提出改进意见。

（2）确定全日行车计划。

（3）计算所需运用列车数量。

（4）计算所需运用列车与草图。

（5）征求调度部门行车和客运部门、车辆部门的意见，对行车运行方案进行调整。

（6）根据列车运行方案铺画详细的列车运行图、列车运营时刻表和编制说明。

（7）对列车运行图的编制质量进行全面的检查，并计算列车运行图的指标。

（8）将编制完毕的列车运行图、列车运营时刻表和编制说明报有关部门审核批准执行。

2）列车运行图的指标计算

（1）旅客输送能力。

$$旅客输送能力=旅客列车数×列车定员$$

（2）全日车辆总走行公里。

$$全日车辆总走行公里=2×（旅客列车数×列车编成辆数×列车运行距离）$$

（3）车辆日均走行公里（称日车公里）。

$$车辆日均走行公里=全日车辆总走行公里/全日车辆运用数$$

其中，全日车辆运用数可近似地取早高峰小时的车辆运用数。

（4）车辆全周转时间。

$$车辆全周转时间=全日营业时间×运用车组数/全日开行列车对数$$

2.3.2　行车调度工作

城市轨道交通行车调度指挥工作由调度控制中心实施，实行高度集中统一指挥，以使各个环节紧密配合，协调工作，保证列车安全、正点运行。行车调度工作是城市轨道交通系统的核心，它的好坏直接影响乘客运输任务的完成情况。

为了统一指挥，有序组织生产活动，城市轨道交通系统设立调度控制中心。调度控制中心实行分工管理原则，按业务性质划分若干部分，设置不同的调度工种，如在控制中心通常设有行车调度、电力调度和环控调度等调度工种。

按运营调度指挥的层次关系，控制中心的行车、电力和环控调度在值班主任的统一指挥下，按调度流程发布调度命令，组织车辆/车辆段、供电、机电值班人员按正常运营的工作流程开展工作。

1. 行车调度工作的主要任务

组织指挥各部门、各工种严格按照列车运行图工作；监控列车到达、出发及途中运行情况，确保列车运行秩序正常；当列车运行秩序不正常时，及时采取措施，尽快恢复正常运行秩序；及时、准确地处理行车异常情况，防止行车事故发生；随时掌握客流情况，及时调整列车运行方案；检查监督各行车部门执行运行图情况，发布调度命令；当发生行车事故时，按规定程序及时向上级主管部门汇报，并采取措施防止事故扩大，积极参与组织救援工作。

2. 主要行车人员

1）行车调度员

负责城市轨道交通的日常行车组织、指挥工作，按照运营时刻表的要求组织行车，实现安全、准点和优质的运营服务。行调在工作中，必须掌握指挥主动权；在复杂情况下，能积极主动调整列车运行图以实现列车运行；必须熟悉与运营有关的工种、人员设备，如：电力、车辆、信号等调度控制系统的使用，熟悉列车运行图和有关规章制度，掌握客流变化的一般规律，灵活运用各种列车调整方法，充分调动有关人员，确保完成乘客运输任务。

2）列车司机

列车司机应严格遵守各项规章制度，正确执行各种作业程序，确保列车运行安全，严格按照运营时刻表行车。工作时严守岗位，不得擅自离岗。严格按照要求规范司机室麦克风使用操作，避免大力拉扯麦克风支架。司机必须经考试合格，并取得司机驾驶证后，方准独立驾驶旅客列车。旅客列车司机必须严格执行有关安全规章制度，听从行调指挥，按照运营时刻表安全正点为乘客提供快捷舒适的优质服务。班前做好行车预想，班后做好总结。对于行车工作中发生的事故事件，必须要如实及时汇报，便于有关人员的调查。

3）车站行车值班员

执行分公司、部、中心、车站的有关规章制度，做到有令必行，有禁必止。在值班站长的领导下，负责车站行车工作。服从行调指挥，执行行调命令，严格按列车运行图组织行车。严格执行一次作业程序，熟悉行车设备的性能，掌握操作方法。控制车站广播，密切关注监视屏，掌握站台乘客动态，并视情况及时广播。LOW（本地控制工作站）停用时负责现场人工排列进路。非运营时间做好巡道、设备维修的登记和注销手续。保管使用行车设备备品，正确填写各种行车日志，字迹清楚。值班站长不在车控室时代理其职责。完成上级领导临时交办或外部门需协办的其他工作。

4）车辆段、停车场人员

（1）车辆检修调度员。全面负责车辆的计划维修、故障抢修、事故处理、调试、改造作业安排及组织实施，监视所有车辆技术状态，提供运行图所规定的客车数上线服务，并确保其状态良好，符合有关规定，负责车辆检修内务管理及协调、调配车辆部各中心的生产任务。

（2）基地信号楼调度员。统一指挥小行基地内的行车组织工作，全面负责组织实施客车、机车车辆转轨/取送/检查作业，组织实施调试作业、列车出入小行基地等工作，科学合理地调配人员、机车车辆和协调、安排小行基地内行车设备、消防设备及库房等设备设施的检修维护。向行调通报运用客车及司机的配备情况，负责与车辆检修调度交接检修及运用客车、与出/退勤司机交接运营客车。协调小行基地内外部的工作接口问题，组织相关部门及时处理设备故障问题。

（3）基地信号楼值班员。信号楼微机联锁设备控制室设置一名信号楼值班员，负责接受基地信号楼调度员的接发列车、调车作业计划，操作微机设备，实现微机联锁设备的用途及功能。

（4）派班统计员。负责安排乘务员的出/退勤作业，制订和组织实施乘务员的派班计划，遇突发事件及时调整交路，调配好乘务员的派班。协助乘务中心主任管理乘务员日常事务，检查落实各项管理制度和作业安全规定。

（5）调车员。基地调车作业时，负责机车车辆移动的现场指挥，由工程车司机（或副司机）担任。

（6）车长。工程车开行时，由两名司机担任。一名负责驾驶列车；一名担任车长，负责指挥列车运行及检查监视车辆装载货物的安全，推进运行时负责引导瞭望。

3. 行车调度命令

调度命令是行调在调度指挥工作中对行车有关人员发出的要求其配合完成某些行动的指令。调度命令是轨道交通运输工作实行集中领导、统一指挥的具体体现和保证之一。行调发布调度命令时就严格按《技规》《调规》等规章办理，按运营时刻表指挥行车。调度命令分为口头命令和书面命令两种。

1）口头命令

城市轨道交通运营企业须发布口头调度命令的情况主要有：

（1）临时加开或停开列车（包括客车、工程车及救援列车）。

（2）客车推进运行、退行，工程车退行。

（3）改变列车驾驶模式。

2）书面命令

城市轨道交通运企业须发布书面调度命令的情况主要有：

（1）封锁（或开通）区间。

（2）线路限速（或取消）。

（3）采用或停止站间电话闭塞法。

（4）行调认为有必要记录的命令。

根据不同的调度种类，使用不同的调度命令号码。我国城市轨道交通行车目前还没有统一的《技规》和《调规》，随着城市轨道交通事业在我国的蓬勃发展，全国城市轨道交通相应的《技规》《调规》《行规》等重要规章会逐步进行统一颁布。以国内部分城市轨道交通系统为例，常用的调度命令格式规定如下所述（不用的字句划消）。

救援列车加开命令格式见表 2-2。

表 2-2　救援列车加开命令格式

受令处所	××站—××站（车辆段信号楼、派班室），××站（车辆段）交××次司机	日期	命令号码	行调代号	发令时间
		××	××	××	××
命令内容	① 因××次在××站上/下行线（××站—××站上或下行线×× km+×× m）故障请求救援，准××站（车辆段）—××站上/下行线加开××次到××站上/下行线（××站—××站上或下行线×× km+×× m）担任救援工作，连接××次后，推送到××线（车辆段）[或返程××站—××站上/下行线开××次到××线（车辆段）]。 ② ××次由××次担任，在××站清客担任救援。 ③ 注意防护信号和安全。 ④ ××次到××站上或下行站台待令。				

封锁命令的格式见表 2-3。

表 2-3　封锁命令的格式

受令处所	××站—××站 ××站交××次司机	日期	命令号码	行调代号	发令时间
		××	××	××	××
命令内容	① 自发令时起，××站至××站上/下行线线路封锁。 ② 准××次进入该封锁线路进行救援工作。				

2.3.3　列车运行组织

列车运行组织是城市轨道交通运营管理的中心工作。城市轨道交通通常被称为是一个大的联动机，因为它是集行车、车辆、机电、通信、信号、工务等各工种、技术一体化运转的系统，系统中的任一环节出现问题，都可能对整个系统的正常运转带来严重的后果，而整个系统的正常运转则集中体现在列车的运行组织工作中，它是保证将乘客由出发站安全、准时、快捷地运送至目的地站的关键。

1. 列车交路计划

列车交路计划是根据运营组织的要求及运营条件的变化，按运行图或由调度指挥列车按规定的区间运行、折返的列车运行计划。列车交路计划的确定应从经济合理的角度出发，既要保证满足乘客需求，又要考虑如何充分利用运能，以提高企业经济效益。

1）列车折返方式

列车通过进路改变道岔的转换，经过车站的调车进路由一条线路至另一条线路运营的方式称为列车折返，具有列车折返能力的车站称为折返站。列车折返有站前折返和站后折返两种方式。

2）列车交路的种类

传统上将列车交路分为长交路、短交路和长短交路三种。长交路是指列车在两个终点站进行折返运行；短交路是指列车在指定的折返站折返，在一段区间内运行；长短交路是指列车在线路运行中结合了长、短交路两种情况的运行模式。

2. 正常情况下的列车运行组织

城市轨道交通由于行车密度高、间隔小、对安全运营要求高的特点，根据信号设备所能提供的运行条件，一般分为调度集中控制、调度监督下的自动运行控制和半自动运行控制三种方式，按照运行图规定的行车计划开行列车，进行列车运行组织。调度集中控制的行车组织方式，在调度所行调的统一指挥下，利用行车设备对列车的到、发、折返等作业进行人工控制及调整。调度集中控制下的行车组织的指挥人为行调，车站不参与行车组织的工作。自动运行控制是当今世界城市轨道交通列车运行组织的发展趋势及主流行车控制方式，许多早期建成城市轨道交通的城市，由于当时各方面技术条件的限制，采用半自动和人工方式进行行车组织，近年来已经逐步采用自动运行控制替代。自动运行控制利用计算机技术对列车运行实行自动指挥和自动运行监护，并有列车运行保护系统提高行车安全系数。

半自动运行控制是在中央调度所统一指挥和监督下，由车站行车值班员操作车站电气集中或临时信号设备控制列车运行。一些早期建成的城市轨道交通至今仍采用这种列车运行组织方式，在一些新线上，由于信号系统尚未安装调试完毕，在过渡期运营时也会采取这种方式进行行车组织。

3. 非正常情况下的列车运行组织

非正常情况下的列车运行组织是相对上述正常情况下的列车运行组织而言的，也就是在基本列车运行控制方式由于信号故障、道岔故障等原因而不能继续采用原行车控制方式情况下的列车运行组织。电话闭塞法是在非正常情况下列车运行组织所采取的基本方法。

对于一些由于特殊情况造成的对原行车组织方式作出重大调整的，也属于非正常情况下的行车组织范畴，如列车救援、分段运行等，都必须在行调的统一指挥下，在确保行车安全的前提下，组织列车运行。

4. 车站行车组织工作

车站行车组织工作在调度所统一指挥下，合理运用车站的各项技术设备，负责车站行车控制指挥、施工及其他等项作业，包括车站列车运行控制、车站的施工组织、接发列车组织工作等。

任务 2.4　行车安全管理

地铁是城市公共交通的大型载客工具，具有点多、面广、运行密度高、速度快、间隔小等特点。因此，地铁行车安全是城市轨道交通运营最重要、最核心的部分，是司机工作中的重中之重，也是地铁运输生产的永恒主题。

行车安全指城市轨道交通列车在运送乘客的过程中，对行车人员、行车设备，以及乘客产生作用和影响的安全。行车安全工作包括行车调度安全、列车驾驶安全、车站作业安全、调车作业安全等。

地铁列车运行是一个具有规律性的动态过程，这个动态过程要避免各种不利因素给正常行车所造成的不良后果，如人的因素、设备因素、环境因素等。而这种影响造成的后果将辐射到安全服务、营运乃至社会的各个方面，为了减少和消除由于各类因素造成的不良影响，每位参与地铁运行的工作人员必须时刻牢记"安全第一、便民第一"的运营宗旨。确立安全行车和服务乘客的思想意识，落实在各项工作之中。

2.4.1　地铁运输的基本特点

地铁是城市公共交通工具，有着区别于其他交通工具及其他轨道交通运输工具的特点。
1. 全部为乘客输送服务
地铁列车是乘客输送设施，不办理其他运输任务。由于全部承担客运任务，因此对车体环境设置与车站整体环境设置有较高要求，以确保相应的舒适度与安全要求。
2. 运行距离较短、客流峰谷明显
地铁运输与航海、航空及铁路运输相比是比较典型的城市短途客运形式，其运输距离

短，但客流量相对集中，有十分明显的时间差，存在着日客流高峰与日客流低谷。

3. 具有与其他城市交通工具相联系的网络和辐射能力

地铁作为城市主要交通设施必须要具备同其他交通工具相互联系与协调的网络功能，方便乘客去四面八方又能够接纳四面八方的乘客。因此地铁与其他交通工具系统相互支撑的能力，将成为其发展的立足点。

2.4.2　司机安全驾驶的基本要求

地铁司机必须牢记"安全第一"的宗旨，认真学习和严格遵守有关的安全规定，严格按照安全规章、行车规则执行乘务驾驶任务。

地铁司机必须掌握列车（车辆）的基本构造、性能，了解地铁线路和站场等基本设施情况，包括必须明确担任驾驶区段、站场线路纵断面情况，具有一定的故障处理能力。

地铁司机还必须掌握其他相关的业务能力和具有一定的应变能力，如懂得消防灭火的要求、扑灭初起火灾的方法、常用灭火器的使用等。

2.4.3　强化行车安全意识和社会服务意识

地铁在社会生活、社会经济中的重要地位决定了地铁行车安全的重要性。国内运输都把运行管理中的行车安全放在突出位置。由于行车安全涉及企业的形象、人民生命财产安危、国家财产及社会稳定，因此强化行车安全意识，确保运行安全成为列车司机工作的重中之重，也是列车运行的永恒主题。

安全是企业的生命，安全是最大的经济效益，已越来越成为广大地铁员工的共识。服务社会、保障行车安全是地铁运输行业强化基础管理的目的所在，也是地铁人的责任和义务。因而牢固树立安全意识和社会服务意识是行车工作中必须确立的思想观念。

随着社会发展和人民生活水平的不断提高，越来越多的市民选择乘坐地铁列车，地铁已经成为市民出行的重要交通工具。地铁列车的运行与广大人民群众的利益紧密联系起来，社会服务成为列车运行的立足点和出发点。只有真正树立社会服务意识，真诚为乘客服务，才能树立良好的企业形象，增强企业的竞争力，使企业的经济效益不断提高，使企业职工的收益不断提高，使企业在整个社会经济的竞争中立于不败之地。

行车安全和服务社会是相辅相成、相互联系的。如果没有列车运行的安全，服务社会就将是一句空话，将成为无源之水、无根之木；而如果没有真正树立社会服务意识，缺乏为乘客服务的思想观念，就不可能切实、完整地做好行车安全工作。

2.4.4　影响行车安全的主要因素

分析和研究影响行车安全的主要因素，寻找确保安全行车的对策，是确保地铁运行长治久安的根本任务。

1. 行车事故的危害性

行车事故的发生，必然会产生相应的后果，而这种后果由于受环境的影响、受事故性质的作用，从事故产生的一开始就不以人的意志、愿望而变化或终止，具有十分严重的不可预测性和危害性。

（1）造成人民生命财产的损失与伤害。

（2）造成国家财产的严重损失，给企业的经济效益造成损失。

（3）给地铁运输的正常秩序造成紊乱，严重影响乘客出行。

（4）严重的行车事故将会给地铁的形象及社会造成十分恶劣的负面影响。

2. 影响行车安全的因素分析

（1）行车纪律松弛、制度执行不严。纪律松弛，出乘标准化作业不落实，责任制贯彻不力，是影响安全行车的一大顽症。

（2）疲劳行车、情绪开车。睡眠不足，受外界环境影响产生的情绪被带入运行作业中，使司机产生生理、心理的疲劳，使其精力不济，精神不能集中，给安全行车造成事故隐患。

（3）业务素质不高。由于技术培训学习不够，司机业务水平不精，不能及时处理运行中的突发事件和故障。

（4）安全意识不强。司机思想波动大、情绪不稳定、责任心不强、行车纪律观念淡薄、臆测行车是造成行车事故发生的重要原因。

（5）行车技术设备不完善。行车设备老化、技术设备结构的不合理使之不能适应实际行车的需要。

（6）风、雪、雷、电等恶劣天气及环境的影响。风、雪、雷、电等恶劣天气对安全运行的影响是不可低估的。列车司机对天气及环境变化、突发事件的适应与处置直接影响地铁运输的安全。

（7）安全管理以及制度、规章的适应性存在缺陷。安全管理归根结底是对人的管理，而各项制度的建立和完善是行车安全的基础，是行车安全的依据，没有完整有效的制度与规定则难以保障行车安全。

2.4.5　行车不安全因素的控制

变化、失误连锁，最终导致由各种不安全因素的演变，造成行车事故的发生。因而对行车不安全因素的控制是行车安全的重要环节。

（1）加强对列车司机违章行为的管理与控制。从许多的行车事故案例分析表明，人的不安全行为是引起行车不安全因素及行车事故的直接原因。因此通过对列车司机的教育、培训、考核、惩戒等方法，使列车司机对安全行车采取正确的态度。

（2）不断做好对列车司机的技术业务培训。列车司机的技术知识不足，特别是安全行车知识的缺乏，以及没有经验是引起行车不安全素的重要原因。通过加强安全行车知识、业务技术知识的不断学习和"传、帮、带、教"的措施，使列车司机在技术和经验上提高，成为合格的从业者。

（3）强化和改善对行车设备的管理。许多行车事故的发生，都留下了行车设备技术状态不良的痕迹，因而必须不断进行相关行车设备的技术改造，使行车设备功能符合运营要求。

（4）提高列车司机适应环境变化与处置突发事件的应变能力。

任务 2.5　行车事故案例分析

车辆作为轨道交通行业的重要行车设备之一，其运行状态将直接影响线网运营效率、乘客舒适度，严重时甚至会危及乘客安全。综合武汉轨道交通几条线路自开通至今的车辆运行情况来看，车辆总体运行安全平稳，为线网运行的安全顺畅提供了有力的保障。但是也发生过一些影响运营的事件，这些事件主要体现在车辆自身故障及人员误操作两方面，主要原因为车辆自身硬件故障及个别人员安全意识薄弱、应急处置不当、检修作业不到位等。

2.5.1　案例 1：停车场洗车库挤岔事件

1. 事件经过

司机 A 驾驶某列车从下行转换轨经车站 2、4、12、14、20 号道岔在牵出线停稳，当时司机室内有 1 名"盯车"班组长 B 以及 2 名跟车回场乘务员 C、D。

司机换端完毕，列车建端并转换 RM 模式，看调车信号机 D10 白灯显示动车，经停车场 14、16 号道岔在洗车库门口停车标处一度停车。

7 min 后，此列车经过 D2 信号机时，司机在未确认 D2 信号机为蓝灯显示（禁止越过）的情况下，继续行车。

司机在未确认前方 4 号道岔状态的情况下，轧上 4 号道岔，到达后端洗停车牌对标停车。停车时洗车库后端洗停车牌处的洗车信号箭头从绿色显示变为红色。

2. 造成的后果

此次事件导致 4 号道岔转辙机损坏，列车左 1 车轮擦伤。

3. 事故分析

从现场勘测看，D2 信号机到 4 号道岔距离约 25 m 行车确认距离，4 号道岔岔尖距后洗停车标约 4 m，从洗车线到 4 号道岔处线路略有曲线，D2 到 4 号道岔有足够的行车确认距离。

此列车低速越过 D2 信号机时，司机动作不规范，未进行有效、规范的手指口呼作业，使作业流于形式。同时，当班场调 E、F 不熟悉现场线路条件和信号布设情况，在为此列车安排洗车进路时，未开放洗车必经的 D2 信号机，违反通常操作将 2、4 号联锁道岔置于反位（正常情况应置于定位），致使排定的洗车进路余量不足，遗留隐患。在此列车发生挤岔事故后，在未完全了解现场实际情况的条件下，要求司机换端尝试动车。

4. 经验教训及整改措施

细化洗车作业规定，进一步完善司机一次作业标准中有关洗车作业的规定，明确司机、场调、洗车工的接口规定和沟通规范；进一步明确各段场洗车作业列车停靠的位置和司机操作的注意事项；进一步修订规范司机室添乘人员管理，杜绝无关人员添乘司机室，防止添乘人员相互交谈影响司机正常作业。

2.5.2　案例 2：连挂车钩发生碰撞（一）

1. 事件经过

2005 年 12 月 1 日 4 时 40 分，行调指令车辆段内 1314 车出库连挂故障列车 2526；8 时 05 分，1314 车出库采用洗车模式与 2526 车在小行—安德门上行区间，距安德门站约 300 m 处连挂时，因列车处于小半径曲线位置，车钩对位不正，连挂失败，车钩发生碰撞。

2. 造成的后果

此次事故造成 2526 车 A 端的防爬器轻微擦伤，2526 车 A 端车头右侧的导流罩损坏。

3. 事故分析

本案例事故的主要原因是编制技术文本时，考虑的不够充分，没有将"小曲率半径连挂作业要求"进行明确；当时车辆连挂时线路半径为 150 m，根据南京地铁南北线一期工程车辆合同文件附件 1 中对车钩连挂的规定，是不允许进行自动连挂的，合同中明确要求列车自动连挂时最小半径不得小于 300 m。同时也反映出调度人员和作业人员安全意识不强，经验不足，缺乏处理特殊情况的应变能力。

4. 经验教训及整改措施

经过此事故后，南京地铁在 2007 版《小行基地运作规则》中规定：小行基地内道岔区段及其他 300 m 以下曲线半径线路原则上不得进行电客车连挂作业。特殊情况下须进行连挂作业时，须确认车钩位置，如果车钩自动对中不能达到对中范围的要求，须进行手动调整。150 m 曲线半径的线路上进行连挂作业时，由车辆系统派专业人员进行现场技术指导。

2.5.3　案例 3：连挂车钩发生碰撞（二）

1. 事件经过

2006 年 10 月 17 日罗马时间上午 9 时 37 分，一列地铁 A 线列车异常驶入维克托·伊曼纽尔二世车站，追撞停靠月台的另一列列车，致使被撞击的列车最后一节车厢与从后驶来的列车第一节车厢纠结在一起，许多旅客被挟在扭曲的车厢间，现场烟雾弥漫，照明丧失。事故现场如图 2-6 所示。

图 2-6　事故现场

2. 造成的后果

两列车损毁变形，其中后方列车的第一节车厢残骸卡进前方列车尾达 3 m。造成 1 人死亡，110 人受伤，其中 6 人伤势较重，死亡乘客与伤势较重人员皆位于前列车的最后一节车厢内。

3. 事故分析

事后罗马地铁立即展开了调查，有关调查结果及事故原因分析如下：

受损两列车皆为上线不到一年的新车，尚无机件故障迹象。基本排除车辆故障原因导致事故的发生。根据肇事列车司机与行控中心的通联记录与运营企业人员表示，司机是接获行控中心指示越过红灯继续前进。当运量较大时，此类调度可被接受，司机被授权保持警觉以最大速度 15 km/h 行进。事故后经调查，列车追撞时速度约 30 km/h。该国运输部已成立项目委员会深入调查。首要之务是解读肇事列车行车记录器数据。至于最后调查结果，未作报道，所以不详。

4. 经验教训及整改措施

这是一起典型的人为原因引起的行车事故。主要原因就是司机和行调都没有对行车工作引起高度的重视，违章作业，安全意识不强。首先，司机没有按照非正常行车的规定超速行驶，属严重违章行为，并且在行车过程中没有加强瞭望，也没有及时与行控中心保持联系是造成这起事故的主要原因。再者，这起事故的发生，行调也有不可推卸的责任，作为行调没有对非正常情况下行驶的列车加强监控，并及时开放正确的行车信号和道岔，导致列车发生追撞。

任务 2.6　司机心理调适

2.6.1　司机心理调适概述

地铁司机心理调适是一门处在发展中的边缘学科，它与铁路交通工程学、心理学、生理学、社会学、经济学等都有关系。它是研究列车驾驶活动过程中，地铁司机在心理活动、人际关系及人因工程等方面的调节、适应与保健等方面规律的科学。心理规律是指人的认知、情感、意志等心理变化过程和气质、性格及能力等心理特性。

良好的心理素质是一位优秀的地铁司机必备的条件。一位优秀的地铁司机必须具备良好的心理素质，即必须具备良好的感知力、注意力，以及适应于驾驶的情绪、性格和气质及敏捷的反应能力等，并能在千变万化的道路系统中持续地接收和分析周围环境和动车状态的信息，并做出合理的操纵动作。地铁司机应能自觉地进行心理训练，克服自身心理活动上不适应行车的各种缺陷，达到优秀地铁司机的水平。这样可有效地防止或减少行车事故，并可在运行中防患于未然。

2.6.2　司机的心理需要与安全驾驶

1. 司机的基本需要

① 安全需要。安全是地铁司机的基本需要。

② 速度需要。

③ 时间需要。

④ 低耗需要。

⑤ 运输任务需要。

⑥ 自我表现需要。

⑦ 通畅需要。

2. 司机的不合理需要

① 无理的需要。

② 不切实际的需要。

3. 司机行车安全的需要

1）行车安全需要的特点

（1）自我保护的需要比较强烈。

（2）行车安全需要不够稳定。

（3）自我调节能力不强，不善于处理安全需要与其他需要的关系。

2）满足地铁司机的合理需要

（1）要关心地铁司机的生活。

（2）安排好文体娱乐活动。

（3）重视地铁司机的学习和技能的掌握。

（4）尊重地铁司机。

（5）关心地铁司机的婚姻恋爱状况。

（6）支持地铁司机的正常交往。

（7）关心地铁司机的进步成长。

3）引导地铁司机以个人需要服从社会

（1）要引导地铁司机认清什么是正当合理的需要，什么是不合理的需要。

（2）要引导地铁司机认清个人需要与社会需要的一致性。

（3）要树立全局观念，增强自我的控制能力。

2.6.3　疲劳驾驶

1. 疲劳的概念

疲劳是指人的体力、脑力或心理由于消耗过多、负担过重或所受的刺激过强，而导致的体力、脑力或心理发生疲惫或出现机能的反应能力减弱或不良的现象。

地铁司机的疲劳是指地铁司机在行车过程中由于种种原因产生困倦、嗜睡等生理上的和心理上的现象。

1）生理疲劳

地铁司机的生理疲劳是指地铁司机的身体因消耗过度或刺激过强，其机体细胞、组织或器官的机能或反应能力较弱或不能继续起正常的反应，或因体力、脑力消耗过多而需要休息的现象。

2）心理疲劳

地铁司机的心理疲劳是指地铁司机因长期从事一些单调、机械的驾驶活动而产生的肌体生化方面的变化。地铁司机心理疲劳的基本表现：

（1）轻度时，表现为轻度厌恶、逃避工作、学习、生活。

（2）重度时，表现为抑郁症、神经衰弱、强迫行为，以及诸如开始吸烟、酗酒等生活习惯改变的现象。

2. 防治心理疲劳的基本措施

（1）要磨炼意志，培养乐观向上的精神。

（2）沉着冷静地处理各种复杂问题，有助于舒缓压力。

（3）注意劳逸结合，要合理安排时间。

（4）健康的开怀大笑是消除疲劳的最好方法，也是一种愉快的发泄方式。

（5）寻觅一两个知己。

（6）要增强心理品质，提高自我心理调节能力。

（7）要善于沉思冥想。

（8）要有一个客观正确的要求，要善于面对困难。

（9）要创造一个和谐的人际环境。

（10）偶尔有合理的胡思乱想。

（11）要有明确目的，要培养对所从事工作的兴趣。

（12）让生活多一些变化。

3. 地铁司机的疲劳驾驶

（1）疲劳驾驶的心因表现。

① 主动性下降。

② 注意失调。

③ 感觉失调。

④ 动作失调。

⑤ 记忆和思维能力下降。

⑥ 自制力下降。

⑦ 困倦、嗜睡。

（2）疲劳驾驶的外部表现在颜面、眼睛、动作、言谈等方面。

（3）地铁司机不同时期在其驾驶工作能力水平不同，主要有准备期、适应期、最高功效期、完全代偿期、不稳定代偿期、进行性下降期、终末激动期等几个阶段。

4. 地铁司机疲劳驾驶的原因

（1）客观原因。

① 列车驾驶操作单调性与复杂性并立。

② 列车驾驶工作环境特殊。

③ 长距离和长时间驾驶。

（2）主观原因。

① 睡眠时间不当，或睡眠质量不高。

② 地铁司机的疲劳驾驶还与行车的时间有关。

（3）社会心理因素。

（4）地铁司机的身心条件。

5. 疲劳驾驶对安全行车的影响

（1）疲劳驾驶时，感觉机能弱化。

（2）疲劳驾驶时，反应潜伏期显著延长。

（3）疲劳驾驶时，动作的准确性下降。

（4）疲劳驾驶时，判断和操作失误增多。

6. 消除疲劳驾驶常用的方法或策略

（1）增强地铁司机对列车疲劳驾驶的自检能力和控制能力。

（2）保证充足的睡眠。

（3）驾驶时间不宜过长。

（4）正确安排时间，努力调节生理节律。

（5）掌握行车中减轻疲劳的简单方法。

思考题

1. 城市轨道交通行车组织的特点有哪些？

2. 色灯信号机的基本种类有哪些？

3. 色灯信号机的显示方式和意义有哪些？

4. 列车运行图的作用是什么？

5. 列车运行组织的内容有哪些？

6. 影响行车安全的因素有哪些？

项目3 段（场）作业

知识要点

1. 熟知出、退勤流程及注意事项，能严格按照工作规定完成出、退勤工作。
2. 熟知交接班作业流程及注意事项，能严格按照流程完成交接班工作。
3. 熟知列车静态试验的流程，能熟练完成列车静态试验工作。
4. 熟知列车动态试验的流程，能熟练完成列车动态试验工作。
5. 熟知列车出、入场的流程，能熟练完成列车出、入场工作。

项目任务

分析城市轨道交通乘务员岗位作业标准，按照工作实际需要，确定本项目为段（场）作业，包含出、退勤交接班工作，列车静态试验，列车动态试验，列车出、入场等5个任务。

通过这5个任务，学生能够熟练进行段（场）作业，达到企业对乘务员的要求。

项目准备

1. 所需物品：工作证、有效驾驶证、员工卡及《行规》《电客车操作规程》《车务应急处理规则》、列车运行图、《司机报单》《司机日志》等。
2. 所需设备：乘务员钥匙、手台等。

任务3.1　城市轨道交通车辆乘务员岗位职责

交通运输部发布的数据显示：截至 2022 年 12 月 31 日，31 个省（自治区、直辖市）和新疆生产建设兵团共有 53 个城市开通运营城市轨道交通线路 290 条，运营里程 9 584 km，车站 5 609 座。2022 年全年，新增城市轨道交通运营线路 21 条，新增运营里程 847 km。

随着城市轨道交通建设速度的加快，在"新型城镇化建设、经济转型升级"等发展战略的综合作用下，城市轨道交通进入"百城同谋城轨交通"大规模发展的新阶段。全国约100 个城市规划了近 1 万 km 城市轨道交通建设项目。随着新线路的开通，各个城轨运营企业面临着巨大的工作挑战，尤其对保证行车安全和服务质量的乘务工作提出了更高的要求。乘务室各岗位均面临新人全面上岗，面对着当前"新人、新车、新线、新情况"，存在着很大的行车压力。

　　总结城轨发展经验，可以清醒地认识到：行车安全与服务质量已成为了乘务人的核心，行车安全是第一原则，司机是最后一道防线，其安全和服务质量直接影响乘客对城轨运营的满意程度，影响城轨运营管理乃至整个城轨系统的声誉。

3.1.1　乘务员岗位职责

1. 服从企业管理，具有良好职业道德

　　城轨运营企业是综合性高、技术水平高的企业，必须由具有良好职业素质的人去完成各种行车任务。乘务员作为第一执行人，需具备高度的责任感和服务意识，负责按运营时刻表的要求或按照规定的交路值乘，严格执行各项规章制度，确保车辆安全、快捷、正点、舒适地投入运营服务。

2. 服从命令，听从指挥

　　在工作中，乘务员必须服从指挥，在正线服从行调的统一调配，在车辆段服从车场调度员的统一指挥。

3. 确认行车凭证，彻底瞭望进路

　　乘务员在行车过程中，要负责确认行车凭证，彻底进行进路瞭望，当发现有危及行车安全的情况时，需立即采取措施。当发现安全隐患时，要及时汇报，妥善处理。

4. 加强自身业务能力学习，提高应急处理能力

　　乘务员必须掌握车辆的基本结构、作用、性能，具有一般的故障处理能力。当发生突发事件或故障时，要在规定的时间内及时、准确地按照相应的应急预案或者故障处理流程解决问题，恢复列车运行。

5. 严格执行作业标准

　　乘务员应认真学习业务知识，牢固掌握岗位执行标准，积极参加业务培训，严格按章行车，确保行车安全。

3.1.2　合格乘务员的标准

　　（1）时刻把企业的利益放在首位。
　　（2）具有较强的安全责任意识。
　　（3）具有较强的纪律管理意识。
　　（4）具有熟练的岗位操作能力。
　　（5）具有较强的应急处理能力。

任务 3.2　出勤、交接班及退勤

出勤是地铁司机在投入正式运营前的准备阶段，在这个阶段，司机应严格按照岗位职责做好出勤前的各项准备工作，包括心理准备、生理准备等。

3.2.1　出勤前准备

（1）出勤前 4 h 充分休息，严禁饮酒，保证充沛的精力。

（2）上岗时按规定统一着装，要求着装整洁，按规定佩戴领带（结）、肩章、工号牌等；男性不得留长发、剃光头、留胡须、染发；女性不得浓妆艳抹和佩戴首饰。穿着制服时，应衣着整洁，不缺扣，不立领，不卷袖挽裤。上装要保持干净无褶皱，口袋内不装多余东西，裤子干净，裤线整齐。衬衣干净无皱褶，领口无污垢，衬衣扣不得漏扣或缺扣，系好领带。上班时间应按规定统一穿着工作制服。制服换季和不同颜色领带（结）的系戴，按照规定统一执行。男员工应穿黑色或深色的皮鞋，鞋面保持干净，不穿极度磨损的鞋及露脚趾、脚跟的鞋。女员工应穿黑色或深色的皮鞋，款式应简洁大方，不得穿高跟鞋上岗。

（3）司机必须在指定的时间前到达指定地点，按照规定方式出勤。

（4）出勤时，要携带好工作证、有效驾驶证、员工卡及《行规》、《电客车操作规程》、《车务应急处理规则》、列车运行图等（见图 3-1），严禁无证上岗，不得携带与行车无关的物品，手机必须调至振动或者关机。

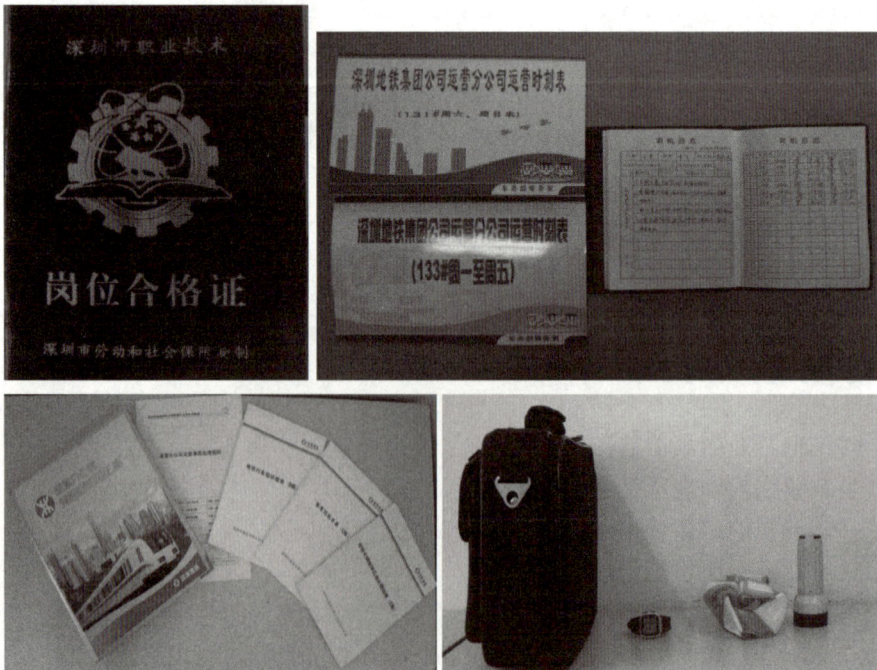

图 3-1　地铁司机出乘携带物品

（5）司机出勤后，应认真听取班前布置会，了解当日值乘时间、地点及所接列车的车次，认真阅读并抄录涉及运营有关注意事项和调度员命令并交值班员或者班组长签字确认。

3.2.2 出勤

1. 库内出勤

（1）按规定时间提前 30 min 到运转值班室出勤，认真阅读运行揭示及各项注意事项，并抄录于《司机日志》上。

（2）认真填写《司机日志》及《司机报单》，确认当日使用的运营时刻表。

（3）向运转值班队长询问有无其他注意事项。

（4）按照运营时刻表出勤、点出勤，向运转值班队长报告："中（早/晚/高峰）××司机出勤。"

（5）司机根据运营情况，在运转值班队长处领取电台，并了解出场车组号、开行车次及列车停放股道等相关消息。

（6）司机根据交路情况，在车场调度员处领取电客车钥匙一套，并在《电客车钥匙借用登记本》上登记。

（7）备用司机应对备用列车进行检查，检查结束后在司机候车室待命，严禁擅自外出或回司机公寓休息。

2. 正线出勤

（1）正线出勤时，应按接车时间提前 20 min 到线路指定车站的指定候乘室，向班组长出勤。

（2）抄录运行安全注意事项，了解车辆的状况。

（3）认真听取司机长传达的各项通知并做好记录，由司机长签字确认。

（4）按照列车运行时间提前 5 min 达到相应站台位置，等待接班。

3. 电话出勤

（1）按照出勤时间提前 10 min 到达换乘室，打固定电话给车辆段配班员出勤。

（2）了解列车位置、车体号。

（3）了解行车安全注意事项、措施及行车指示内容及要求。

（4）复诵配班员命令，确认后抄写在《司机日志》上。

（5）到指定地点与交车司机交接列车，了解列车的状态，确认备品齐全。

3.2.3 交接班

交接班是地铁运行中重要的环节，必须严格执行交接班制度，按照"有车必有人"进行。交接班作业时，做到"三不交、三不接"，即接班司机不上车不交班、接班司机未复诵交接内容不交班、未明确接班司机代码不交班，指令不明不接班、工作未完成不接车、设备有故障不接车。

1. 库内交接班

在停车库内交接班时，接班司机应与交班司机进行对口交接，交接内容包括：列车钥匙、驾驶用物品、《司机报单》及当日正线运行注意事项等。接班司机对列车进行检查和试验，了解列车的技术状况，当发现列车有故障情况或者不符合出库标准时，要第一时间向信号值班员汇报。

2. 正线交接班

1）轮乘站交接班

接班司机需提前到达指定地点立岗接车，待列车进站停稳，交班司机打开车门及安全门后，与接班司机进行交接，交接的内容包括车次、列车的状态、调度命令、运行模式等。

接班司机进行站台作业，确认发车条件，驾驶列车运行；交班司机站立目送列车离开车站后，可以离开。

2）终点站交接班（以深圳地铁为例）

（1）交班作业。

① 按下列车自动折返按钮，见图3-2。

图3-2　自动折返按钮

② 下客侧立岗确认车门及屏蔽门全部开启。

③ 上客侧立岗确认车门及屏蔽门全部开启。

④ 关闭司机台，拔出主控钥匙。

⑤ 用CC对讲机与接车司机进行交接班（内容有：列车运行情况，折返是否成功，主控钥匙是否关闭及调度命令或通知等）。

⑥ 锁闭司机室侧门，从屏蔽门端门进入站台区域。

⑦ 到达司机至出发端交接800 MHz电台，并与出发司机对口交接列车状态，确认列车当前驾驶模式。

（2）接班作业。

以罗湖站交接班作业（出发端）为例。

① 立岗接车。

② 待列车停稳后，通过屏蔽门端门进入立岗处。

③ 确认上客侧屏蔽门打开后，进入司机室。

④ 采用 CC 对讲机与到达端司机进行交接班作业。

⑤ 确认折返成功，激活司机台，在信号屏上修改司机代码，核对运营时刻表与信号屏的车次及发车时间，见图 3-3、图 3-4。

图 3-3   修改司机代码

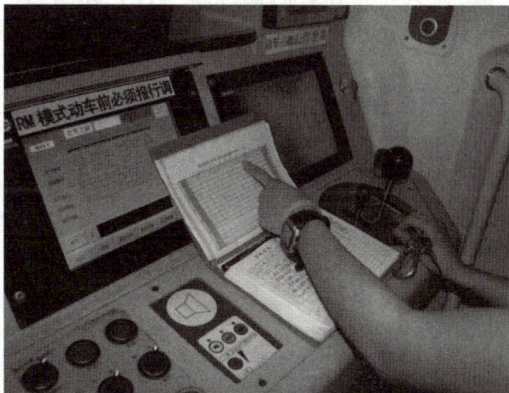

图 3-4   核对车次及发车时间

⑥ 与交班司机对口交接后共同确认列车当前驾驶模式。

⑦ 比照运营时刻表提前 45 s 关闭下客侧车门、屏蔽门，并确认其状态。

⑧ 司机须待前方信号开放后或得到有效行车凭证后，按时关闭上客侧屏蔽门及车门，并确认屏蔽门与车门间缝隙无夹人夹物。

⑨ 站台立岗再次确认信号开放后上车。

⑩ 按运营时刻表要求动车。

3）折返站交接班

（1）深大站交接班作业。

① 接班司机在列车到达停稳前，到下行头端墙屏蔽门端门处立岗接车，并协助确认屏蔽门、车门开启状态。

② 待交班司机打开屏蔽门端门后，在立岗处与交班司机进行 800 MHz 电台、车辆状态、相关命令或注意事项的交接。

③ 接班司机按下折返按钮，待接班司机上车后，确认站台人员显示的"好了"信号，接班司机按下关门按钮，确认车门及屏蔽门关好。

④ 待交班司机关闭客室门后，接班司机经客室前往 1 端司机室。

⑤ 司机立岗手指口呼 X11812 信号机开放黄灯，操作 DTRO 钥匙。

⑥ 待列车越过 X11812 信号机后，方可前往到达端换乘室（实习司机前往发车端换乘室前注意将屏蔽门钥匙交还当值司机）。

（2）少年宫站交接班作业（到达端）。

① 待列车停稳后，按下 AR 按钮。

② 下客侧站台立岗确认屏蔽门及车门打开。

③ 关闭主控钥匙，通过 CC 对讲机进行交接。

④ 交接完毕后，通过司机室门经客室下车。下车时，必须检查司机室门是否锁闭

良好。

（3）少年宫站交接班作业（出发端）。

① 接班司机在列车到达至立岗处接车。

② 待列车停稳，屏蔽门及车门正常打开后，进入司机室，通过 CC 对讲机进行交接。

③ 确认折返成功，激活司机台，在信号屏上修改司机代码，核对运营时刻表与信号屏的车次及发车时间。

④ 司机须待前方信号开放后或得到有效行车凭证后，按时关闭上客侧屏蔽门及车门，并确认屏蔽门与车门间缝隙无夹人夹物。

⑤ 站台立岗再次确认信号开放后上车，按运营时刻表要求动车。

（4）福田口岸站交接班作业（原班折返）。

① 列车到站后，按下 AR 按钮，到下客侧站台立岗，确认下客侧站台屏蔽门及车门是否正常打开。

② 到上客侧站台立岗，确认上客侧站台屏蔽门及车门是否正常打开。

③ 关闭司机台，拔出主控钥匙，通过司机室门经客室下车。下车时，必须检查司机室门是否锁闭良好。

④ 快步走至出发端，通过客室经司机室门进入司机室。

⑤ 确认折返成功，激活司机台，在信号屏上修改司机代码，核对运营时刻表与信号屏的车次及发车时间。

⑥ 比照运营时刻表提前 45 s 关闭下客侧屏蔽门、车门，并确认其状态。

⑦ 司机须待前方信号开放后或得到有效行车凭证后，按时关闭上客侧屏蔽门及车门，并确认屏蔽门与车门间缝隙无夹人夹物。

⑧ 站台立岗再次确认信号开放后上车，按运营时刻表要求动车。

任务 3.3　列车静态试验

列车静态试验是司机在驾驶列车出乘前要进行的一系列检查和测试工作，目的是及时发现列车的不良状况，准确判断出故障，确保安全运行。

出乘前检查工作包括走行部检查、司机室检查、客室检查等。司机到达出乘的相应股道，按照检查顺序进行检查作业。司机原则上采用从左到右、从上到下、从里到外的波浪形检查方法，主要以目视和手触两种检查方式为主，检查过程要执行"手指、眼看、口呼"。

3.3.1　检查线路图

对列车进行检查时，要按照运营企业的规定顺序来检查，一般检查顺序如图 3-5 所示，从非出场端开始。

图 3-5 整备作业检查顺序图

3.3.2 走行部检查

走行部的检查依照图 3-6 的顺序，从非出场端的外部开始，按照表 3-1 中的检查项目逐项进行。检查走行部时，车底检查要用手电筒辅助照看。

图 3-6 走行部检查顺序图

表 3-1 走行部检查项目表

序号	检查内容	检查标准
1	第 6 节车：运行灯	眼看、手指设备，口呼：运行灯良好（或异常）
2	第 6 节车：头灯/尾灯	眼看、手指设备，口呼：头灯/尾灯良好（或异常）
3	第 6 节车：自动车钩	眼看、手指设备，口呼：自动车钩良好（或异常）
4	第 6 节车：车体外观	眼看、手指设备，口呼：车体外观良好（或异常）
5	第 6 节车：后端线路	眼看、手指设备，口呼：轨面无异物（或有异物）
6	第 6 节车：网关阀	眼看、手指设备，口呼：网关阀良好（或异常）
7	第 6 节车：后端附加风缸	眼看、手指设备，口呼：附加风缸良好（或异常）
8	第 6 节车：制动电阻	眼看、手指设备，口呼：制动电阻良好（或异常）
9	第 6 节车：牵引逆变器	眼看、手指设备，口呼：牵引逆变器良好（或异常）
10	第 6 节车：辅助逆变器	眼看、手指设备，口呼：辅助逆变器良好（或异常）
11	第 6 节车：前端附加风缸	眼看、手指设备，口呼：附加风缸良好（或异常）
12	第 6 节车：前端线路	眼看、手指设备，口呼：轨面无异物（或有异物）
13	第 5、6 节车连接处：半永久车钩	眼看、手指设备，口呼：半永久车钩良好（或异常）

续表

序号	检查内容	检查标准
14	第 5 节车：车体外观	眼看、手指设备，口呼：车体外观良好（或异常）
15	第 5 节车：后端线路	眼看、手指设备，口呼：轨面无异物（或有异物）
16	第 5 节车：后端转向架	眼看、手指设备，口呼：转向架良好（或异常）
17	第 5 节车：智能阀	眼看、手指设备，口呼：智能阀良好（或异常）
18	第 5 节车：后端附加风缸	眼看、手指设备，口呼：附加风缸良好（或异常）
19	第 5 节车：辅助逆变器	眼看、手指设备，口呼：辅助逆变器良好（或异常）
20	第 5 节车：蓄电池箱	眼看、手指设备，口呼：蓄电池箱良好（或异常）
21	第 5 节车：风源模块	眼看、手指设备，口呼：风源模块良好（或异常）
22	第 5 节车：高压箱	眼看、手指设备，口呼：高压箱良好（或异常）
23	第 5 节车：前端附加风缸	眼看、手指设备，口呼：附加风缸良好（或异常）
24	第 5 节车：前端线路	眼看、手指设备，口呼：轨面无异物（或有异物）
25	第 5 节车：前端转向架	眼看、手指设备，口呼：转向架良好（或异常）
26	第 4、5 节车连接处：半永久车钩	眼看、手指设备，口呼：半永久车钩良好（或异常）
27	第 4 节车：车体外观	眼看、手指设备，口呼：车体外观良好（或异常）
28	第 4 节车：后端线路	眼看、手指设备，口呼：轨面无异物（或有异物）
29	第 4 节车：后端转向架	眼看、手指设备，口呼：转向架良好（或异常）
30	第 4 节车：智能阀	眼看、手指设备，口呼：智能阀良好（或异常）
31	第 4 节车：后端附加风缸	眼看、手指设备，口呼：附加风缸良好（或异常）
32	第 4 节车：制动电阻	眼看、手指设备，口呼：制动电阻良好（或异常）
33	第 4 节车：牵引逆变器	眼看、手指设备，口呼：牵引逆变器良好（或异常）
34	第 4 节车：辅助逆变器	眼看、手指设备，口呼：辅助逆变器良好（或异常）
35	第 4 节车：前端附加风缸	眼看、手指设备，口呼：附加风缸良好（或异常）
36	第 4 节车：前端线路	眼看、手指设备，口呼：轨面无异物（或有异物）
37	第 4 节车：前端转向架	眼看、手指设备，口呼：转向架良好（或异常）
38	第 3、4 节车连接处：半自动车钩	眼看、手指设备，口呼：半自动车钩良好（或异常）
39	第 3 节车：车体外观	眼看、手指设备，口呼：车体外观良好（或异常）
40	第 3 节车：后端线路	眼看、手指设备，口呼：轨面无异物（或有异物）
41	第 3 节车：后端转向架	眼看、手指设备，口呼：转向架良好（或异常）

序号	检查内容	检查标准
42	第 3 节车：网关阀	眼看、手指设备，口呼：网关阀良好（或异常）
43	第 3 节车：后端附加风缸	眼看、手指设备，口呼：附加风缸良好（或异常）
44	第 3 节车：辅助逆变器	眼看、手指设备，口呼：辅助逆变器良好（或异常）
45	第 3 节车：牵引逆变器	眼看、手指设备，口呼：牵引逆变器良好（或异常）
46	第 3 节车：主风缸	眼看、手指设备，口呼：主风缸良好（或异常）
47	第 3 节车：低压箱	眼看、手指设备，口呼：低压箱良好（或异常）
48	第 3 节车：前端附加风缸	眼看、手指设备，口呼：附加风缸良好（或异常）
49	第 3 节车：前端线路	眼看、手指设备，口呼：轨面无异物（或有异物）
50	第 3 节车：前端转向架	眼看、手指设备，口呼：转向架良好（或异常）
51	第 2、3 节车连接处：半永久车钩	眼看、手指设备，口呼：半永久车钩良好（或异常）
52	第 2 节车：车体外观	眼看、手指设备，口呼：车体外观良好（或异常）
53	第 2 节车：后端线路	眼看、手指设备，口呼：轨面无异物（或有异物）
54	第 2 节车：后端转向架	眼看、手指设备，口呼：转向架良好（或异常）
55	第 2 节车：智能阀	眼看、手指设备，口呼：智能阀良好（或异常）
56	第 2 节车：后端附加风缸	眼看、手指设备，口呼：附加风缸良好（或异常）
57	第 2 节车：低压箱	眼看、手指设备，口呼：低压箱良好（或异常）
58	第 2 节车：主风缸	眼看、手指设备，口呼：主风缸良好（或异常）
59	第 2 节车：风源模块	眼看、手指设备，口呼：风源模块良好（或异常）
60	第 2 节车：蓄电池箱	眼看、手指设备，口呼：蓄电池箱良好（或异常）
61	第 2 节车：辅助逆变器	眼看、手指设备，口呼：辅助逆变器良好（或异常）
62	第 2 节车：前端附加风缸	眼看、手指设备，口呼：附加风缸良好（或异常）
63	第 2 节车：前端线路	眼看、手指设备，口呼：轨面无异物（或有异物）
64	第 2 节车：前端转向架	眼看、手指设备，口呼：转向架良好（或异常）
65	第 1、2 节车连接处：半永久车钩	眼看、手指设备，口呼：半永久车钩良好（或异常）
66	第 1 节车：车体外观	眼看、手指设备，口呼：车体外观良好（或异常）
67	第 1 节车：后端线路	眼看、手指设备，口呼：轨面无异物（或有异物）
68	第 1 节车：后端转向架	眼看、手指设备，口呼：转向架良好（或异常）
69	第 1 节车：智能阀	眼看、手指设备，口呼：智能阀良好（或异常）

续表

序号	检查内容	检查标准
70	第1节车：后端附加风缸	眼看、手指设备，口呼：附加风缸良好（或异常）
71	第1节车：辅助逆变器	眼看、手指设备，口呼：辅助逆变器良好（或异常）
72	第1节车：牵引逆变器	眼看、手指设备，口呼：牵引逆变器良好（或异常）
73	第1节车：主风缸	眼看、手指设备，口呼：主风缸良好（或异常）
74	第1节车：低压箱	眼看、手指设备，口呼：低压箱良好（或异常）
75	第1节车：前端附加风缸	眼看、手指设备，口呼：附加风缸良好（或异常）
76	第1节车：前端线路	眼看、手指设备，口呼：轨面无异物（或有异物）
77	第1节车：前端转向架	眼看、手指设备，口呼：转向架良好（或异常）

3.3.3　司机室检查

司机室检查按照表 3-2 中的内容进行。

表 3-2　司机室检查项目表

序号	检查内容	检查标准
1	司机控制器	眼看、手指"司机控制器"，口呼：司控器完整无缺，动作灵活无卡滞现象，警惕按钮作用良好
2	车载电台	眼看、手指"无线电面板（车载电台）"，口呼：无线电良好
3	ATC 显示屏	眼看、手指"ATC 显示屏"，口呼：ATC 显示屏良好
4	车辆显示屏	眼看、手指"车辆显示屏"，口呼：车辆显示屏良好
5	仪表面板	眼看、手指"仪表面板"，口呼：仪表外罩完整、无破裂，显示正确
6	主控面板	眼看、手指"主控面板"，口呼：指示灯、开关、外罩完整，显示正确，位置正确
7	驾驶面板	眼看、手指"驾驶面板"，口呼：指示灯、开关、外罩完整，显示正确
8	PIDS 显示屏	眼看、手指"PIDS 显示屏"，口呼：PIDS 显示屏良好
9	左侧车门面板	眼看、手指"左侧车门面板"，口呼：指示灯、开关、外罩完整，显示正确
10	右侧车门面板	眼看、手指"右侧车门面板"，口呼：指示灯、开关、外罩完整，显示正确
11	驾驶台备品柜	眼看、手指"驾驶台备品柜"，口呼：备品柜备品齐全，功能良好
12	灭火器	眼看、手指"灭火器"，口呼：灭火器良好

续表

序号	检查内容	检查标准
13	前窗玻璃	眼看、手指"前窗玻璃"，口呼：清洁，无损坏，刮雨器完整，遮光板良好
14	司机室左侧门	眼看、手指"司机室左侧门"，口呼：侧门锁闭良好，动作灵活
15	司机室右侧门	眼看、手指"司机室右侧门"，口呼：侧门锁闭良好，动作灵活
16	继电器柜	眼看、手指"继电器柜"，口呼：继电器柜内所有开关位置正确（或位置错误）。 若有开关未在正确位置，需将其打至正确位置，然后再次眼看、手指"继电器柜"，口呼：继电器柜内所有开关位置正确
17	设备柜	眼看、手指"设备柜"，口呼：设备柜良好
18	司机室通道门	眼看、手指"司机室通道门"，口呼：通道门锁闭良好，动作灵活

3.3.4 客室检查

客室检查按照表 3-3 中的内容进行。

表 3-3　客室检查项目表

序号	检查内容	检查标准
1	A 车天花板	眼看、手指被检查的设备，口呼：天花板良好（或异常）
2	地板	眼看、手指被检查的设备，口呼：地板良好（或异常）
3	门窗玻璃	眼看、手指被检查的设备，口呼：门窗玻璃良好（或异常）
4	照明	眼看、手指被检查的设备，口呼：照明良好（或异常）
5	左侧车门	眼看、手指被检查的设备，口呼：车门良好（或异常）
6	右侧车门	眼看、手指被检查的设备，口呼：车门良好（或异常）
7	左侧紧急开门装置	眼看、手指被检查的设备，口呼：紧急开门装置良好（或异常）
8	右侧紧急开门装置	眼看、手指被检查的设备，口呼：紧急开门装置良好（或异常）
9	左侧动态地图	眼看、手指被检查的设备，口呼：动态地图良好（或异常）
10	右侧动态地图	眼看、手指被检查的设备，口呼：动态地图良好（或异常）
11	左侧 LCD 屏	眼看、手指被检查的设备，口呼：LCD 屏良好（或异常）
12	右侧 LCD 屏	眼看、手指被检查的设备，口呼：LCD 屏良好（或异常）
13	拉手	眼看、手指被检查的设备，口呼：拉手良好（或异常）
14	左侧座椅	眼看、手指被检查的设备，口呼：座椅良好（或异常）

续表

序号	检查内容	检查标准
15	右侧座椅	眼看、手指被检查的设备，口呼：座椅良好（或异常）
16	灭火器	眼看、手指被检查的设备，口呼：灭火器良好（或异常）
17	紧急通话器	眼看、手指被检查的设备，口呼：紧急通话器良好（或异常）
18	左侧车门	眼看、手指被检查的设备，口呼：车门良好（或异常）
19	右侧车门	眼看、手指被检查的设备，口呼：车门良好（或异常）
20	左侧紧急开门装置	眼看、手指被检查的设备，口呼：紧急开门装置良好（或异常）
21	右侧紧急开门装置	眼看、手指被检查的设备，口呼：紧急开门装置良好（或异常）
22	左侧动态地图	眼看、手指被检查的设备，口呼：动态地图良好（或异常）
23	右侧动态地图	眼看、手指被检查的设备，口呼：动态地图良好（或异常）
24	左侧 LCD 屏	眼看、手指被检查的设备，口呼：LCD 屏良好（或异常）
25	右侧 LCD 屏	眼看、手指被检查的设备，口呼：LCD 屏良好（或异常）
26	拉手	眼看、手指被检查的设备，口呼：拉手良好（或异常）
27	左侧座椅	眼看、手指被检查的设备，口呼：座椅良好（或异常）
28	右侧座椅	眼看、手指被检查的设备，口呼：座椅良好（或异常）
29	B05 盖板	眼看、手指被检查的设备，口呼：B05 盖板良好（或异常）
30	左侧车门	眼看、手指被检查的设备，口呼：车门良好（或异常）
31	右侧车门	眼看、手指被检查的设备，口呼：车门良好（或异常）
32	左侧紧急开门装置	眼看、手指被检查的设备，口呼：紧急开门装置良好（或异常）
33	右侧紧急开门装置	眼看、手指被检查的设备，口呼：紧急开门装置良好（或异常）
34	左侧动态地图	眼看、手指被检查的设备，口呼：动态地图良好（或异常）
35	右侧动态地图	眼看、手指被检查的设备，口呼：动态地图良好（或异常）
36	左侧 LCD 屏	眼看、手指被检查的设备，口呼：LCD 屏良好（或异常）
37	右侧 LCD 屏	眼看、手指被检查的设备，口呼：LCD 屏良好（或异常）
38	拉手	眼看、手指被检查的设备，口呼：拉手良好（或异常）
39	左侧座椅良好	眼看、手指被检查的设备，口呼：座椅良好（或异常）
40	右侧座椅良好	眼看、手指被检查的设备，口呼：座椅良好（或异常）
41	灭火器良好	眼看、手指被检查的设备，口呼：灭火器良好（或异常）
42	紧急通话器	眼看、手指被检查的设备，口呼：紧急通话器良好（或异常）

续表

序号	检查内容	检查标准
43	左侧车门	眼看、手指被检查的设备，口呼：车门良好（或异常）
44	右侧车门	眼看、手指被检查的设备，口呼：车门良好（或异常）
45	左侧紧急开门装置	眼看、手指被检查的设备，口呼：紧急开门装置良好（或异常）
46	右侧紧急开门装置	眼看、手指被检查的设备，口呼：紧急开门装置良好（或异常）
47	左侧动态地图	眼看、手指被检查的设备，口呼：动态地图良好（或异常）
48	右侧动态地图	眼看、手指被检查的设备，口呼：动态地图良好（或异常）
49	左侧行李架	眼看、手指被检查的设备，口呼：行李架良好（或异常）
50	右侧行李架	眼看、手指被检查的设备，口呼：行李架良好（或异常）
51	微机柜	眼看、手指被检查的设备，口呼：微机柜良好（或异常）
52	空调柜	眼看、手指被检查的设备，口呼：空调柜良好（或异常）
53	贯通道	眼看、手指被检查的设备，口呼：贯通道良好（或异常）

任务 3.4 列车动态试验

为了保证列车能可靠稳定运行，除了必需的静态试验，还要对列车进行动态试验。动态试验按照表 3-4 中的内容进行。

表 3-4 动态试验检查项目表

序号	检查内容	检查标准
一、列车激活		
1	激活列车	将"列车激活"旋钮置"合"位
2	检查确认"列车激活"旋钮绿灯亮	眼看、手指设备，口呼：列车激活旋钮绿灯亮
3	检查确认"蓄电池电压表"表值为 110 V（不低于 85 V）	眼看、手指设备，口呼：蓄电池电压 110 V
4	检查确认气压表主风压力不低于 4 bar（1 bar=100 kPa）	眼看、手指设备，口呼：主风压力不低于 4 bar
5	检查确认"信号选择"开关在"有效"位	眼看、手指设备，口呼："信号选择"开关位置正确
6	将"关门模式选择"开关置"手动"位	眼看、手指设备，口呼：关门模式置"手动"位。并将"关门模式选择"开关置"手动"位

续表

序号	检查内容	检查标准
二、司机台激活		
7	激活司机台	闭合"主控钥匙"开关
8	检查确认受电弓"降"灯亮	眼看、手指设备，口呼：受电弓"降"灯亮
9	检查确认停放制动"施加"灯亮	眼看、手指设备，口呼：停放制动"施加"灯亮
10	检查确认气制动"施加"灯亮	眼看、手指设备，口呼：气制动"施加"灯亮
11	检查确认主断"分"灯亮	眼看、手指设备，口呼：主断"分"灯亮
12	检查确认左门"关"灯亮	眼看、手指设备，口呼：左门"关"灯亮
13	检查确认右门"关"灯亮	眼看、手指设备，口呼：右门"关"灯亮
14	检查确认"司机显示屏"激活	眼看、手指设备，口呼："司机显示屏"激活
三、试灯		
15	按下"试灯"按钮，确认司机室所有指示灯亮	按下"试灯"按钮，眼看、手指设备，口呼：司机室所有指示灯亮
四、紧急按钮试验		
16	将驾驶模式置"RM"位	手指设备，口呼：驾驶模式置"RM"位。并将"驾驶模式选择"开关置"RM"位
17	检查气压表，确认制动缸压力约 2 bar	眼看、手指设备，口呼：制动缸压力 2 bar
18	按下右侧"紧急制动"按钮	按下司机操纵台右侧"紧急制动"按钮
19	检查气压表，确认制动缸压力约 3 bar	眼看、手指设备，口呼：制动缸压力 3 bar
20	按下受电弓"升"按钮	按下受电弓"升"按钮
21	检查确认受电弓未升起	眼看、手指车辆显示屏受电弓图标，口呼：受电弓未升起
22	恢复右侧"紧急制动"按钮	恢复司机操纵台右侧"紧急制动"按钮
23	按下左侧"紧急制动"按钮	按下司机操纵台左侧"紧急制动"按钮
24	检查气压表，确认制动缸压力约 3 bar	眼看、手指设备，口呼：制动缸压力 3 bar
25	按下受电弓"升"按钮	按下受电弓"升"按钮
26	检查受电弓"升"灯，确认受电弓未升起	眼看、手指车辆显示屏受电弓图标，口呼：受电弓未升起
27	恢复左侧"紧急制动"按钮	恢复司机操纵台左侧"紧急制动"按钮
五、升弓程序		
28	按下受电弓"升"按钮	按下受电弓"升"按钮

序号	检查内容	检查标准
29	检查确认受电弓"升"绿灯亮	眼看、手指设备，口呼：受电弓"升"绿灯亮
30	检查确认受电弓"降"红灯灭	眼看、手指设备，口呼：受电弓"降"红灯灭
31	检查"车辆显示屏"，确认受电弓标志升起，线路网压约 1 500 V	眼看、手指车辆显示屏受电弓图标，口呼：受电弓升起，线路网压 1 500 V
六、开关门试验		
32	检查"车辆显示屏"，确认各车门在关闭状态且无故障	眼看、手指车辆显示屏车门状态界面，口呼：所有车门关闭
33	确认"关门模式选择"开关在"手动"位	眼看、手指设备，口呼：关门模式"手动"位
34	打开左侧车门	按下左侧"强制开门"按钮，按下左侧开门按钮，将左侧车门打开
35	检查确认显示屏所有车门状态显示为"门开"状态图标，车门已经开启	眼看、手指车辆显示屏车门状态界面，口呼：左侧所有车门开启
36	检查确认左侧关门指示灯灭	眼看、手指设备，口呼：左侧关门指示灯灭
37	关闭左侧车门	按下左侧关门按钮，确认车门关闭警示声响起，车门关闭
38	检查确认显示屏所有车门状态显示为"门关"状态图标，所有车门已经关闭良好	眼看、手指车辆显示屏车门状态界面，口呼：所有车门关闭
39	检查确认左侧关门指示灯亮，所有车门关闭指示灯亮	眼看、手指设备，口呼：左侧关门指示灯亮，所有车门关闭指示灯亮
40	打开右侧车门	按下右侧"强制开门"按钮，将右侧车门打开
41	检查确认显示屏所有车门状态显示为"门开"状态图标，车门已经开启	眼看、手指车辆显示屏车门状态界面，口呼：右侧所有车门开启
43	检查确认右侧关门指示灯灭	眼看、手指设备，口呼：右侧关门指示灯灭
43	关闭右侧车门	按下右侧关门按钮，确认车门关闭警示声响起，车门关闭
44	确认显示屏显示所有车门"门关"的图标，所有车门已经关闭良好	眼看、手指车辆显示屏车门状态界面，口呼：所有车门关闭
45	检查确认右侧关门指示灯亮，所有车门关闭指示灯亮	眼看、手指设备，口呼：右侧关门指示灯亮，所有车门关闭指示灯亮
七、重开门按钮试验		
46	按下左侧开门按钮打开车门	按下左侧开门按钮
47	按下左侧关门按钮，确认车门正在关闭	按下左侧关门按钮

续表

序号	检查内容	检查标准
48	马上按下左侧的重开门按钮，确认未完全关闭的车门正在重新打开	在车门未完全关闭好前，按下左侧的重开门按钮
49	检查确认显示屏所有车门状态显示为"门开"状态图标，车门已经开启	眼看、手指车辆显示屏车门状态界面，口呼：左侧所有车门开启
50	按下左侧关门按钮，将打开的车门关闭	按下左侧关门按钮，确认车门关闭警示声响起，车门关闭
51	确认显示屏显示所有车门"门关"的图标，所有车门已经关闭良好	眼看、手指车辆显示屏车门状态界面，口呼：所有车门关闭
52	检查确认左侧关门指示灯亮，所有车门关闭指示灯亮	眼看、手指设备，口呼：左侧关门指示灯亮，所有车门关闭指示灯亮
53	按下右侧开门按钮打开车门	按下右侧开门按钮，将右侧车门打开
54	按下右侧关门按钮，确认车门正在关闭	按下右侧关门按钮
55	马上按下右侧的重开门按钮，确认未完全关闭的车门正在重新打开	在车门未完全关闭好前，按下右侧的重开门按钮
56	检查确认显示屏所有车门状态显示为"门开"状态图标，车门已经开启	眼看、手指车辆显示屏车门状态界面，口呼：右侧所有车门开启
57	按下右侧关门按钮，将打开的车门关闭	按下右侧关门按钮，确认车门关闭警示声响起，车门关闭
58	确认显示屏显示所有车门"门关"的图标，所有车门已经关闭良好	眼看、手指车辆显示屏车门状态界面，口呼：所有车门关闭
59	检查确认右侧关门指示灯亮，所有车门关闭指示灯亮	眼看、手指设备，口呼：右侧关门指示灯亮，所有车门关闭指示灯亮

八、停放制动试验

序号	检查内容	检查标准
60	按下"停放制动缓解"按钮	按下"停放制动缓解"按钮
61	检查确认停放制动"缓解"绿色指示灯亮，"施加"红色指示灯灭，列车停放制动缓解	眼看、手指设备，口呼：停放制动"缓解"绿色指示灯亮，"施加"红色指示灯灭，列车停放制动缓解
62	检查确认车辆显示屏制动图标无停放制动标志"P"	眼看、手指车辆显示屏制动状态界面，口呼：无停放制动标志"P"
63	按下"停放制动施加"按钮	按下"停放制动施加"按钮
64	检查确认停放制动"施加"红色指示灯亮，停放制动"缓解"绿色指示灯灭，列车停放制动施加	眼看、手指设备，口呼：停放制动"施加"红色指示灯亮，停放制动"缓解"绿色指示灯灭，列车停放制动施加
65	检查确认车辆显示屏制动图标有停放制动标志"P"	眼看、手指车辆显示屏制动状态界面，口呼：有停放制动标志"P"

续表

序号	检查内容	检查标准
66	按下"停放制动缓解"按钮，保持停放制动缓解状态	按下"停放制动缓解"按钮，缓解停放制动

<table>
<tr><td colspan="3" align="center">九、警惕按钮试验</td></tr>
</table>

序号	检查内容	检查标准
67	按几下警惕按钮，确认警惕按钮无卡滞现象	按几下"警惕"按钮，确认警惕按钮无卡滞现象
68	方向手柄置"前"位	确认方向手柄置"前"位
69	无需按下警惕按钮，将主控手柄推向牵引位最小位	无需按下警惕按钮，将主控手柄推向牵引位最小位
70	检查确认车辆显示屏出现"牵引封锁/警惕按钮（无人警惕）"字样	眼看、手指车辆显示屏，口呼：牵引封锁/警惕按钮（或牵引封锁/无人警惕）
71	将主控手柄拉回"零"位	将主控手柄拉回"零"位
72	检查确认车辆显示屏"牵引封锁/警惕按钮（无人警惕）"字样消失	眼看、手指车辆显示屏，口呼：牵引封锁/警惕按钮（或牵引封锁/无人警惕）
73	合高速断路器	按下主断"合"按钮
74	检查确认主断"分"红色指示灯灭，主断"合"绿色指示灯亮	眼看、手指设备，口呼：主断"分"红色指示灯灭，主断"合"绿色指示灯亮
75	检查确认，网压显示在 1 000～1 800 V 之间	眼看、手指车辆显示屏受电弓界面，口呼：线路网压 1 500 V
76	确认驾驶模式在"RM"位	手指设备，口呼：驾驶模式"RM"位
77	检查确认车辆显示屏上的制动屏，确认列车制动状态正常	眼看、手指车辆显示屏制动状态界面，口呼：列车制动状态正常
78	检查确认车辆显示屏上的牵引状态屏，确认牵引电机正常	眼看、手指车辆显示屏牵引状态界面，口呼：牵引电机正常
79	方向手柄置"前"位	确认方向手柄置"前"位
80	将主控手柄拉至"快速制动"位	将主控手柄拉至"快速制动"位
81	方向手柄置"前"位	（确认）将方向手柄置"前"位
82	将主控手柄拉回"零"位	将主控手柄拉回"零"位
83	检查确认车辆显示屏"快速制动"字样消失	眼看、手指车辆显示屏，口呼：快速制动字样消失
84	主控手柄推向"牵引"区，但不得超过 20%	主控手柄推向"牵引"区，但不得超过 20%
85	检查确认驾驶台"所有气制动缓解"指示灯亮	眼看、手指设备，口呼：所有气制动缓解指示灯亮

序号	检查内容	检查标准
86	待客车刚移动，立即将主控手柄拉回"制动"区100%处	立即将主控手柄拉回"制动"区100%处
87	列车停车，确认驾驶台"气制动施加"指示灯亮	眼看、手指设备，口呼：气制动施加指示灯亮
88	检查列车显示屏应无故障显示	眼看、手指车辆显示屏，口呼：显示屏无故障显示
十、RM 模式选择试验		
89	进入信号屏中的菜单，选择 RM60 后回到主页确认 RM60 选择成功	进入信号屏中的菜单，选择 RM60 后回到主页，口呼：RM60 选择成功
90	进入信号屏中的菜单，选择 RM25 后回到主页确认 RM25 选择成功	进入信号屏中的菜单，选择 RM25 后回到主页，口呼：RM25 选择成功

任务 3.5　出入场作业

3.5.1　出库及出场作业

1. 出库作业

司机完成列车静态试验和动态试验后，确认列车情况良好，具备运行条件，应立即做好出库及出场作业准备。司机的出库作业程序见表 3-5（各运营企业的出库流程及作业标准略有不同，本内容仅供参考）。

表 3-5　出库作业程序表

序号	执行项目	执行标准
1	整备作业完毕后，司机与信号楼联系出场	司机联控信号楼：信号楼，×车×道×段整备作业完毕
2	信号楼回复司机	信号楼回复司机：×车×道×段整备作业完毕，信号楼明白
3	信号楼通知司机可以动车	待出库信号开放后，信号楼通知司机：×车，×道往 CD1 列车信号黄灯好，司机可以动车
4	司机复诵	司机回复信号楼：×车，×道往 CD1 列车信号黄灯好，司机可以动车，司机明白
5	确认出库信号机黄灯好	手指出库信号机，口呼：列车信号黄灯好
6	起动列车，以 RM25（25 km/h）模式驾驶列车	按照标准流程起动列车，并以 RM25 模式驾驶列车，库内限速 5 km/h（列车限速到达第一个道岔警冲标处）

2. 出场作业

列车从出库门开始到正式进入正线运行的这个过程即为列车出场。列车出场时，司机的出场作业程序见表 3-6（各运营企业的出场流程及作业标准略有不同，本内容仅供参考）。

表 3-6 出场作业程序表

序号	执行项目	执行标准
1	在平交道口前一度停车	在平交道口前（10 m 范围内）一度停车
2	确认平交道口无人、无障碍	确认平交道口无人、无障碍，司机眼看、手指道口，口呼：道口安全
3	起动列车，以 RM25 模式驾驶列车	再次起动列车，并以 RM25 模式驾驶列车
4	途中遇道岔，需手指、口呼	眼看、手指道岔，口呼：道岔位置正确
5	CD1 信号机（出段信号机）前一度停车	在 CD1 信号机前（10 m 范围内）一度停车
6	汇报行调	司机呼叫行调：行调，××次在 CD1 信号机前停稳
7	行调回复	行调回复司机：××次在 CD1 信号机前停稳，行调收到，××次凭信号显示出场
8	司机复诵	司机复诵：××次凭信号显示出场，司机明白
9	确认信号	确认信号，司机眼看、手指信号机，口呼：列车信号黄灯好
10	起动列车，以 RM25 模式驾驶列车	再次起动列车，并以 RM25 模式驾驶列车
11	进入转换轨后，严格控制列车速度，按照规定速度运行并且安全停车	列车完全进入转换轨后，在前方信号机前（10 m 范围内）停车
12	确认显示屏收到列车"投入服务"小车图标	司机眼看、手指信号屏，口呼：列车投入服务小车图标有
13	将驾驶模式转为 PM	手指模式选择开关，口呼"转 PM"后，将驾驶模式选择开关打至"PM"位
14	司机汇报行调	司机呼叫行调：行调，××次在转换轨停稳，已转 PM 模式
15	行调回复司机	行调回复司机：××次在转换轨停稳，已转 PM 模式，行调收到，××次凭信号显示动车
16	司机复诵	司机复诵：××次凭信号显示动车，司机明白
17	确认前方信号机信号正确，显示屏收到速度码	眼看、手指信号机，口呼：信号正确。 眼看、手指 ATC 显示屏，口呼：推荐速度有
18	起动列车，以 ATP 模式运行	再次起动列车，以 ATP 模式运行
19	途中遇到信号机及道岔，需确认道岔位置及信号状态	眼看、手指信号机/道岔，口呼：信号正确/道岔位置正确

3. 列车在出场过程中的注意事项

（1）列车在车场内运行时，司机应不间断地瞭望，认真确认进路中每个信号机的显示及道岔的开通位置是否正确，要密切注视前方的线路情况，严格按照线路的曲线半径、线路的限速要求运行，并要进行相应的手指、口呼动作。

（2）列车从出库动车开始司机要以 RM 模式驾驶列车，到转换轨前一度停车后，按照地铁运营要求，执行 SM 模式或者 ATO 模式。在转换驾驶模式前，一定要通过车载台与行调联系，听从行调的指示和信号行车。

（3）司机驾驶列车在车场运行时，信号机显示方式如下，要严格执行，严禁冒进信号。

① 黄色——列车进路已开通，准许越过该架信号机出车。

② 红色——不准越过该信号机。

③ 白色——允许越过该信号机调车。

（4）列车在平交道口前需及时停车，确认道口有无人、车通过，确定具备通车条件后方可通过。

3.5.2 入场及入库作业

列车的入场作业一般指当列车按照运行图的规定正常完成运营任务后返回车辆段（所）或者当列车发生故障，经行调同意退出正线运行返回车辆段（所）的过程。

1. 入场作业

列车入场前，司机需向车站站务人员确认清客完毕，若具备动车条件，起动列车，对出站信号机、道岔防护信号机、前方进路进行手指、口呼。入场作业程序按照表 3-7 所示的内容及标准执行。

表 3-7　入场作业程序表

序号	执行项目	执行标准
1	进站停稳，车门打开	参照上下客监护作业执行（项目 4 详细讲解）
2	人工广播清客（或通过预置的清客广播清客）	"终点站到了，请全体乘客带齐行李物品下车，多谢合作。"通过车辆显示屏，选择预置的终点站清客广播，进行清客
3	确认清客完毕，准备关门	确认车站给出"清客好了"的信号后，口呼：好了信号有
4	关闭车门	参照上下客监护作业执行（项目 4 详细讲解）
5	确认出站信号、道岔	列车到达终点站清客退出运营后，眼看、手指信号机/道岔，口呼：信号正确，道岔位置正确，推荐速度有
6	起动列车，以 ATP 模式运行	按照标准起车流程起动列车，以 ATP 模式运行，驾驶列车时严格控制列车速度
7	列车进入转换轨后，在进段信号机前一度停车	列车完全进入转换轨后，在进段信号机前（10 m 范围内）停车
8	将驾驶模式转为 RM	手指驾驶模式选择开关，口呼"转 RM"后，将驾驶模式选择开关打至"RM"位

2. 入库作业

当司机驾驶列车以 RM 模式运行至入库信号机前，需与信号楼联系，待信号开放，按照表 3-8 所示的内容及标准驾驶列车完成入库作业。

表 3-8　入库作业程序表

序号	执行项目	执行标准
1	司机与信号楼联系入库	司机联控信号楼：信号楼，×车在转换轨×道停稳
2	信号楼回复司机	信号楼回复司机：×车在转换轨×道停稳，信号楼明白
3	信号楼通知司机可以动车	待入场信号开放后，信号楼通知司机：×车，转换轨×道往×道列车信号黄灯好，司机可以动车
4	司机复诵	司机回复信号楼：×车，转换轨×道往×道列车信号黄灯好，可以动车，司机明白
5	确认入场信号机黄灯好	手指进段信号机，口呼：列车信号黄灯好
6	起动列车，以 RM25 模式驾驶列车	按照标准流程起动列车，并以 RM25 模式驾驶列车
7	途中遇道岔，需手指、口呼	口呼：道岔位置正确（若干次）
8	在平交道口前一度停车	在平交道口前（10 m 范围内）一度停车
9	确认平交道口无人、无障碍	确认平交道口无人、无障碍，司机眼看、手指道口，口呼：道口安全
10	起动列车，以 RM25 模式驾驶列车	再次起动列车，并以 RM25 模式驾驶列车，限速 5 km/h
11	在一度停车标处停车	在一度停车标处停车
12	起动列车限速 5 km/h，运行至停车股道末端进路信号机前停车	列车限速 5 km/h 运行至离停车股道末端进路信号机前约 10 m 时停车
13	分主断	按下主断"分"按钮
14	施加停放制动	按下"停放制动施加"按钮
15	确认停放制动施加	眼看、手指按钮，口呼：停放制动"施加"红色指示灯亮，停放制动"缓解"绿色指示灯灭，列车停放制动施加
16	汇报信号楼	司机联控信号楼：信号楼，×车已在×道×段停稳，列车已做好防护
17	信号楼回复司机	信号楼回复司机：×车已在×道×段停稳，列车已做好防护，信号楼明白
18	降下受电弓	按下受电弓"降"按钮
19	将驾驶模式转为 OFF	将驾驶模式选择开关打至"OFF"位
20	关闭主控钥匙	将主控钥匙置"关"位
21	断激活	将激活按钮打至"分"位

任务 3.6　调 车 作 业

1. 调车作业领导与指挥

在车辆段内调车时，车辆段调度员为调车领导人；在车场内调车时，车场调度员为调车领导人，车长为调车指挥人；在车站调车时，行调或现场施工负责人为调车领导人，调车指挥人由胜任的行车人员担当。

2. 调车计划的编制、传达和变更

调车计划由调车领导人编制，以书面形式下达给调车指挥人，需要时向车辆检修调度通报。调车指挥人应根据调车计划制定具体作业方法，连同注意事项，向司机和车辆段（车场）调度员交递和汇报。在调车作业中变更计划时，应先停止作业，由调车指挥人将变更后的计划向司机传达清楚后，才能开始调车作业。参加调车作业的司机在接受调车作业计划时，必须复诵、核对无误后方可执行。一批作业不超过三钩或变更计划不超过三钩时，可用口头方式布置。

3. 车辆连挂的规定

连挂车辆时，必须显示三、二、一车距离信号，没有显示三、二、一车距离信号不准挂车。调车指挥人确认车辆停留位置有困难时，应派胜任人员显示车辆连挂位置信号。连挂车辆前司机必须一度停车，检查被连挂车辆状态。车辆连挂后必须进行试拉，确认连挂妥当后方可动车。工程车连挂平板车时，调车司机应进行试风，试风良好后方可动车。在曲线、岔区连挂时，应注意连挂钩位，防止错钩。

4. 调车进路的确认和取消

单机运行或牵引车辆运行时，前方进路的确认由司机负责。推进车辆运行时，前方进路的确认由调车指挥人或调车指挥人指定的行车人员负责。取消调车进路时，应确认列车尚未起动，通知调车指挥人和司机并得到回复后，方可关闭调车信号。

5. 调车作业

调车作业方法，仅限牵引、推进调车，严禁溜放。调车作业前，调车领导人须通知相关部门做好准备工作。工程车调车时，每台工程车只能调动一列电客车。调车作业必须按照调车信号机的显示和调车指挥人的指令（通过无线电发布，无线电故障时使用调车手信号）进行。没有信号不准动车，信号不清立即停车。调车作业时，调车指挥人必须正确及时显示信号，司机要认真确认信号，并鸣笛回示。没有回示时，应立即显示停车手信号。

列车或工程车在段（场）内驶过平交道之前，司机加强瞭望，必要时鸣笛。段（场）内的调车作业，不得影响出入段（场）列车的正常运行，不得调动挂有不能开动标志牌（或红闪灯）的车辆或列车。在段（场）内，两列车不能同时在同一条线路内移动。

调动车辆或电客车前要检查车辆和线路障碍物情况并撤除止轮器。进入车库前必须一度停车。调车作业完毕后，应将车辆或电客车停于线路警冲标内方。调车作业结束后的车辆或电客车，调车指挥人必须采取防溜措施。检修库内车辆或电客车的防溜工作由车辆一部负责。

6. 调车速度

调车作业要准确掌握速度，遇到瞭望困难时，应适当降低速度，做好随时停车的准备。调车允许速度见表 3-9。在尽头线上调车时，距车挡应有 10 m 的安全距离，遇特殊情况必须近于 10 m 时要严格控制速度，确保安全。

表 3-9　调车允许速度

序号	项目	速度/（km/h）
1	车辆段内空线牵引运行	15
2	车辆段内空线推进运行	15
3	车场内空线牵引运行	10
4	车场内空线推进运行	10
5	在尽头线调车时	5
6	在停车库及检修库内	5
7	接近被连挂的车辆时	3
8	三、二、一车距离时	10、5、3
9	调动载有乘客的车辆时	10

思考题

1. 乘务员的岗位职责有哪些？
2. 出勤前需要准备什么？
3. 正线出勤流程有哪些？
4. 终点站交接班流程有哪些？
5. 什么是列车静态试验？
6. 走行部检查流程有哪些？
7. 司机室检查流程有哪些？
8. 客室检查流程有哪些？
9. 列车动态试验流程有哪些？
10. 出库作业流程有哪些？
11. 入库作业流程有哪些？

项目 4　正线驾驶作业

知识要点

1. 熟知城市轨道交通车辆正线驾驶作业标准。
2. 熟知城市轨道交通车辆司机室设备布置及作用。
3. 熟知正线不同模式驾驶需满足条件。
4. 熟知广播作业内容。

项目任务

1. 分析城市轨道交通车辆驾驶，掌握正线运行作业标准。
2. 掌握司机室设备布置及作用。
3. 掌握不同驾驶模式需满足条件。

项目准备

1. 所需设备：城市轨道交通车辆模拟驾驶台。
2. 所需物品：《司机日志》《司机报单》等。

正线行车是城市轨道交通车辆运行中重要环节之一，通过本项目培养学生规范操作的意识，达到地铁列车安全、准确、高效的目的。

任务 4.1　正线运行作业标准

城市轨道交通车辆的标准化作业是各个运营企业为了增强司机安全意识、规范操作流程而制定的一系列标准作业制度。司机作为行车中重要的角色，其理论知识与操作技能的熟练程度与行车安全有着密切联系。

4.1.1　正线运行的一般要求

1. 安全第一

安全是列车运行的第一标准，国内外轨道交通运营企业都将行车安全放在突出位置，行车安全是衡量轨道交通运行管理的重要环节。司机作为这一环节中的执行者，要严格执行标准化作业流程，确保车辆安全、正点、优质、高效地完成运行。司机在执勤时要时刻牢记"安全第一、预防为主"的运行宗旨，要将安全行车和服务乘客的意识落实到工作的每个细节、每个动作中。

2. 准点运行

列车在运行过程中，司机要集中精力、彻底瞭望、确认信号，要遵守时刻表规定的运行时刻和各项允许及限制速度。运行中要随时注意观察操纵台上各仪表、指示灯、显示屏的显示状态、线路状态等，严禁运行中放弃瞭望、闲谈，以及做和行车无关的事情，确保列车安全准点。

3. 呼唤应答

司机在行车中要严格执行呼唤应答制度，在执行中要做到手指口呼、呼唤时机恰当、用语准确清晰。例如，有些地铁规定，遇早晚高峰时，正线行车采用 ATO 模式，从车辆段（所）进入正线转换驾驶模式时要及时呼叫行调，待行调同意后才能以 ATO 模式运行，呼唤应答标准如下：

司机呼叫行调："行调，×次在转换轨停稳，已转 ATO 模式。"

行调回复司机："×次在转换轨停稳，已转 ATO 模式，行调收到。×次凭信号显示动车。"

司机复诵："×次凭信号显示动车，司机明白。"

4. 纪律要求

富有纪律性、严格执行规章制度是司机保证行车的基本素质之一。从准备出勤开始，要严格执行仪容仪表标准、体态礼仪标准、标准坐姿等。例如，ATO 模式驾驶时，司机应将双手放置于操纵台上，双眼平视前方，认真观察前方线路，密切注视列车运行状况等。待班时也要严格执行待班制度，注意休息，严禁饮酒等。

为了确保行车安全，司机要严格执行运营企业的各项规定，例如北京地铁规定的"五做到、七禁止"，每个北京地铁的司机均要铭记在心。

1）五做到

（1）精神集中，不间断瞭望，严格执行呼唤应答制度。

（2）严守地铁车辆运行限制速度。

（3）按规定鸣示声响信号。

（4）认真观察仪表和指示灯的显示，遇有显示不正常时，应查明原因，采取适当措施，绝不能贸然行车。

（5）遇有危及行车和人身安全时，应果断停车。

2）七禁止

（1）禁止探身车外（车长监护车门及站内运行时除外）。

（2）禁止飞乘飞降。

（3）禁止跨越车厢（有防护通道的车除外）。

（4）禁止开门行驶（站内车长监护车门除外）。

（5）禁止处理故障（单车不缓解，切除 GGK 除外）。

（6）禁止向车外抛掷物件。

（7）禁止开启头灯进站。

5. 严格执行调度命令

地铁行车组织实行"行调–司机"的二级管理制度，综合控制室值班员辅助行车工作。运行线路的行车组织工作由行调统一指挥，列车行车运行由司机负责，车站的行车工作由综控员负责，车辆段和停车场的行车工作由信号楼值班员和调度中心值班员负责。

行调作为列车运行工作的第一指挥者，必须做到：

（1）负责组织列车运行图的实施，遇到列车偏离运行图时，及时调整列车运行，恢复正点。

（2）及时发布有关行车命令及各种控制命令。

（3）及时准确地处理运营线上发生的各种突发事件。

（4）监视列车到站/区间运行情况及各种设备运行情况。

（5）随时掌握客流量变化，及时调整列车运营间隔。

（6）做好与其他线路间的协调工作。

（7）及时向有关部门反馈各种信息。

（8）负责安排施工列车的开行及施工命令的下达工作。

（9）正确填写各种报表。

在运营线路中驾驶列车的司机必须服从行调的指挥，发现突发情况要及时向行调汇报。如果说行调是行车运行的控制器，那司机就是列车运行的执行机构。

4.1.2　列车运行前的准备工作

地铁列车司机在出乘时要遵守运用部门对司机出勤要求，按规定携带行车备品和防护用品，出乘前要阅读并抄写行车注意事项、调度命令，认真听取列车调度员对行车计划的传达，并核对有关注意事项，领取列车钥匙、报单等行车资料。

司机在报道出乘后，要对列车进行整备作业（作业标准按照项目 3 内容进行）。另外，司机还必须掌握特殊情况下的行车处理方法，尤其一些不可预测的情况出现时要有一定的应变能力。一名合格的司机不但要有较好的驾驶技能，还应该掌握事件的处理流程及方法，能使事件在发生初期就得到有效的控制，减少事故带来的损失。

任务 4.2　司机室系统组成及功能

司机完成整备作业后，得到行调的同意，将进入正线驾驶。司机通过司机室操纵台来控制列车。城市轨道交通车辆由于型号不同，车辆生产厂家的设计和控制面板上各功能部件不尽相同，但功能及作用大致相似。

4.2.1　城市轨道交通车辆司机室

城市轨道交通车辆的车型有很多种，包括地铁、轻轨、单轨、磁悬浮等，从动力区分也有动车和拖车之分，而且每个地铁车辆生产厂商生产的车型虽然功能相差不多，但设备布置及操作方式不同，因此导致列车的驾驶方式也有所不同。图 4-1 给出的司机室操纵台主要由三部分构成，主司机操纵台、副司机操纵台及紧急疏散门。图 4-2 给出的司机室操纵台为整体式结构，相较图 4-1，图 4-2 没有紧急疏散门。

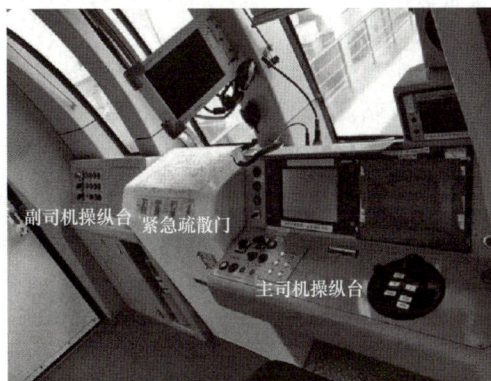

图 4-1　有紧急疏散门操纵台　　　　图 4-2　无紧急疏散门操纵台

4.2.2　司机室设备布置

司机室是供司机驾驶的地方，包含列车司机所必需使用的元件和功能，是一个焊接铝结构。它作为一个整体预先被焊接在 A 车前端，为模块结构，主要由车钩托梁、前端结构、顶部结构和侧墙结构等组成，外罩玻璃钢罩板，外表油漆层可以保护司机室金属零件不受腐蚀。司机室前端设有防爬装置，紧急疏散门、侧墙设有供司机上下的侧门，后墙设有通向客室的间隔门。司机室前窗为电热式车窗，可通电加热。防爬装置内置压溃元件，当列车发生撞车时，防爬装置能分散碰撞力，防止车辆爬行，减少车体损失。此外，司机室内还有许多电气设备，包括电线槽内部配件等，这些设备要在总装配之前安装完成并进行测试。城市轨道交通车辆司机室正面外观见图 4-3。

司机室在设计时融入了现代和审美思维，考虑了司机舒适性、安全性和可靠性。司机室内有三个相对独立的区间：从紧急逃生门至司机室-客室门的中间部分、司机侧及副司机侧。

1—运行灯；2—左侧前窗；3—紧急疏散门；4—标志灯（尾灯）；5—左头灯（亮）；

6—左头灯（暗）；7—防爬器；8—疏散门前窗；9—右侧前窗；10—刮雨

图 4-3　司机室正面外观图

　　司机室整体布置简图见图 4-4。主司机操纵台位于司机室右前方，副司机操纵台位于司机室左侧。座椅和控制设备的布置使得司机在就座或站立的情况下均能从事日常工作。所有列车司机均能获得清晰的车外视野，以满足视觉要求并执行正常运行。可调司机座椅满足所有列车司机的舒适性。天花板用于放置照明灯、空调出风口和通风单元的控制面板以及列车广播和无线电设备的喇叭。

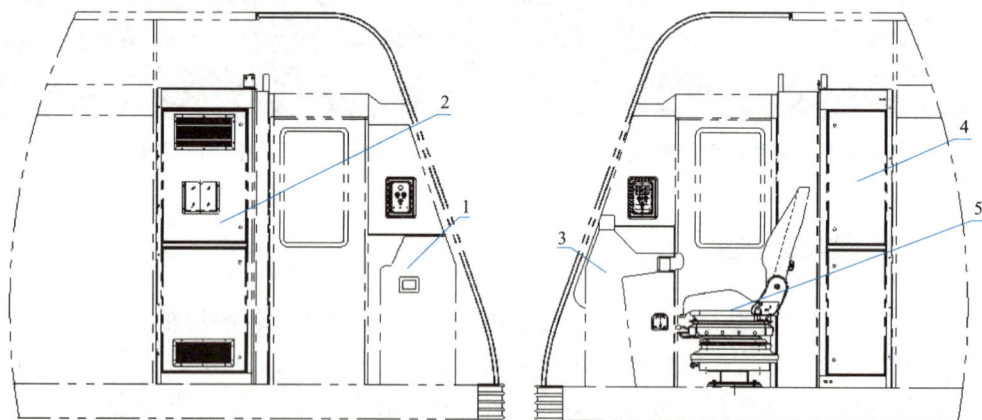

1—副司机操纵台；2—ATC 信号柜；3—主司机操纵台；4—继电器柜；5—司机座椅

图 4-4　司机室整体布置简图

4.2.3　主司机操纵台

1. 主司机操纵台设备布置

主司机操纵台是操纵列车的主要设备，布置了常用的操作设备，如司机控制器、车辆显示屏、ATC 屏、速度表、压力表、无线电控制面板等设备，主司机操纵台设备布置如图 4-5 所示。

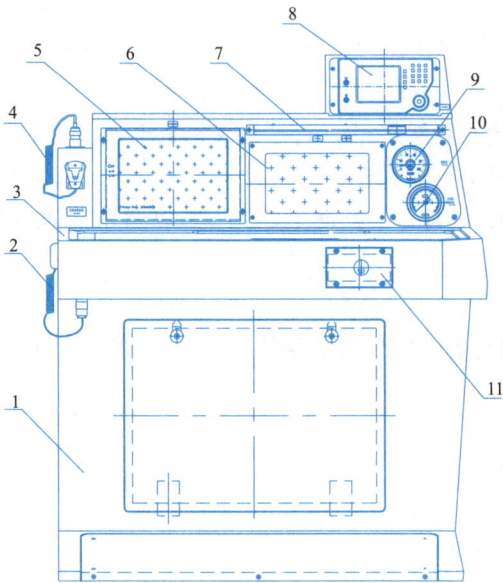

(a) 设备布置示意图　　　　　　　　　　　(b) 设备图

1—主司机操纵台；2—PIS 麦克风；3—主台控制面板；4—无线电通话器；5—车辆显示屏；6—ATC 屏；
7—阅读灯；8—无线电控制面板；9—速度表；10—压力表；11—司机控制器钥匙开关

图 4-5　主司机操纵台

主司机操纵台控制面板主要设备布置如图 4-6 所示。

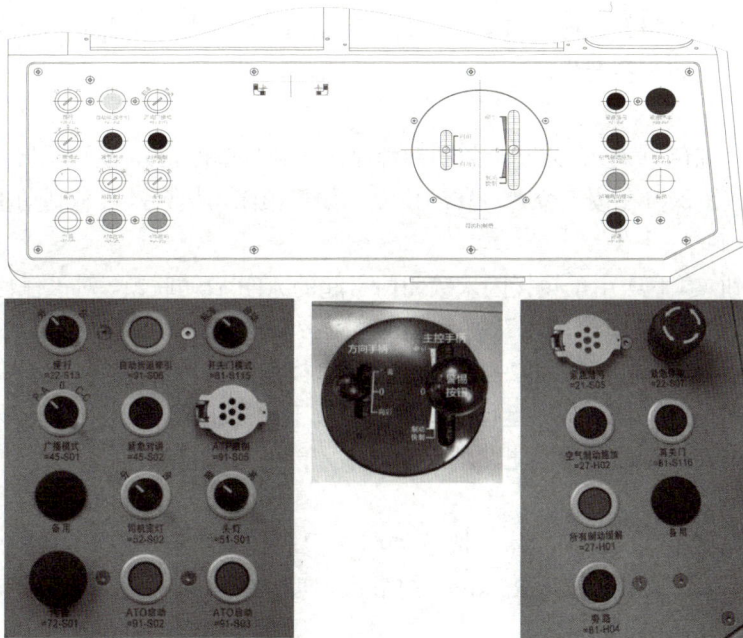

图 4-6　主司机操纵台控制面板主要设备布置图

2. 主司机操纵台功能及操作说明

1）主控制器——主控钥匙开关

主控钥匙用于激活司机台，其位置如下：

0："关闭"位置，只能在此位置取出或插入钥匙。在此位置主控手柄和方向手柄不能操作并且都处于"0"位置。

1："激活"位置，如果列车上没有其他的司机台被激活，可通过转动此开关到"1"激活司机台，然后在方向手柄"F"或"R"位置上驾驶列车。

注意：锁闭和解锁司机台之间的最少时间要 10 s，否则 DCU 的电源模块会发生故障。

2）主控制器——主控手柄

主控手柄用于人工驾驶列车，由此牵引和制动的给定值可无级输入：牵引、0（惰行）、制动、快速制动。

3）主控制器——方向手柄

方向手柄用于选择驾驶方向，它有三个凹槽位置：

向前：可通过手动控制主控手柄或通过 ATO 系统操作向前运行，前照灯亮。

0：没有驾驶模式被激活。

向后：人工倒车模式，前后照灯都亮。

注意：只有当主控手柄已经到达"0"位时，方向手柄才可从向前或向后位置转换。只有当主控钥匙开关移到"1"位置且方向手柄处于"向前"或"向后"位置时，主控手柄才可移至牵引或制动位置。

4）主控制器——警惕按钮

在人工驾驶操作时，无论是否受 ATP 保护，集成于主控手柄的警惕开关必须按下。松开警惕开关会有风笛报警，松开 3 s 后，会导致紧急制动施加。如果在时间间隔内再次按下警惕开关，制动将不会产生。

5）紧急制动

叩击按钮（红色/黄色），启动紧急制动程序（直到列车停止），受电弓降下并且所有的 HSCB 分断，按钮保持在按下位置，转动恢复。如果锁闭司机台，紧急制动也起作用。

6）强行开门

门切除按钮（黑色）用于短接因未锁闭门引起的 ATP 启动联锁。对于任何由 ATP 控制的运行，如果存在未锁闭门，在驾驶列车前必须按下此按钮（有开门信号时按一次，无开门信号时按两次，并确认 ATC-MMI 上出现门被切除的标志）。全自动折返运行时，如果存在未锁闭门，在按下折返运行按钮前必须按下此按钮。在载客运行中只有确认门处于安全锁闭状态，只是由于检测电路的启动联锁才能使用此按钮。

7）ATP 限制模式

如果发生线路单元 ATP 故障，按下"ATP 限制模式"红色指示灯按钮后，按钮灯亮，车载 ATP 系统允许列车以 25 km/h 的最大速度运行，如果超速 4 km/h 将产生紧急制动。

8）空气制动施加

当所有的制动缸中都有制动压力时，"空气制动施加"红色指示灯亮。

9）空气制动缓解

当所有的制动缸中均没有制动压力时，"空气制动缓解"绿色指示灯亮。

当接触网的电压骤降时，"空气制动施加"（2H01）和"空气制动缓解"（2H02）的指示灯同时亮。

当司机台解锁或 ATP 激活时，指示灯有效（对于自动折返驾驶）。

10）开左门

司机台和该侧的门被激活，红色指示灯按钮点亮。同时按下这两个按钮，左侧所有门从司机台能集中控制打开。此按钮与副司机台（08S01/08S05）上左侧的"开左门"按钮的功能相同。受 ATP 保护时（ATO/SM/AR 驾驶），列车在车站规定的停车区域停车后，预设定要开的门被激活，URM 模式驾驶时列车速度为"0"，两侧门都被激活。列车自动折返在始发站台规定区停车后，发车端的相应侧开门按钮，无需激活司机台即被激活。

"开右门"作用原理相同。

11）关右门

通过操作"关右门"绿色指示灯按钮，右侧所有门从司机台能被集中关闭。该侧的门一旦关闭和锁好，按钮则点亮。只有在司机台解锁后，此功能才有效。

12）运行模式

三位黑色旋转开关置"慢行"位（向左）：在此位置上，列车速度达到 3 km/h 后牵引力消失。

三位黑色旋转开关置"标准驾驶"位（即手动开门位）：在此位置上，没有限速，没有 ATO 自动开门控制。

三位黑色旋转开关置"自动开门"位（向右）：在此位置上，当全自动驾驶时在下一站由 ATO 自动将门打开，运营点取消后客室门自动关闭。

13）自动折返运行

此黄色指示灯按钮用于准备列车全自动无人驾驶折返运行，此功能仅在满足下列条件时有效：司机台解锁、ATC 被激活和"ATP off"开关（04S01）置"on"位，且所有侧门已锁闭或"门切除"按钮（04S04）按下。

14）ATO 启动

同时按下这两个被激活（指示灯亮）的按钮 1 s 以上，全自动驾驶过程将启动。

15）双针压力表

双针压力表指示主风缸（MRE）压力和制动管压力，见图 4-7。

红色：A 车前转向架制动管压力；白色：A 车主风缸（MRE）压力。

16）司机室音频控制单元 PIS/DACU

司机音频控制单元（DACU）面板由三个按钮、一个扬声器的音量控制按钮，以及相关发光二极管组成，用于选定主通信模式，见图 4-8。

图 4-7   双针压力表

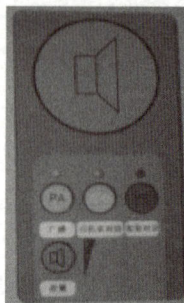

PA—客室广播；CC—司机室对讲；PC—乘客紧急通话

图 4-8   司机室音频控制单元

4.2.4   副司机操纵台

副司机操纵台是操纵列车的重要媒介，布置了比较常用的操作设备，例如客室照明灯选择开关、空调控制开关及按钮、高速断路器控制按钮、停放制动控制按钮、受电弓控制按钮、紧急停车按钮等，另外有储物箱、医药箱、刮雨器水箱、灭火器等。副司机台分布见图 4-9，副司机台控制面板见图 4-10。

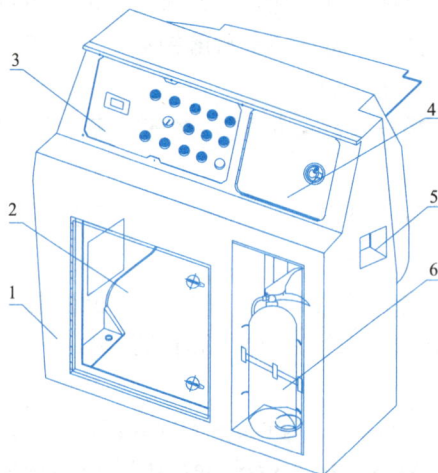

1—副司机台；2—医药箱；3—副司机台控制面板；4—工具箱；5—注水箱；6—灭火器

图 4-9   副司机台分布

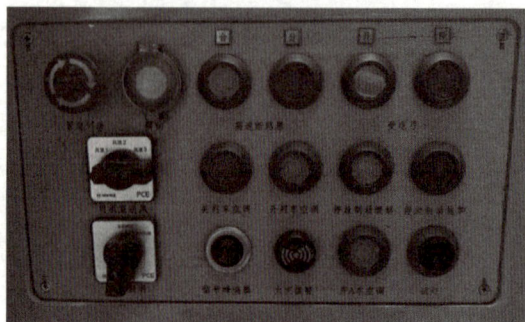

图 4-10   副司机台控制面板

4.2.5　司机室设备柜

司机室设备柜在司机座椅后面，面板见图 4-11。在这个柜子的上半部分是 MCB 面板，见图 4-12，主要布置有控制电路中的微型断路器（1～44），起到保护控制电路的作用。下半部分主要有网压表、蓄电池电压表、运行时间表和里程表、一些重要的操作旋钮如各种旁路旋钮开关、列车激活开关、MVB 复位按钮、充电机应急启动按钮、VCU 故障指示灯、火灾报警控制器、AC 220 V 方便插座等，见图 4-13。

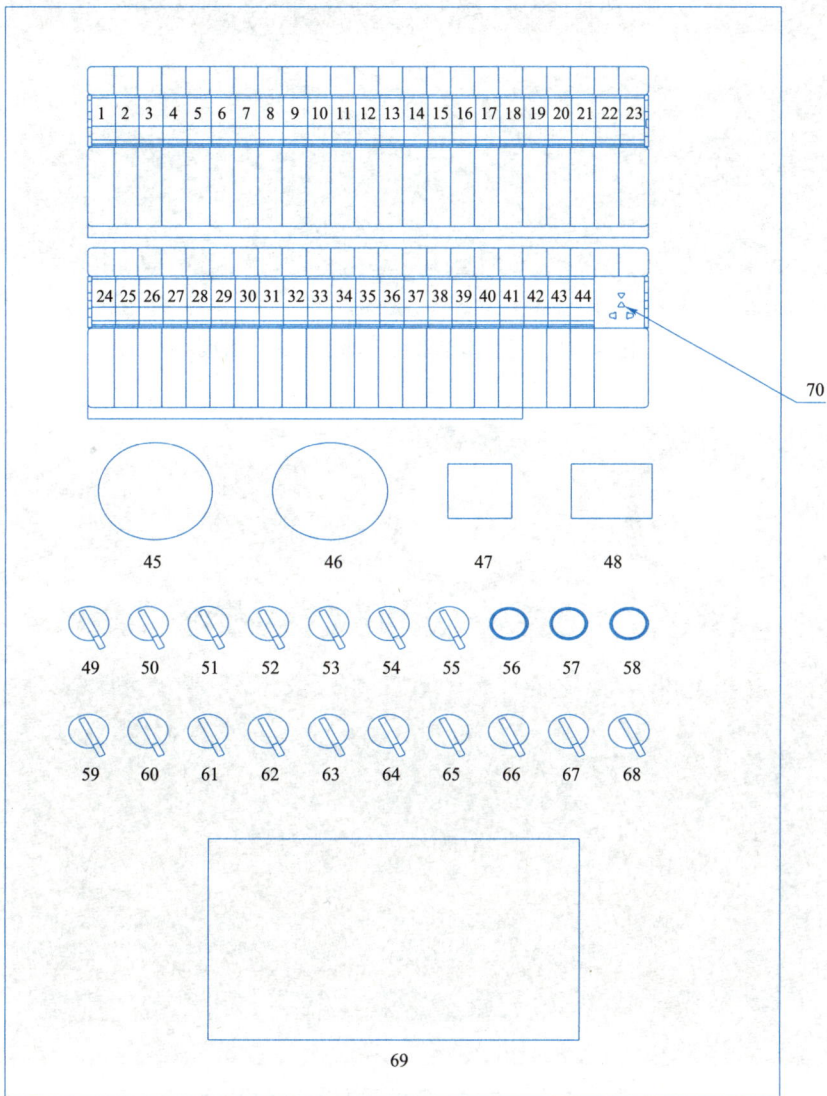

图 4-11　司机室设备柜面板

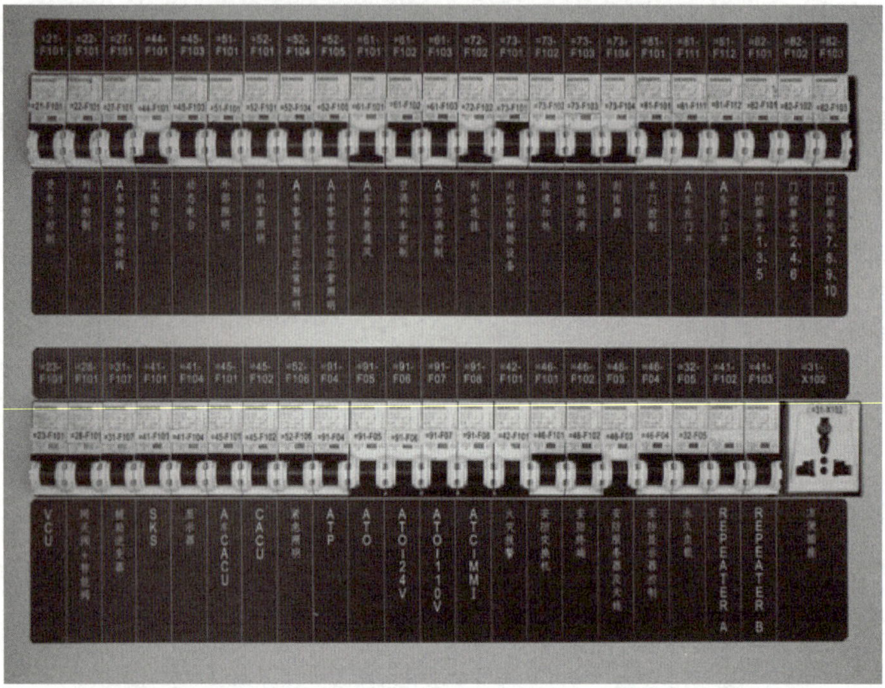

图 4-12　司机室设备柜上部设备分布面板

图 4-13　司机室设备柜下部设备分布面板

4.2.6　司机室其他设备

1. 刮雨器

司机室前窗采用 TQC3B-DG2 型电动刮雨器。该刮雨器具有结构简单、性能稳定、输出力矩大、刮刷效果明显、安装维护方便等特点。在下雨和下雪过程中，刮雨器主要对地铁的玻璃窗起刮刷清理的作用，另外对地铁在使用过程中造成的玻璃窗污染起喷水洗涤刮刷作用。刮雨器的水箱在副司机台内，控制盒在主司机台下部的空腔内。

刮雨器的功能档位有：快速、慢速、自动复位、间歇、喷水和水位检测。

2. 前窗玻璃

为了适合司机室的整体轮廓，三块前窗（挡风玻璃）被设计成相应的曲面形状。窗户使用胶粘剂粘在司机室的 GRP 覆层上。为了美观和空气动力学原因，外部窗格表面要和前罩平齐。中间前窗是司机室前部紧急疏散门的一部分。左右两块前窗玻璃是对称的，相同设计形状的左右前窗也包括上部运行灯的装置。

前窗玻璃的不同之处在于：

（1）加热功能：主司机台上方前窗玻璃（车外看为左侧玻璃）带有加热功能，紧急疏散门上的窗玻璃（中间窗玻璃）和副司机台上方前窗玻璃（车外看为右侧玻璃）不带加热功能。带加热功能的前窗玻璃通过集成在玻璃内部的电阻丝进行加热来除雾除霜，司机可以通过按下左侧门控面板上的窗加热按钮开关来加热前窗玻璃（只需按下一下，无需长按），延迟 10 min 后，窗加热失电延时继电器失电，加热电源自动关闭。在加热过程中窗加热按钮指示灯亮，要再次加热需再次按下按钮。玻璃加热器的接头安装在玻璃钢头罩的顶部边缘。所有电气装备确保不会受冷凝水的侵害。

（2）在 A 车的玻璃钢头罩上安装两块前窗玻璃，紧急疏散门两侧左右各一块，呈对称状态。紧急疏散门上的窗玻璃（中间窗玻璃）的曲面因为在玻璃钢头罩上的位置不一样，所以和其他两块玻璃的曲面形状是不同的。

任务 4.3　正 线 驾 驶

4.3.1　列车投入运营前要求

（1）列车在投入运营前，司机要最后一次确认各显示屏、指示灯、仪表显示状态，各开关、按钮及其他的设备在正常状态，司机要根据运营时刻表规定的时刻，及时投入运营。

（2）车辆段/库内动车时，必须确认相关复合制动设施（如铁鞋）已撤除、地沟无人、线路无异物后可动车。出入司机室时，必须注意站台与列车间的空隙，防止踏空摔伤。

（3）司机要按照标准坐姿，如要求司机右手紧握主控手柄，左手自然放在主台上，双眼平视前方等，如图 4-14 所示。

（4）列车起动时必须要凭有效行车凭证动车。

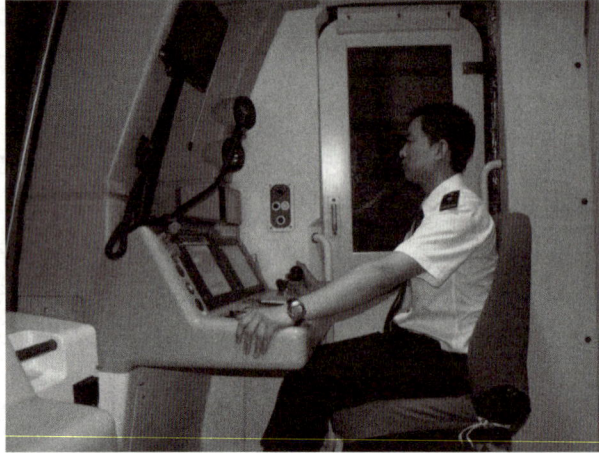

图 4-14　司机标准坐姿

4.3.2　正线驾驶

地铁车辆正线驾驶模式有基于列车自动控制系统 ATC 的自动驾驶模式（ATO）和人工驾驶模式（SM/PM）两种。正线驾驶前司机根据行车计划选择驾驶模式。

1. 自动驾驶模式（ATO）

ATO 模式下，列车的运行完全由 ATC 控制，司机负责监督 ATO 的指示、车辆的运行、经过的轨道定位点和信号，并在必要时对列车进行干预。列车将通过 ATO 设备对牵引和制动单元进行控制，从而完成正线作业。

1）ATO 模式必须满足的条件

（1）车载 ATC 和轨旁 ATC 都正常且未使用 RM 模式及 URM 模式。

（2）进路已排好。

（3）所有车门已关好。

（4）主控手柄在"0"位，且方向手柄在"向前"位。

（5）两个 ATO 启动按钮绿色灯都亮起，如图 4-15 所示。

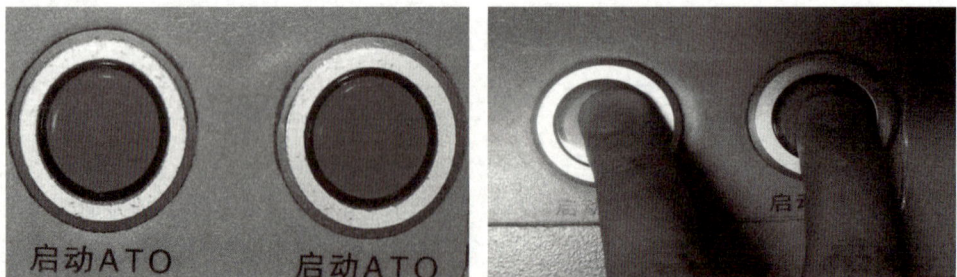

图 4-15　ATO 启动按钮

2）ATO 驾驶模式的启动

当满足以上条件时，列车即可用 ATO 模式驾驶，启动过程如下：

（1）将驾驶模式选择开关打到"PM"模式。

（2）司机等到发车信号好了，将方向手柄置于"向前"位，主控手柄置于"0"位，ATO 启动灯亮。

（3）同时按下两个 ATO 启动按钮，列车将进入 ATO 自动驾驶。

（4）列车起动后，司机要随时查看车辆显示屏和 ATC 屏，如图 4-16、图 4-17 所示，监控列车的运行状态。

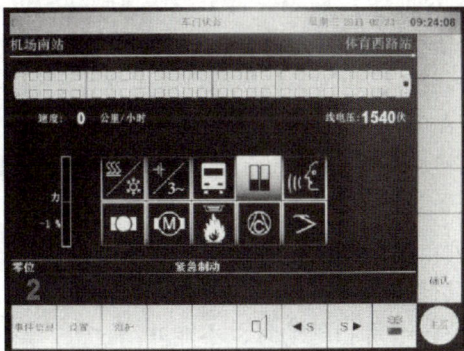

图 4-16　车辆显示屏　　　　图 4-17　ATC 屏

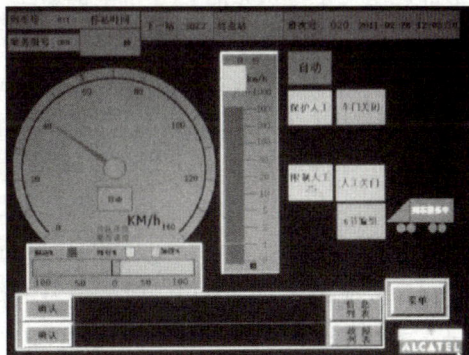

3）ATO 驾驶的注意事项

（1）ATO 驾驶时，车辆运行驾驶不需要司机操作司机控制器手柄，当手柄离开"惰性"位时，列车将自动退出 ATO 模式。

（2）列车到站停稳后，司机应将司机控制器手柄置于"制动"位，下车进行站台作业，司机根据地面信号机的颜色提示，按下 ATO 启动按钮，起动列车。

（3）列车在自动驾驶时，司机要随时保持警惕状态，将左手放置于操纵台位置，右手放置于司机控制器的主控手柄上（有些运营企业规定也可以不放）。在运行区间，司机要及时瞭望线路情况，当发现有异常情况出现时，要及时停车，并向行调报告情况，按照其指示办理。

（4）运行中，司机要按照规定正确及时地开闭冷暖通风设备，通过 CCTV 系统观察车厢内情况，会车时要注意关闭前照灯。

（5）列车进站要注意瞭望站台情况，当有危及人身安全情况时，要果断及时采取紧急停车措施。

（6）进入 ATO 驾驶模式时，各系统设备正常，在没有人工干预的情况下，一直会维持 ATO 模式。

2. 人工驾驶模式（PM 模式）

地铁车辆的人工驾驶模式是自动驾驶模式失败情况下的降级模式，司机要在 ATP 的指示和监督限制下控制列车运行。如果手动驾驶时超速，ATP 就会激活紧急制动并导致列车完全停止。

1）PM 模式的驾驶需满足的条件

（1）ATP 设备无故障并且无 RM 模式或 URM 模式指令出现。

（2）在车站的停车时间已到并且 ATP 已经取消停车点。

（3）所有车门关好。

（4）主控手柄在"牵引"或"制动"位，方向手柄在"向前"位。

2）PM 模式的启动

（1）司机关好司机室侧门，确认信号机状态，凭信号动车。

（2）手动驾驶时，司机按下警惕按钮，方向手柄置于"向前"位，主控手柄离开"0"位。当需要牵引时，将手柄置于"牵引"位；当需要制动时，将手柄置于"制动"位（正常行车过程中，进站停车时只需将手柄置于"制动"位，而不能置于"快速制动"位）。

3）PM 模式下驾驶的注意事项

（1）司机用主控手柄来控制列车，ATO/ATP 设备会通过车辆显示屏给出允许运行速度、下一个速度限制和该限速下的距离。如果超过限制速度，列车将会触发紧急制动直至停车。

（2）列车在区间运行时，司机遇进站信号机、出站信号机、道岔时要执行手指口呼操作。

（3）列车在区间运行时，司机要时刻注意列车各类面板、指示灯、仪表显示的状态，当发现有异常或者故障情况出现时，要及时汇报行调并按照应急故障处理流程来处理。

（4）手动驾驶列车时，司机要注意平稳驾驶，牵引和制动时，不能冲动过大，影响旅客的舒适感。

（5）在地面线路驾驶列车时，遭遇大雨、大雾、大风、大雪等恶劣天气时，司机要根据行调的指示或按照限制速度要求运行。

任务 4.4　站台及开关门作业

列车站台作业是司机驾驶列车到站停稳后进行的操作，包括开关门、监控乘客上下车、监控设备状态等内容。站台作业关系到列车到站的运行安全及乘客的安全，是行车过程中重要的一环。一般运营企业都会有标准化的站台作业标准，通过标准化作业过程约束司机来保证行车安全。

4.4.1　ATO 模式下进站作业标准

在列车自动驾驶条件下，列车的状态完全由 ATO 控制。列车在进站时，ATO 会根据线路情况、列车实际速度、设定停车点的距离来计算制动曲线，采取最合适的制动来减速，使列车准确平稳地停在该停的位置。一般运营企业规定，列车停车距离对标点不能超过 ±0.3 m（有些运营企业规定不能超过±0.25 m）。列车停稳后，ATO 控制列车继续施加保持制动，避免列车无故起动运行。

列车进站过程中，一定要加强瞭望（对于无屏蔽门的站台，司机要保持警惕，当发现异常情况，要及时采取措施）。司机要注意查看列车速度，确保 ATO 运行正常，通过列车状态显示屏密切关注车门的状态，防止意外出现。

1. 开关门作业

1）车门控制模式

目前城市轨道交通车辆对车门的控制模式有两种，即自动模式和手动模式。模式选择通过"关门模式选择"开关控制，如图 4–18 所示。

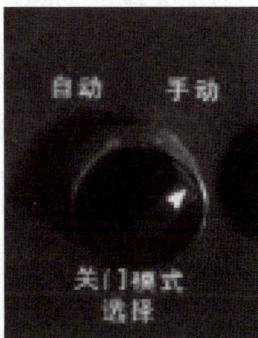

图 4–18　"关门模式选择"开关

自动模式下，车门的开关通过 ATO 来控制。当列车到达停车定位点时，ATO 发出停车信号给 ATP，以保证列车制动，当 ATP 检测到列车的速度为零时，发送列车停站信号给站台定位接收器。此时 ATP 发送列车开门允许信号，列车收到该信息后，发送相应的车门打开信号给 EDCU，打开相应的车门，同时列车发送信息给地面，打开相应的屏蔽门。当列车站台作业时间到达设定值（如武汉地铁设定站台作业时间为 30 s），该侧车门关闭，ATO 再向列车各车门发送关门信号，车门关闭。

手动模式下，客室车门的打开和关闭完全由司机控制。

目前，部分地铁为了安全考虑，一般的车门控制模式设定为自动开门、手动关门模式。

2）开关门作业

由于车门具有零速度保护功能和 ATC 系统的限制，列车只能在规定停车范围内停稳后打开车门。当司机对标停车且速度为零时，司机通过 ATC 显示屏的车门允许状态及开门信号来控制车门。司机确认需打开车门，并且手指口呼"车门允许，开左（右）门"，按下司机台上的"开左门"或者"开右门"按钮，打开站台侧的车门。打开车门时，会有"嘀嘀"的提示声音。开门按钮开关如图 4–19 所示。

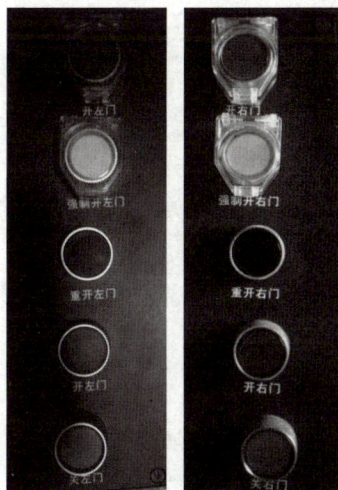

图 4–19　开门按钮开关

2. 站台作业

当司机打开车门后，站在司机室等待车辆显示屏显示列车全部车门打开，对于有屏蔽门的站台，司机还要确认屏蔽门的打开情况。屏蔽门的状态由 PSL（屏蔽门就地控制盘）显示，PSL 安装在端门墙上或者司机室门旁，待车门及屏蔽门全打开后，司机手指口呼"车站门、屏蔽门开启（或者双门开启）"。客室车门全部打开后，列车 ATC 屏幕光带显示绿色，表示相应侧车门开到位。

车门开启，司机需在司机室侧墙外立岗，监督乘客在站台上的上下车情况并打开 TDT 倒计时。司机也可以通过站台端部的 CCTV 监控系统查看乘客的上下车情况。

当 TDT 倒计时到手指规定的发车时间，按下司机室侧墙上的关门按钮，车门关闭，确认站台门和车门关好，手指眼看就地控制盘的"门全关且锁紧"灯亮、车门面板"关左（右）门"灯亮，口呼"站台门、车门关好（或双门关好）"。接着确认站台门和车门之间空隙安全，眼看车门及站台门方向，手指车门和站台门之间空隙，口呼"空隙安全"或"双门间无夹人夹物"。

立岗作业时，司机要按照站台立岗作业标准进行，如图 4-20 所示。

图 4-20　立岗作业站姿

3. 列车出站作业

关闭车门，司机确认好所有车门已关好，速度码、出站信号机状态、发车表示器、手指口呼后发车。列车出站前，遇到道岔，司机需对道岔防护信号机及道岔位置进行手指口呼后方可动车。遇信号机手指口呼"信号正确"，遇道岔手指口呼"道岔位置正确"。起动列车时，要控制好速度，做到平稳驾驶。

4.4.2　运行注意事项

1. 正线运行途中注意事项

（1）列车在运行中坚持"动车集中看、瞭望不间断"，掌握"远看信号、近看道岔"的原则，严格遵守运营时刻表规定的运行时刻和限制速度，确保列车安全准点运行。

（2）随时观察司机操纵台各显示屏、仪表、指示灯的显示状态，各开关位置应正确。

注意广播语音等有关信息，及时、准确操作。做到从声音中听出异常、鼻子里闻出异味、手感中觉出异状，时刻注意列车运行中的变化。发现异常时，司机应先采取措施，然后立即报告行调。

（3）司机按规定模式驾驶列车，地面运行中遇雾霾、大雨、烟雾、大雪等，视线不佳、瞭望有困难时，为了防止行车线路有行人或线路两侧有异物侵入限界，司机手动驾驶时要适当减速、加强瞭望，按规定鸣笛；使用 ATO 模式运行时，司机要及时鸣笛示警，发现险情立即采取停车措施。

（4）天气不良下运行至瞭望困难的车站、区间时，司机应适当降低速度，以随时能停车的速度运行。进站时要密切注意站界、站内情况，观察列车距离、速度，及时采取调速措施，确保列车运行安全。

（5）运行中不间断瞭望前方进路状态，发现线路、接触网故障及其他轨旁设备损坏，须降速通过或停车确认并报告行调；发现有障碍物侵限危及行车安全时，及时采取紧急停车措施。

（6）列车进站停车时，应平稳操纵，采用点式速度控制法分段控制好列车速度，严禁急剧增加或减少制动级位。主控手柄在常用制动区适时、准确调节速度，防止越出停车标。

2. 坡道运行注意事项

司机应熟悉所担当牵引区段的线路纵断面和所设各种信号设施，充分利用线路特点驾驶列车，手动驾驶时，司机要做到：

（1）在较平坦的线路上，列车起动后应强迫加速，达到规定速度时，适当调整牵引力，保证列车以均衡速度运行。

（2）上坡道列车运行应保持适当的牵引力，充分利用线路纵断面的有利地形，提早加速，避免列车降速过快而造成晚点；遇列车在上坡道停车后需再次起动时，司机必须对列车施加以全牵引，防止列车因牵引力不足导致倒退从而产生紧急制动。

（3）下坡道司机应防止列车超速运行，必要时应施加适当的制动，避免列车因下坡加速过快而产生紧急制动。若列车在下坡过程出现制动滑行时，司机严禁增加制动（防止滑行更严重），应适当减小制动，待滑行消失后按规定速度运行。

3. 平稳驾驶与停车注意事项

（1）列车施加常用制动时，应考虑列车速度、线路情况、制动距离及列车制动能力等条件，掌握制动时机和制动力，保持列车均匀减速。非必要时，不得施加快速制动或紧急制动。

（2）列车制动时，应采取"早拉、少拉"的调速方法，保持列车平稳降速；严禁采用"大制、大拉"的操纵方法，避免因空转/滑行或因超速（或松开警惕按钮）而产生紧急制动。

（3）列车应带制动进站，严禁采用接近停车位置"一把闸"制动方式停车，以保证制动的平稳降速。进入停车线停车时，应提前控制好速度，做到对标准、停车稳，避免二次起动和列车冲标。对标时，严禁紧急制动与快速制动停车。

（4）采用人工驾驶进站时，对照位于站台端处的停车标停车。司机确认列车完全停稳后，方可下车进行站台作业，主控手柄置于"制动"位，保持列车制动。

（5）如遇雨、雪等特殊天气，列车在高架、地面人工驾驶时，进站应采取早制动、少制动、延长制动距离的操纵方法，确保列车可靠停车，避免因钢轨湿滑冲过警冲标。在两端尽头线进行折返作业时严禁超速，司机注意对道岔、信号的确认，在距离停车标 20 m 处，司机应以随时能停车的速度进行对标，防止列车越标或冲挡事故的发生。

（6）列车途中产生紧急制动或其他原因需临时停车，司机应通过列车语音广播或人工广播，按照《运营应急信息分布管理办法》中的要求做好客室广播，安抚乘客。

4.4.3　列车退行操作

列车因故需要退行时，司机应立即向行调报告。行调在确认列车退行线路空闲和车站广播通告乘客注意安全的情况下，下达准许列车退行的调度命令。行调同时应及时通知有关车站。

列车退行进入车站时，车站接车人员应于进站站台端处显示引导信号，列车在进站外必须一度停车，确认引导信号正确方可进站，后端推进退回车站难以确认进路时，车站应做好站台防护工作，由站务人员负责列车退行的安全防护。

退行列车到达车站后，司机应及时向行调报告，同时根据行调的命令处理。在实行电话闭塞法行车时，列车出发后退回发车站，由发车站发出电话记录号码作为与邻站取消闭塞依据。

4.4.4　换端操作

列车换端操作时，首先将本端司机室牵引手柄置于"0"位，方向手柄置于"0"位，确认司机室各开关位置正确后，拔出主控钥匙，携带手持电台、钥匙及备品，锁好司机室门。到另一端驾驶台，使用主控钥匙激活驾驶台，方向手柄置于"向前"位，确认各仪表和指示灯显示状态，换端操作完成。

任务 4.5　广　播　作　业

广播作业是司机与乘客沟通、交流的有效方式，广播系统是司机在驾驶列车过程中需根据情况使用的设备。

4.5.1　列车广播系统的作用

列车广播系统是地铁运营、行车组织的必要手段，能为乘客提供高质量的广播和信息显示。其主要作用有：对乘客广播，通知列车到站、离站、线路换乘、时刻表变更、列车误点、安全状况等；播放音乐改善列车车内环境；在发生突发事件或紧急情况时，组织指挥事故救援，提高应急能力。

4.5.2　列车广播系统的组成

列车广播设备主要由司机室设备、客室设备和辅助设备组成。两端的司机室各有一套设备，两套设备互为热备份，当一方为主机时，另一方则为子机，主机负责信息的播出。客室设备的数量因列车节数而不同。

司机室主要设备包括：司机室广播系统主控设备、司机控制单元、司机室对讲装置。

客室主要设备包括：客室主控设备、电子地图显示、乘客紧急通话装置、客室噪声检测器、音箱。

4.5.3　列车广播系统的功能

根据地铁运行的需要，可以选择不同的广播形式。

1. 自动语音广播

这是作为语音自动播放的起动信号，控制列车运行过程中的全自动语音广播。自动语音广播内容包括预报列车前方到站、列车到站信息、服务用语等插播信息。

2. 半自动语音广播

根据列车运行的状态，由司机通过司机室广播系统主控面板上的按键操作实现预报到站和其他广播内容，广播内容为预录制的语音信息。

3. 人工语音广播

司机通过广播系统的主用话筒向客室车厢播放实时语音信息。

4. 乘客紧急报警通话

乘客紧急报警通话装置用于车厢内出现紧急情况时乘客向司机室报警，可实现乘客与司机的双向通话。在每个客室中设有两个紧急报警器，该报警器具有双向通话功能，用于乘客向司机报告紧急事件。乘客报警后，在司机室可听到蜂鸣器的声响报警，在列车状态显示屏上显示报警乘客的位置和列车编号、车厢编号等位置信息。司机可以与乘客进行通话，并处理紧急事件。处理结束后，由司机远程按下取消报警键，客室端报警按键恢复等待状态，也可以到乘客报警位置手动复位，完成报警通话。

在某一乘客报警通话期间，若有其他乘客报警时，系统会储存其呼叫信息，在当前乘客报警结束后，已被储存等待的乘客报警将会继续自动进行声响告警。乘客报警的时间和通话的内容将被记录在硬盘上，用于后续事件情况查询。乘客紧急通话装置如图 4-21 所示。司机可以在乘客报警、紧急广播、列车广播、内部通信之间进行选择和切换。

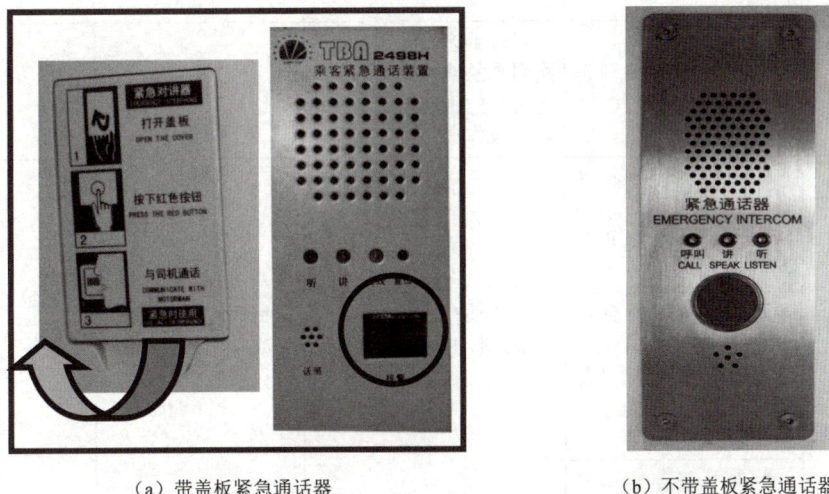

（a）带盖板紧急通话器　　　　　　　　　　（b）不带盖板紧急通话器

图 4-21　乘客紧急通话装置

5. 电子地图信息显示

在客室乘客信息系统 LED 屏幕上进行站名汉字显示或站名地图显示，使声音广播报站与文字或地图显示同步进行，在 LED 屏幕上以中文或英文实时显示列车前方到站。LED 屏幕的显示内容和显示方式可通过广播设备的主控面板经通信网络串口进行设置和操作。

广播系统的功能优先级可以设置。高级别的广播可以打断低级别的广播，而低级别的广播要等高级别广播结束后才能开始播放。被高级别打断的低级别广播在高级别广播结束后自动恢复。系统默认的优先级设置为运营控制中心（OCC）对列车的广播（紧急广播）、乘客紧急报警、司机室对讲、人工语音广播、自动语音广播和实时新闻播放。以上优先级别为通用建议序列，用户可以方便地对优先级别进行修改。运营控制中心对列车的广播级别最高，可通过车载无线设备进入列车有线广播系统，作为行车调度向列车乘客进行广播。当紧急广播出现时，列车广播系统的广播主机会自动撤销当时正在进行的人工和自动广播，而将紧急广播信息送至客室。

4.5.4　人工广播标准用语

在进行广播时，应尽量使用文明用语，如您、请、谢谢、对不起等。特殊和紧急情况下，人工广播的内容应首先引起乘客注意，再简单说明情况或原因，最后委婉地提出要求。下面介绍一些特殊和紧急情况下的人工广播词，在实际工作中，司机应能根据具体情况自己快速有效地组织语言，正确进行广播，见表 4-1。

表 4-1　人工广播标准用语

序号	项目	时机	广播内容	频次/方式	备注
1	开车	列车开车后	（各位乘客，欢迎乘坐××地铁，本次列车由××站开往××站）下一站××站	普通话一次	括号内为始发站内容
		××站前一站开车后	下一站是××站	普通话一次	
		终点站前一站开车后	各位乘客，下一站是本次列车的终点站××站，请所有的乘客准备下车，多谢合作	普通话一次	
2	站内临时停车	司机事先得到行调通知，停车打开车门（得到开车通知时再关门）后	各位乘客，现在是临时停车，不便之处，敬请原谅	每隔 2 min 播放一次，不超过 30 s 时只播放一次	列车"临时停车"语音广播进行中，列车能动车时，司机可中断该广播
		司机事先未得到行调通知，关门后方知暂时不能前行，重新打开车门（得到开车通知时再关门）后			
		临时故障需要司机处理时广播安抚乘客			

续表

序号	项目	时机	广播内容	频次/方式	备注
3	区间临时停车	客车在区间临时故障停车		每隔 30 s 播放一次	
4	临时停车后再起动	司机动车前	各位乘客,列车即将起动,请大家站稳扶好,多谢合作	普通话播放一次	
5	越站运行	接近通过车站站名标处	各位乘客,由于运营原因,本次列车将不停××站,需在该站下车的乘客请在下一站下车,不便之处,敬请原谅	普通话两次	如车站火灾也采用此广播
6	两端疏散	车站协助人员到达后,需要疏散时	各位乘客,由于设备故障,本列车需要在两端紧急疏散乘客,请依照指示进入司机室并打开疏散门,根据工作人员的指引步行前往最近的车站,多谢合作	循环播放	自动广播改录制
7	后端疏散	车站协助人员到达后,需要疏散时	各位乘客,由于设备故障,本列车需要在列车尾部紧急疏散乘客,请依照指示进入司机室并打开疏散门,根据工作人员的指引步行前往最近的车站,多谢合作	循环播放	
8	前端疏散	车站协助人员到达后,需要疏散时	各位乘客,由于设备系统故障,本列车需要在列车头部紧急疏散乘客,请各位向列车前进的方向走,乘务员会协助各位离开列车,多谢合作	循环播放	
9	列车发生火灾时	列车发生火灾报警时	各位乘客,由于列车发生起火,请您远离火源,不要惊慌,列车即将进站。在每节车的中部座椅下有灭火器,如能确保安全,您可以按指引正常操作灭火	普通话多次	
10	乘客拉紧急开门装置	列车紧急停车时	各位乘客,有车门被非正常打开,请远离该车门,多谢合作	普通话多次	
11	乘客报警	列车快进站时	报警的乘客请注意,我是本列车司机,列车即将进站,如需帮助,请找车站工作人员	普通话讲两次	立即报告行调,由行调决定是否开客室门(不在停车窗内不能开客室门)
		在车站停车和长区间(如刚开车则马上停车)	报警的乘客请注意,我是本列车司机,如需帮助,请靠近对讲器通话	普通话讲两次	

序号	项目	时机	广播内容	频次/方式	备注
12	列车没有停在停车窗内	列车无法对位停车，需乘客从屏蔽门的紧急门下车时	各位乘客，由于列车故障，车门开启后请向外推屏蔽门的绿色解锁横杆下车，多谢合作	普通话讲两次	由行调决定
13	预告退出服务	接近需要清客站站名标处	各位乘客，本次列车因严重故障即将退出服务，请所有乘客到下一站下车，并耐心等候下一班列车，不便之处，敬请原谅	播放两次	
14	在站清客退出服务	列车到站停稳打开车门后	各位乘客，本次列车由于严重故障，将在本站退出服务，请所有乘客下车，不便之处，敬请原谅	播放多次	
15	重新激活列车	重新激活列车前	各位乘客请注意，列车由于技术原因需短暂关闭照明，不便之处，敬请原谅	普通话讲两次	

思考题

1. 正线运行的一般要求有哪些？
2. 简述主司机操纵台设备构成。
3. 简述副司机操纵台设备构成。
4. 正线驾驶模式有哪几种？
5. 站台作业时要注意什么？
6. 什么是列车广播系统？其有什么作用？

项目 5 折 返 作 业

知识要点

1. 熟知城市轨道交通列车折返线路的设置。
2. 熟知折返方式。
3. 熟知折返的技术原理。

项目任务

分析城市轨道交通列车折返线路设置，掌握站前折返和站后折返。通过此项任务，学生能够熟练掌握站前折返和站后折返作业，且操作符合企业标准。

项目准备

所需设备：模拟驾驶器、司机手账、驾驶台激活钥匙、手持电台、列车运行图、列车状态记录单等。

项目实施

城市轨道交通作为城市公共交通的骨干，对高效的运输组织及通过能力提出很高的要求。大量运营实践发现，城市轨道交通折返站的列车折返能力往往是制约线路运能的关键因素，尤其在通过线路、折返兼回段、折返兼通过等多功能需求的线路中，折返线路的设置形式，对行车线路整体运力造成很大的影响。

折返是城市轨道交通列车通过进路改变、道岔转换、经过车站的调车进路由一条线路至另一条线路运营的方式，这是司机每天必须执行的任务之一。司机操作熟练程度的高低，直接影响列车的折返效率，从而影响列车的发车间隔。

折返作业根据折返方式的不同，分为站前折返和站后折返；根据折返位置的不同，分为终点站折返和中间站折返。

为实现灵活、高效的运营组织，在线路设计时通常会在线路终端站及客流密集站设置折返线路，以实现列车折返及大小交路混跑等运营组织需求，根据线路的配线形式，城市轨道交通线路的折返可分为站前折返和站后折返，站前折返的折返线路设置在车站前端，列车在进站时载客通过折返渡线区段，完成折返作业；站后折返则需在站后单独设置一段列车折返线，列车在站台清客后进入折返线路进行折返作业。

任务 5.1　站 前 折 返

5.1.1　站前折返线路的设置

1. 站前折返线路设置

折返站的能力是地铁线路能力的关键环节，站前折返指列车利用站前渡线进行折返作业。站前折返的优点在于可以在一定程度上减少项目建设投资，缩短列车走行距离，也可以减少列车运用数量。但是列车在折返过程会占用区间的正线，从而影响后续列车闭塞，列车出站的过程与进站列车存在敌对进路和安全隐患，所以对行车安全保障要求比较高。在实践中，由于地铁行车密度都比较高，在工程条件允许的情况下，一般不采用站前折返。但是有时受到工程实施条件的限制，或者为了获得更好的换乘条件，也可以采用站前折返。例如，北京地铁 13 号线西直门站、北京地铁亦庄线宋家庄站都采用了站前折返。

站前折返站形式一般根据车站客流量、行车密度等来决定。以下是几种典型的站前折返站形式。

1）侧式站台

站前折返采用侧式站台时，站前道岔距离车站端部距离很近，能够保证具有较大的折返能力。但是由于列车交替使用两个股道，乘客很难选择进入哪侧站台，此种站台形式会延长乘客的候车时间。而且在客流量大时，上下车乘客共用一个站台，客流组织比较混乱。由于以上缺点，站前折返几乎不会采用侧式站台，见图 5-1。

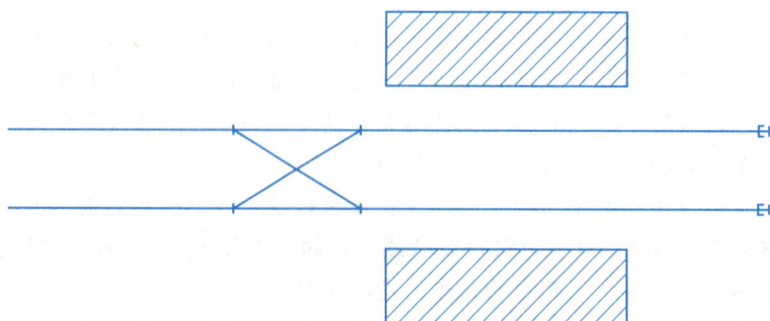

图 5-1　站前折返侧式站台

2）岛式站台

岛式站台可以避免乘客选择站台，无论列车停在哪一股道，进入岛式站台的乘客都可以顺利乘车。由于岛式站台的宽度一般在 10 m 以上，线间距至少在 13 m 以上，站前道岔区距站台的距离相比侧式站台的大大增加，列车在道岔区的干扰时间长，折返能力比侧式站台低。为了提高折返能力，通常尽量减小岛式站台宽度，或者选择合适号码的站前道岔以提高列车进站速度。

如果折返站客流量比较大，上下车乘客共用岛式站台，客流流线在站台上交织严重，行人移动速度受到限制，不利于安全管理，见图 5-2。

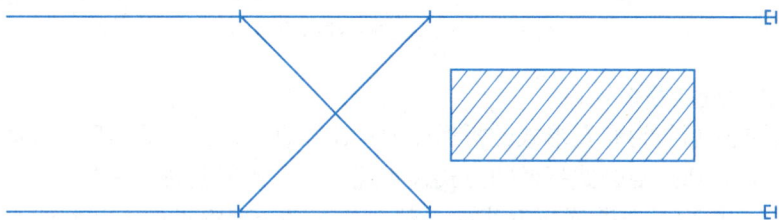

图 5-2　站前折返岛式站台

3）单线折返车站

如果行车密度不大，利用单股道折返可以满足折返能力要求，可以采用单线折返车站，见图 5-3。列车同时开启两侧车门可以缩短停站时间，提高折返能力。单线折返车站仅使用一股道折返，折返能力比较低，也不具备故障列车临时存放条件，一般应慎重采用。北京首都国际机场线 2 号航站楼站采用类似站台形式，因为机场线本身客流量小，行车密度低，直线电机轨道无法采用交叉渡线。

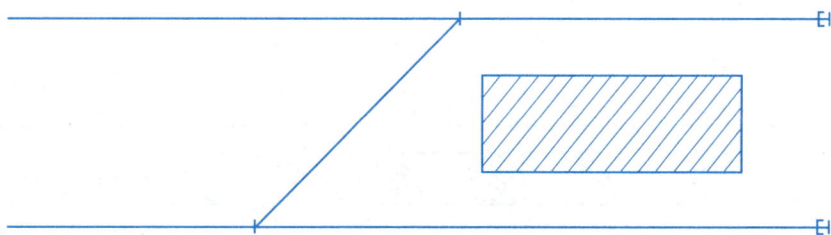

图 5-3　单线折返车站

4）一岛两侧双线折返站台

当车站客流量比较大时，可以采用此种站台形式，见图 5-4。中间岛式站台作为上车站台，两侧式站台作为下车站台。此种组织方式不但客流流线清晰，避免大量人流交织，也可以缩小中间岛式站台宽度和线间距，从而保证折返能力。北京地铁亦庄线宋家庄站处于亦庄线与市区线网接驳节点上，客流量很大，受换乘和工程条件影响，选择上述形式的站前折返。

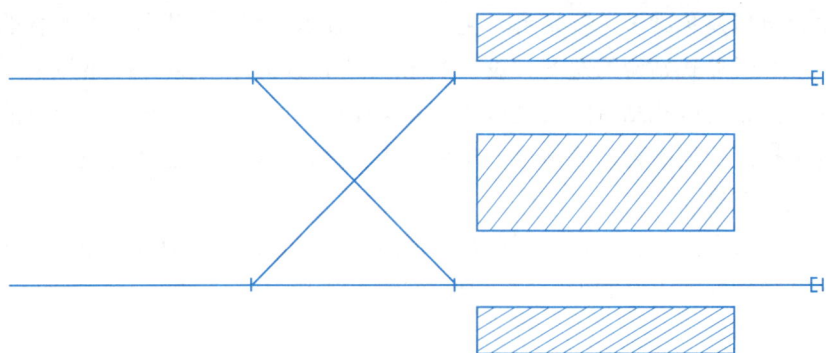

图 5-4　一岛两侧双线折返站台

2. 混合式折返线路设置

站前折返或站后折返布置形式的折返能力均比较有限，当需要实现短间隔的高峰时段发车需求时，需要通过混合式折返的方式来实现。混合式折返同时具有站前、站后两种折返方式，其基本原理是在普通折返线的基础上，通过合理增设站台或配线，形成接车、转线、发车的平行进路，使两列（或以上）列车在站内能平行完成折返作业，提高折返能力。混合式折返布置的形式比较常规的为双岛式和一岛一侧式，如图 5-5、图 5-6 所示。混合式折返站车站规模往往比较大，需综合考虑投资规模、实施条件和运营效果等因素。

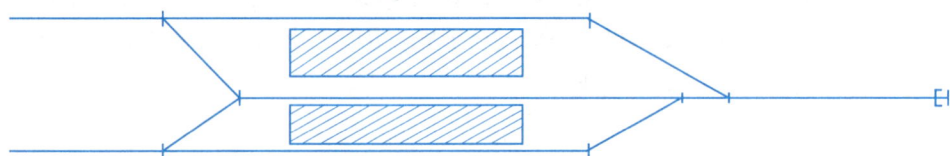

图 5-5　混合折返双岛式站台

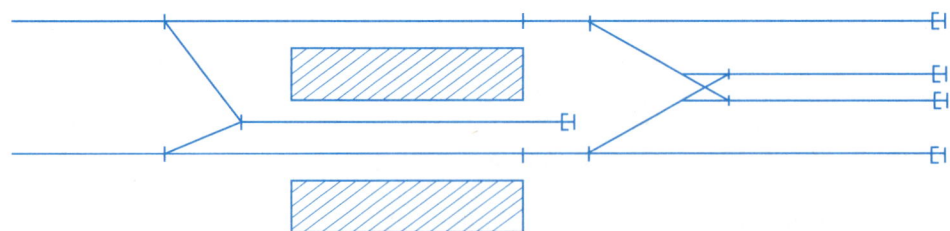

图 5-6　混合折返一岛一侧式站台

3. 环形折返线路设置

环形折返是在站后设置灯泡环形线，如图 5-7 所示，利用该线达到转向折返的目的。环形折返消除了折返运行对线路通过能力的不利影响，且自动完成了列车的转向作业，使车轮内外侧磨耗均匀。但环形折返需要适合的地形条件，线路长度也明显增加，目前在城市轨道交通中基本不采用此种形式。

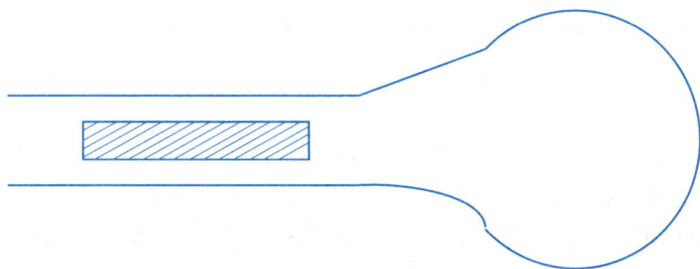

图 5-7　环形折返线路

5.1.2　站前折返作业标准

站前折返模式一般为站前自动折返模式，包括两种：站前 ATO 折返及站前人工折返。

1. 站前自动折返模式必须具备的条件

（1）列车在自动折返区域。

（2）与自动折返相关的设备正常。

（3）司机已按下 AR 按钮。

（4）司机台主控钥匙在锁闭状态。

（5）客室门锁闭良好。

2. 折返注意事项

必须严格执行交接班制度，交班司机做到"两不一要"方可交班，即无接车司机立岗不能交班，无接班司机复诵交班内容不能交班，交班司机要明确接班司机姓名。接班司机要在所接列车到达前 1 min 在站台的端墙司机立岗处接车。

3. 站前 ATO 折返作业标准

交班司机对标停车后，以 ATO 模式驾驶列车时，车门和屏蔽门会自动开启。以 SM 模式驾驶列车时先按下下客侧开门按钮，再按下上客侧开门按钮，确认 AR 黄灯亮，按下 AR 按钮，待 AR 黄灯灭和显示屏折返标志由蓝色变黄色后，关闭司机台钥匙，通过 CC 对讲机和接班司机进行交接，锁闭司机室侧门后下车。

接班司机和交班司机交接后，查看列车状态卡，了解车辆状态，确认设备柜电气设备状态并确认 TMS-MMI 屏亮和 AR 折返按钮黄灯闪烁，RM 指示红色灯亮（表示折返成），打开主控钥匙激活司机台，待司机台显示屏显示正确后，上站台立岗，见图 5-8。

自动列车折返运行允许	黑色线	蓝色线		符号"自动折返"
在司机确认之后	黑色线	黄色线		符号"自动折返"

图 5-8　显示屏折返模式标志

4. 站前人工折返作业标准

（1）列车凭信号机运行到站台规定位置停车。

（2）操纵列车打开站台侧车门，确认列车车门及屏蔽门全部打开。

（3）司机步行到另一端司机室，闭合"SIV（静止逆变器）起动"按钮、"HSCB"（高速断路器）开关、"空压机"开关、"客室照明"开关，并使用对讲装置通知副司机恢复尾车操纵台。

（4）副司机接到司机的通知后，断开"HSCB""空压机""客室照明"开关，将"SIV起动"按钮关断，司机控制器手柄置于"紧急"位，"方向转换"开关置于"0"位，取下激活钥匙，并通知司机恢复操纵台完毕。副司机锁好司机室门窗，由客室通道步行到另一端司机室。

（5）司机接到副司机的通知后，将"激活钥匙"开关置于"ON"位，"方向转换"开关打至"前"位。

（6）发车时机具备后，再操纵列车"关门"按钮，关闭列车门，司机操作 PSL 关闭屏蔽门后，并通过列车门、屏蔽门的指示灯，确认关闭正常，列车与屏蔽门间未夹人夹物。

（7）出站信号开放，使用 RM 模式出站，在越过出站信号机前通过车载信号系统显示屏显示，确认列车已升级到"列车自动防护人工驾驶"模式后方可继续运行；如未升级到"列车自动防护人工驾驶"模式，应按 RM 模式运行到规定信号机；仍未升级到"列车自动防护人工驾驶"模式，按 ATP 故障处理。

任务 5.2　站 后 折 返

5.2.1　站后折返线路的设置

站后折返是在车站后端设置辅助线，列车在站台清客后完成调头折返。站后折返线最简单的方式是在车站站台后端设置交叉渡线或单渡线，车站根据需求采用侧式或岛式站台。站后折返方式列车控制简单，作业安全性好，车站上下客与列车折返作业分开进行，不仅避免了上下客流的对冲，而且在进行折返作业时，还能进行车厢内部清洁工作。图5-9、图5-10 所示形式具有车站规模小、工程造价低等优点。

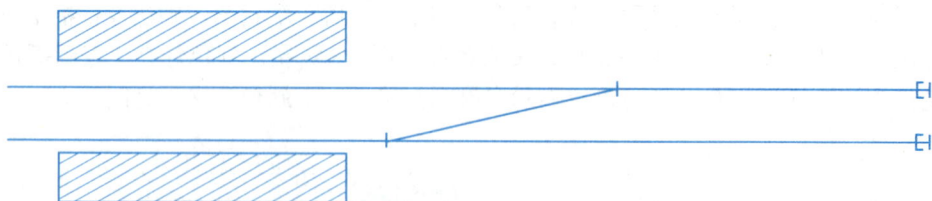

图 5-9　侧式站台后单渡线站后折返车站

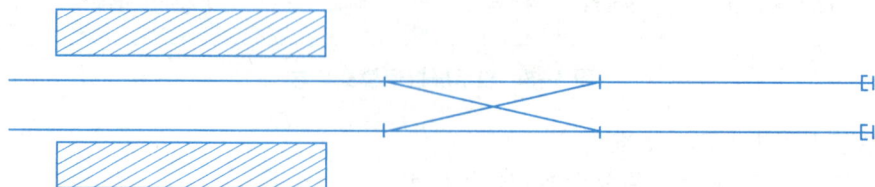

图 5-10　侧式站台后交叉渡线站后折返车站

　　根据运营需求，岛式站台还可以利用上下行线间的空间，布置单线或者双线折返，如图 5-11、图 5-12 所示。此形式车站规模较大，但增加了存车线，当停车场距离车站较远时，可以采用此种配线方式，减少列车的空驶距离。

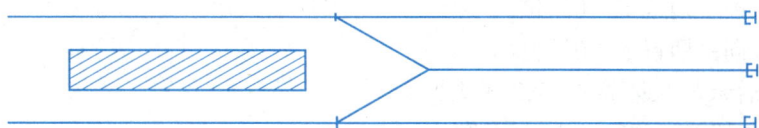

图 5-11　岛式站台站后单线折返车站

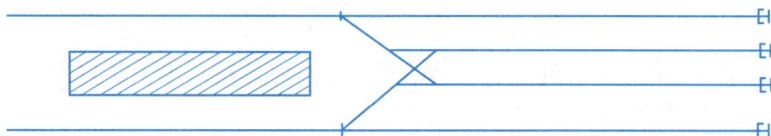

图 5-12　岛式站台站后双线折返车站

5.2.2　站后折返作业标准

1. 站后自动折返模式必须具备的条件

（1）列车在自动折返区域。

（2）与自动折返相关的设备正常。

（3）司机已按下 AR 按钮。

（4）司机台主控钥匙在锁闭状态。

（5）客室门锁闭良好。

（6）当采用站后无人折返时，可以操作"DTRO"钥匙开关，如图 5-13 所示。

图 5-13　"DTRO"钥匙开关

2. 站后折返作业标准

1）终点站折返时，交班司机作业

（1）交班司机对标停车后，以 ATO 模式驾驶列车时车门和屏蔽门会自动开启。

（2）进行站台作业（参见项目 4 内容）。

（3）广播清客（按照广播作业标准执行）。

（4）待接班司机到达，与接班司机进行交接，交接内容为车次、行调命令、故障情况等（标准用语：××次，车况良好，运行正常）。

（5）接班司机复诵。

（6）确认清客完毕，关闭车门（参照上下客监护作业标准执行）。

（7）驾驶模式转"OFF"位（口呼"将驾驶模式转 OFF 位"）。

（8）将主控手柄置于"0"位。

（9）将方向手柄置于"0"位。

（10）激活无人折返模式（AR 模式）。

（11）关闭驾驶台并取出主控钥匙。

（12）将主控钥匙交给接班司机。

2）终点站折返时，接班司机作业

（1）接班司机确认交班司机已经下车，确认信号、道岔，需手指口呼"信号正确、道岔位置正确、推荐速度有"。

（2）按下"ATO 启动"按钮，启动列车折返模式。

（3）携钥匙走到另一端司机室。

（4）等待列车自动折返完成，激活换端后的司机室。

（5）按标准进行站台开关门作业。

（6）按照相应的驾驶模式起动运营列车。

3. 折返站折返作业时列车现象对比

折返站折返作业时两端列车驾驶台指示灯、按钮开关有变化。

（1）列车在折返站正常折返后，司机室未打开主控钥匙前的现象：副司机台除受电弓升降指示灯不亮外，其余指示灯显示正常，左右两侧开关门指示灯显示正常；主司机台气制动施加缓解指示灯显示正常，TMS-MMI 显示正常，压力表、速度表指示灯显示正常，AR 指示灯显示黄闪。如图 5-14 所示。

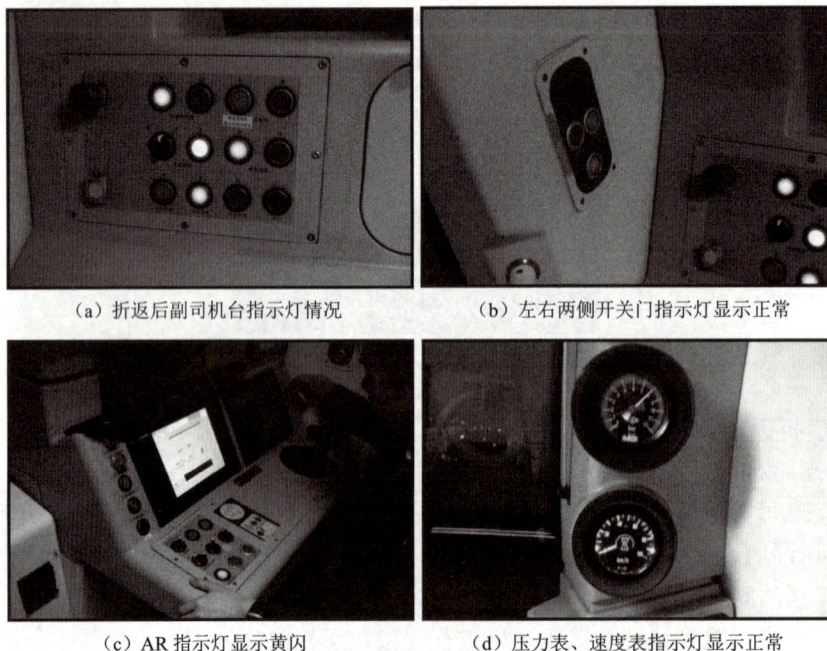

（a）折返后副司机台指示灯情况　　　　　　（b）左右两侧开关门指示灯显示正常

（c）AR 指示灯显示黄闪　　　　　　（d）压力表、速度表指示灯显示正常

图 5-14　折返站折返作业时列车驾驶台指示灯

（2）1 端列车在折返站正常折返后，6 端司机室打开主控钥匙前的现象：副司机台所有指示灯均显示正常，左右两侧开关门指示灯显示正常；主司机台气制动施加缓解指示灯显示正常，TMS-MMI、ATC-MMI 显示正常，压力表、速度表指示灯显示正常，AR 指示灯黄闪熄灭。如图 5-15、图 5-16 所示。

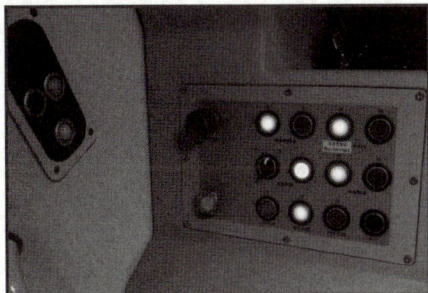
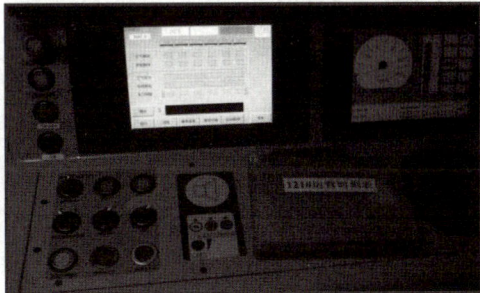

图 5-15　主司机台气制动施加缓解指示灯显示正常　　**图 5-16　AR 指示灯黄闪熄灭**

（3）1 端列车在折返站停妥且未关闭主控钥匙，6 端司机室未打开主控钥匙前的现象：副司机台高速断路器分合指示灯、受电弓升降指示灯、停放制动施加缓解指示灯均不亮，两侧关门灯、开门灯均不亮；主司机台气制动施加缓解指示灯不亮，压力表、速度表指示灯均不亮，ATC-MMI、TMS-MMI 均无显示（黑屏）。如图 5-17、图 5-18 所示。

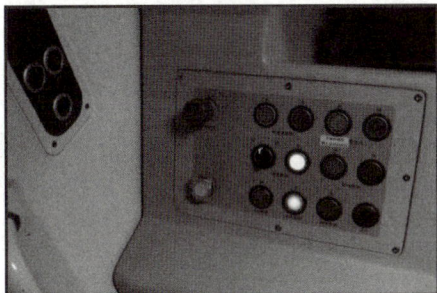
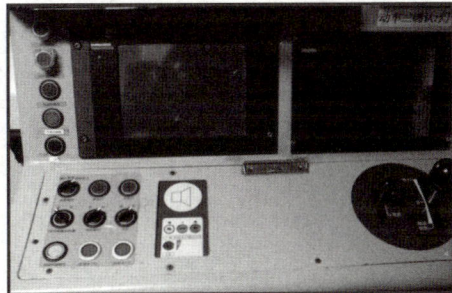

图 5-17　副司机台指示灯情况　　**图 5-18　主司机台指示灯情况**

（4）1 端列车在折返站停妥且未关闭主控钥匙，6 端司机室打开主控钥匙前的现象：副司机台高速断路器分合指示灯、受电弓升降指示灯、停放制动施加缓解指示灯均不亮，两侧关门灯、开门灯均不亮；主司机台气制动施加缓解指示灯不亮，压力表、速度表指示灯均不亮，TMS-MMI 无显示（黑屏），ATC-MMI 显示红手掌。如图 5-19、图 5-20 所示。

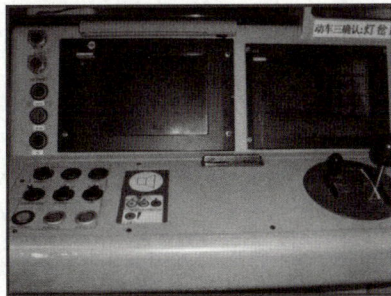

图 5-19　关闭主控钥匙后副司机台情况　　**图 5-20　关闭主控钥匙后主司机台情况**

思考题

1. 典型的站前折返形式有哪些?
2. 简述站前 ATO 折返作业标准。
3. 简述站前人工折返作业标准。
4. 简述站后折返作业流程。

项目6 故障处理

知识要点

1. 了解列车故障处理思路、一般处理原则、处理方法和处理程序。
2. 掌握城市轨道交通车辆常见故障处理的流程。
3. 掌握故障处理时司机与行调的联系方法。
4. 掌握列车故障处理的正确汇报方法。
5. 掌握列车救援处理流程。

项目任务

1. 掌握牵引系统故障处理及方法。
2. 掌握制动系统故障处理及方法。
3. 掌握辅助系统故障处理及方法。
4. 掌握车门故障处理及方法。
5. 掌握高压设备故障处理及方法。
6. 掌握因故障无法动车展开的列车救援处理流程和方法。

项目准备

所需设备：城市轨道交通车辆模拟驾驶台。

项目实施

目前城市轨道交通运输迅猛发展，且向着高速化、智能化、无人驾驶方向飞速发展，对运输工作的安全性和可靠性提出了越来越高的要求。

地铁车辆出现故障是影响列车正常运营秩序的主要原因之一，由于车辆运营时长的增加、车辆设备的老化等诸多因素，列车在载客运营中发生因故障掉线、清客、救援的现象时有发生，轻则会打乱正常的行车组织，重则导致整条线路降级运行或停运，对乘客出行造成重大影响。因此，确保运营安全可靠，是运输工作的重中之重。

列车运行中发生故障具有经常性和突发性，且呈现多样化和复杂化，给故障处理造成一定的难度。能否在规定时间内及时准确地分析并彻底有效地排除故障，是衡量司机技术业务能力的重要标准之一。一名合格的司机不仅应具备独立驾驶列车的能力，还必须熟练掌握列车故障处理程序，确保在故障情况下准确判断、快速处理，降低对于运营组织的影响。

1. 故障产生的原因

由于列车故障原因往往是多方面的，这里仅列举出相对来说可能性比较大的原因。因此，故障的处理方法也是多种多样的，在此也只是列举出故障处理常用的方法，以供列车司机在处理故障时作为参考。

1）自然型故障

自然型故障是由环境条件恶化、材料缺陷及安装不合理等原因造成的。

（1）环境条件恶化或者设备老化。

（2）零部件不合格。

（3）基建装配调整错误。

2）人为型故障

（1）司机违章操作。

（2）安全意识薄弱，应急处置不当。

（3）人为损坏，检修不利。

（4）使用、维护、保养不良。

正确分析和判断车辆故障的原因是一项非常重要而细致的工作，不应该在未弄清楚故障原因的情况之下，盲目、随意处理，这样不但不能排除故障，反而可能造成新的故障。

2. 故障处理的思路

列车运行中出现的故障可以说具有经常性和突发性，特别是有关功能性的故障较多，其中有的故障比较简单，可以轻易排除，有的则不然。特别是列车在运行中，故障可能突如其来，即使有常备不懈的思想准备，但如果没有坚实的故障处理基本功，这个不速之客也会使司机束手无策，这就有可能贻误处理故障的最佳时机而酿成事故。因此，能否在规定时间内及时准确地分析排除故障，已经成为司机技术业务的标志之一。

运行中列车的故障处理受到运行条件、工具配件、司机故障处理能力等因素的限制，而且不可能无时间限制地将列车停在区间处理（区间故障处理的时间一般不应超过 5 min）。因此，故障处理的方法应是简明扼要、简便易行的。此外，司机学习故障处理时，如果仅就某一故障现象就事论事，而不懂得举一反三，假如故障以另一种形式出现，特别是在紧急情况下，司机仍然不会处理。要解决此问题，应从两方面着手：

（1）深层次了解故障的内在规律，通过现象看本质，思维方式发散，而不是简单搬用。

（2）使学习的知识简而精，注重实用性，由故障的表象推出具体的处理步骤，把复杂的问题简单化。

为了减小列车故障发生的频率，平时要做好维修保养，司机要规范行车，合理使用各项功能。一旦发生列车故障，司机要充分发挥自己综合分析、判断和处理故障的能力，迅速、准确地判断出故障位置。查找故障时，要按照故障发生的概率，先检查故障率高的处所，后检查故障率低的处所；按照"先易后难、先近后远、先低压后高压、先分析后处理"的原则进行处理。

在查找故障时，为了缩小查找范围，通常可采用"观""听""辨"等方法。

（1）"观"。眼睛是窗口，是获取信息的重要工具。列车有了故障，查找故障点是关键。通常故障发生后，都有一定的表象，司机在故障处理中，首先应通过观察 MMI 显示屏、DDU 显示屏、指示灯、制动压力仪表的显示状态及主控手柄（DCH）的位置，搜集故障的最基本信息，尽可能地缩小和确定故障的大致范围，范围越小，故障位置越容易找出。

（2）"听"。即听列车有无异响，如听 DDU 的蜂鸣声，听列车操作时继电器吸合断开的声音，以及行调和其他行车人员对司机进行的呼叫声等。在行车过程中司机注意力不可能时刻保持高度集中，因此需有效利用听觉器官。特别是在列车运行过程中，车辆走行部既看不到，也摸不着，因此，"听"走行部有无异响、"听"DDU 的蜂鸣声以及继电器的动作声，对早期判断故障有着很重要的意义，司机一定不要忽视。

（3）"辨"。在搜集相关信息后，在大脑中还应进行分析判断，辨别现象的真伪，必要时还需通过简单的操作加以辨别，进一步缩小故障范围。

总之，通过"观""听""辨"，可对故障范围有一个综合的认识过程，利用上述方法不仅能提高自己的信心和心理素质，而且也能缩短查找和处理故障的时间。

3. 故障分类

列车故障按照系统划分：可分为车辆故障及信号故障。

列车故障按故障发生的地点：可分为正线故障和库内（车辆段内）故障。

4. 故障查找及判断基本方法

列车故障处理方法应力求简明扼要、简便易行，在进行故障判断时，依据列车故障信息显示，主要以四步法为主，即"一灯、二压、三屏、四柜"。

（1）灯：主要指"门全关好"指示灯、"所有制动缓解"指示灯、"主断"按钮指示灯、"升弓"按钮指示灯等的显示有无异常。

（2）压：主要指双针压力表的主风缸压力及制动缸压力、列车网压及蓄电池电压等的指示数值是否正常。

（3）屏：主要指车辆显示屏信息栏及各图标显示、信号屏各图标显示及信息提示。

（4）柜：主要指司机室设备柜开关有无跳闸等异常现象。

在逐步排查、处理故障的过程中，每完成一项操作后都应注意查看故障是否恢复，这样有助于判断及分析故障产生的原因。

5. 故障处理基本方法

为了减少列车故障发生的频率，除了按时做好维修保养以外，司机要规范驾驶，合理使用各项功能，最重要的是掌握各类车型的故障排除技能，一旦发生故障，应能及时快速处理，恢复运营秩序。通常列车故障发生后，都有一定的现象发生，司机若能根据列车出现的现象快速判断出故障发生的原因和部位，将缩短故障处理时间，减少对整个运营组织的影响。一般来说，处理故障时可以采用以下方法。

1）重试法

重试即当出现故障时再重试操作一次。如出现单个车门故障时，可再次按下"开/关门"按钮，尝试将故障列车门再开/关一次。若再操作一次仍无效时，可尝试操作备用"开/关门"按钮，通过重试的方法解决故障。

2）复位法

当列车出现信号类及车辆类故障时，可对故障部位对应的控制开关或断路器进行复位操作处理，从而使其恢复功能达到排除故障的目的。如列车出现ATO单系故障时，可通过复位ATO控制开关，达到消除故障的目的。

3）切除法

有些故障会影响列车的运行及安全性能，但故障无法立即排除，可通过对故障点切除的方法，使相关设备停止工作以维持列车运行，若单节车气制动出现故障，可通过切除相应车的气制动截断塞门维持列车继续运行。

4）切换法

列车信号系统通常为主用、备用冗余配置，当出现故障时，可通过主用、备用系统或设备切换来维持列车正常运行。如当列车主用ATP单元出现故障时，可通过开关切换到备用ATP，消除故障对列车的影响。

5）旁路法

当列车发生车门、停车制动、气制动等系统故障时，可通过操作旁路车门开关隔离相关系统进行处理。旁路是设置在原电路旁边，与原电路具备相同起点和终点的另外一条并联回路，通过短接旁路开关的方法，使列车不再检查故障单元部分，实现必要的功能，维持列车运行。

操作旁路时必须认真仔细确认，确保满足旁路操作的相关条件后才可操作，一定要仔细检查确认后再操作。如操作旁路车门开关时，列车司机必须先确认所有车门关好，以防开门走车，造成人员伤害。

6）重启法

当控制信号或通信信号发生错误时，造成信息显示紊乱或黑屏，可以采用重新起动列车或重启相关设备的方法，恢复列车功能。如当列车信号屏黑屏时，可通过关闭信号屏电源，重启电源的方法消除故障现象。

6. 故障应急处理基本原则及要求

列车司机在出乘前应充分做好行车安全预想，在列车驾驶过程中，应精力集中，全神贯注，随时注意列车监控设备显示的信息，关注列车外部环境的变化，加强进路的瞭望，做好随时处理突发故障的准备。

运营列车一旦发生故障，列车司机应保持冷静，充分收集故障信息，准确汇报故障现象，对列车运行状态、故障可能产生的影响等做出准确判断，快速准确确定故障，同时做好乘客服务，最大限度地降低故障的影响程度，维护正常运营秩序。

列车司机在出现故障时应做好以下几点：

1）快速准确收集故障信息

列车司机在驾驶过程中应严格按照时刻表的规定运行，当发生故障时，应快速通过"灯、压、屏、柜"四步法，收集故障信息，及时准确向行调汇报故障现象。

2）严格按照故障处理指引进行处理，控制好时间

城市轨道交通列车行车间隔短、车流密集，在运营期间，若发生列车故障无法动车，将对全线运营造成重大影响。列车司机在故障处理时，应严格按照故障处理指引进行处理，同时控制好时间节点。

3）以安全为导向

列车司机在处理故障时，必须严格按照处理指引，以安全为导向，在确保安全的前提下，再进行各项操作，防止故障的影响进一步扩大，造成次生事故、事件的发生，导致经济损失、设备损坏或人员伤亡。

7. 故障处理程序

在车辆设备故障时，按照《行规》中关于故障处理的原则进行处理，处理故障应避免有等、靠的思想，司机应在第一时间报告行调，判明故障，正确处理。如需到客室处理故障，司机应在离开司机室前先将情况简要汇报行调，得到同意后再到客室处理。故障处理过程、时间及要点见表 6-1。

表 6-1　故障处理过程、时间及要点

序号	司机处理过程	所需时间	要点
1	向行调汇报	40 s	五要素：司机代号、车次、车号、地点、故障现象
	做好故障广播		向乘客说明停车原因
2	按故障处理指引检查各断路器（含设备柜、二位端处断路器）或进行换端处理	40 s～3 min	按照故障处理指引逐一排除故障
3	汇报行调后降弓，休眠，重启	4.5 min	降弓 15 s，关闭钥匙开关、按休眠按钮 10 s，等 20 s 后唤醒，自检需要 3 min，打开钥匙开关、升弓、信号自检 15 s
	休眠重启前做好客室广播		吐字清晰，节奏平稳，避免造成乘客恐慌
4	申请旁路	30 s	得到行调批准后实施
	做好清客广播		态度诚恳，礼貌用语

正线车辆故障应急处理流程见图 6-1。

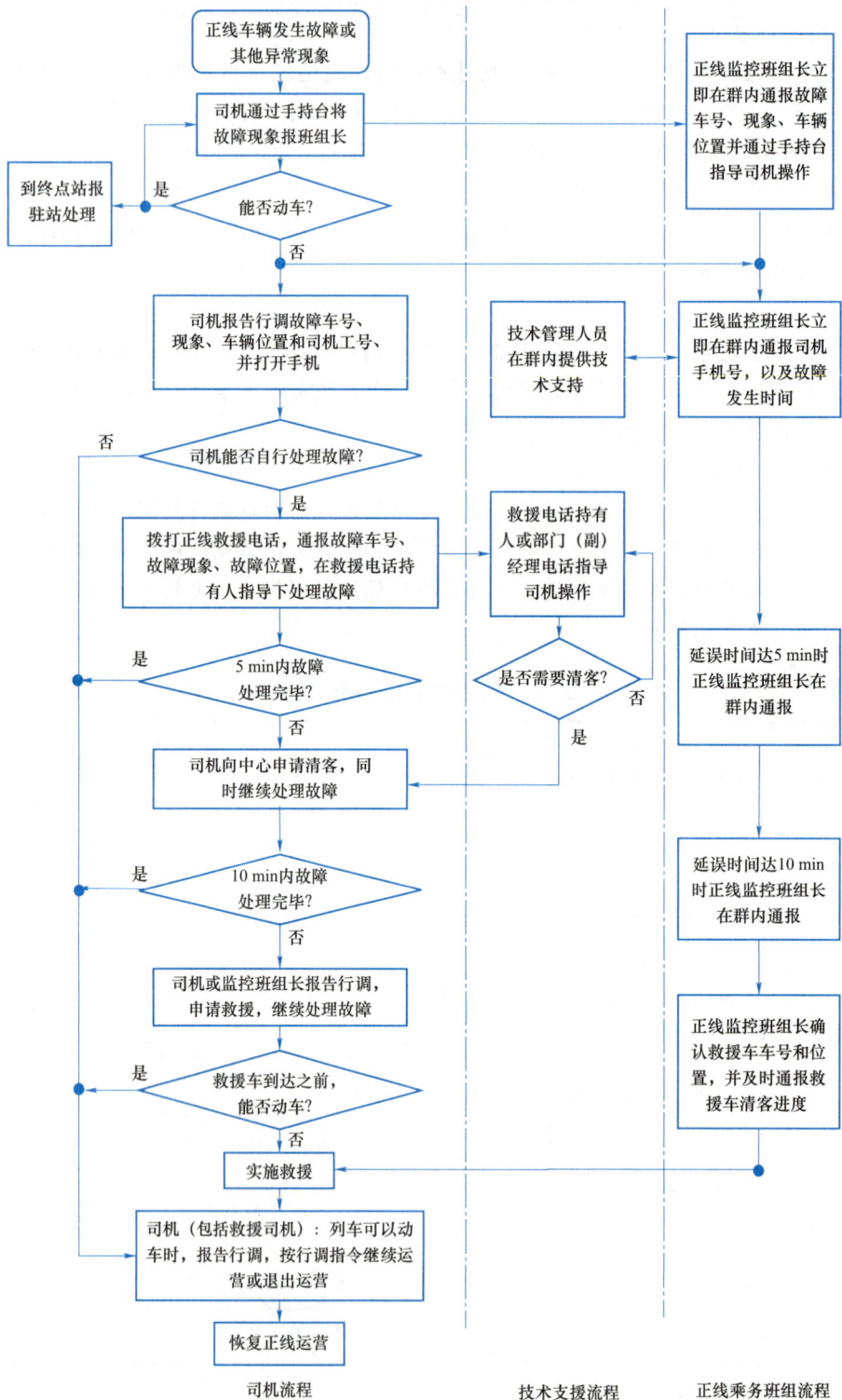

图 6-1　正线车辆故障应急处理流程

任务 6.1　牵引系统故障处理

　　牵引系统极易发生的故障主要为高速开关故障、受电弓故障及牵引箱故障。牵引系统全列分布与实物见图 6-2。

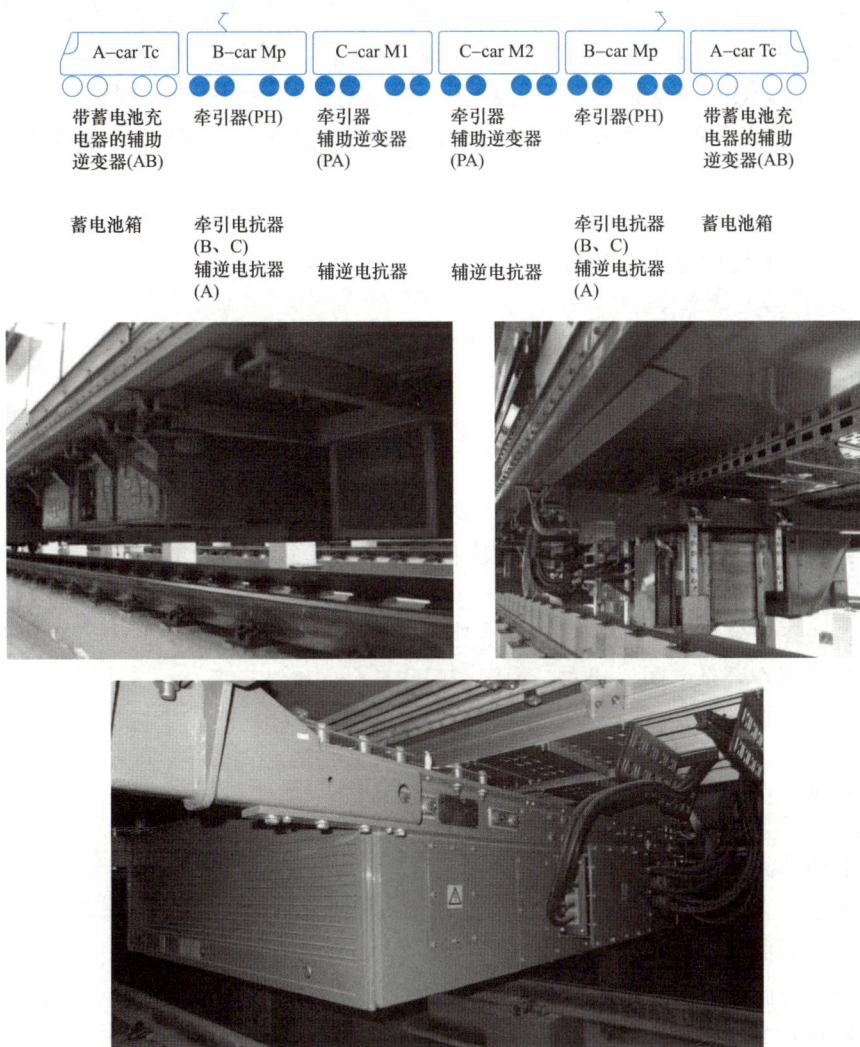

图 6-2　牵引系统全列分布与实物

6.1.1　案例 1：牵引电机故障（一）

1. 故障现象描述

　　列车在区间正常运行，突然自动降速运行，车辆显示屏显示牵引电机 1 个图标红点，列车可以维持运行。

2. 故障原因

牵引电机检测回路故障。

3. 故障处理流程

1）确认故障信息，判断故障

作业：点击车辆显示屏查看牵引状态界面；口呼：牵引电机 1 个图标红点。

2）汇报列车故障信息

司机手持联控电话，点击联控显示屏中的"行调"按键，接通电话，报告行调：行调，××次在××站—××站上/下行区间列车出现牵引电机 1 个红点故障，可以继续运行。行调回复：××次，限速 60 km/h 运行至前方车站，执行车辆故障处理流程。司机复诵：××次，限速 60 km/h 运行至前方车站，执行车辆故障处理流程，司机明白。结束通话，挂断电话。

3）限速运行

限速 60 km/h 运行至前方车站。

4）司机广播安抚乘客

通过车辆显示屏选择播放预置的"临时停车"广播。

5）分主断

作业：按下"主断分"按钮；手指、眼看："主断分"红灯亮；口呼：主断路器分。

6）复位 ICU

手指、眼看：ICU 自动开关；口呼：复位 ICU 自动开关。

作业：复位 ICU 自动开关，断开 ICU 自动开关后等待 5 s 再闭合。

7）合主断

作业：按下"主断合"按钮；手指、眼看："主断合"绿灯亮；口呼：主断路器合；点击车辆显示屏查看牵引图标状态；关闭车门和站台门继续运营。

动车后报行调继续运营。

6.1.2　案例 2：牵引电机故障（二）

1. 故障现象描述

列车在区间正常运行，突然失去牵引力，自动停车，司机立即查看车辆显示屏显示牵引电机 3 个图标红点，列车无法动车。

2. 故障原因

牵引电机检测回路故障。

3. 故障处理流程

1）确认故障信息，判断故障

通过车辆显示屏查看牵引状态界面，发现牵引电机图标 3 个红点。

2）汇报列车故障信息

司机手持联控电话，点击联控显示屏中的"行调"按键，接通电话，口呼：行调，××次在××站—××站上/下行区间列车出现牵引电机 3 个红点故障，无法动车，司机申请执行车辆故障处理流程。行调复诵：××次，申请执行车辆故障处理流程，行调同意。

3）司机广播安抚乘客

通过车辆显示屏选择播放预置的"临时停车"广播。

4）列车状态确认

确保列车处于受电弓升起、主控钥匙打开和主断路器分开的状态。

（1）手指、眼看、口呼：受电弓升起，主控钥匙在"开"位。

（2）按下"主断分"按钮，手指、眼看、口呼：主断分。

5）操作 MVB 复位

按下"MVB 复位"按钮，保持 5 s 以上，手指、眼看、口呼：复位 MVB。

6）闭合主断路器，尝试动车

复位 MVB 成功后，闭合主断路器，尝试动车。按下"主断合"按钮，手指、眼看、口呼："主断合"绿灯亮，尝试动车。

7）操作降级模式，尝试动车

将"运行模式选择"开关打至"降级"位，并尝试动车。

动车后报行调退出服务。

> 思考：案例 1 和案例 2 同样是牵引故障，为什么案例 1 可继续运营，案例 2 要退出服务？

6.1.3　案例 3：牵引封锁/激活故障

1. 故障现象描述

ATO 启动灯不亮，尝试 ATO 模式动车且推主控手柄，车辆显示屏显示"牵引封锁/激活故障"，列车无法动车。

2. 故障原因

激活端司机室回路故障。

3. 故障处理流程

1）尝试牵引，无法动车则报告行调

司机发现故障后，首先尝试牵引，发现不能动车，第一时间报告行调故障列车车次、列车位置和故障现象：行调，××次在××站—××站上/下行区间车辆显示屏显示"牵引封锁/激活故障"，无法动车，司机申请执行车辆故障处理流程。行调回复：××次，申请执行车辆故障处理流程，行调同意。

2）司机广播安抚乘客

通过车辆显示屏选择播放预置的"临时停车"广播。

3）复位主控钥匙，尝试动车

PM 模式下，推主控手柄尝试动车。将主控钥匙打到"关"位，待车辆显示屏黑屏 3 s 后，将主控钥匙打到"开"位，再次尝试动车。将主控手柄拉至"快速制动"位，之后主控手柄回零，等待 3 s 后，再次尝试动车。

4）检查状态，降级尝试动车

通过车辆显示屏，查看车门、牵引、制动、辅助逆变器和空压机状态界面，检查各子系统有无异常。若无异常，将"运行模式选择"开关打至"降级"位，并尝试动车。

动车后报行调，申请限速退出服务。

任务 6.2　制动系统故障处理

制动系统故障是所有列车故障中最为严重的故障，绝大部分列车救援都是由制动系统故障所引起的。制动系统故障可分为常用制动不缓解故障、紧急制动不缓解故障和停放制动不缓解故障三种类型。按故障发生的部位可以分为全列车制动不缓解故障及单节列车制动不缓解故障。司机遇制动系统故障时，可通过 DDU 显示屏、指示灯、双针压力表等来判断列车制动系统故障的类型及位置。

6.2.1　案例 1：列车紧急制动不缓解（一）

1. 故障现象描述

如列车在区间正常运行，突然失去牵引力，自动停车，司机应立即查看车辆显示屏显示的牵引电机 3 个图标红点，列车无法动车。

2. 故障原因

不明原因致使车载信号单元 VOBC 给车辆紧急制动信息。

3. 故障处理流程

1）确认指示灯、显示屏及压力表状态

手指、眼看："主断合"绿灯亮、"受电弓升"绿灯亮、"停放制动缓解"绿灯亮、"所有车门关闭"绿灯亮；口呼：各指示灯状态正常。

手指、眼看：车辆显示屏状态，网压显示 1 000～1 800 V，车门状态界面显示所有车门关闭；口呼：网压正常，车门状态正常；手指、眼看：气压表红色指针指向 3 bar；口呼：气压 3 bar。

2）报告行调故障地点和故障类型并申请中央缓解紧急制动

接通电话，报告行调：行调，××次在××站—××站上/下行区间列车突发紧急制动，无法动车，司机申请中央缓解紧急制动。行调回复：××次，申请中央缓解紧急制动，行调收到。

3）司机广播安抚乘客

通过车辆显示屏选择播放预置的"临时停车"广播。

4）接收行调命令并复诵

接通电话，行调通知：××次，中央无法缓解紧急制动，司机执行车辆故障处理流程。司机复诵：中央无法缓解紧急制动，执行车辆故障处理流程，司机明白。

5）中央无法缓解紧急制动，司机转 RM 模式并尝试动车

手指、眼看："驾驶模式选择"开关；口呼：转 RM 模式；作业：将"驾驶模式选择"开关转至"RM"位后尝试动车；手指、眼看：气压表红色指针指向 3 bar；口呼：气压 3 bar。

6）操作"安全回路旁路"并尝试动车

手指、眼看："安全回路旁路"开关；口呼："安全回路旁路"至"合"位；作业：将

"安全回路旁路"开关打至"合"位后尝试动车。

　　7）操作 CUT-OUT（信号切除）模式尝试动车

　　手指、眼看："信号选择"开关；口呼："信号选择"至"信号切除"位；作业：将"信号选择"开关打至"信号切除"位后尝试动车。

　　动车后报行调，申请限速退出服务。

6.2.2　案例 2：列车紧急制动不缓解（二）

1. 故障现象描述

警惕按钮发生故障，触发紧急制动，车辆显示屏状态栏显示"牵引封锁、无人警惕"，列车无法动车。

2. 故障原因

警惕按钮发生故障，触发紧急制动。

3. 故障处理流程

　　1）转换为 ATO 模式，尝试动车

　　作业：按下"ATO 模式"按钮，激活 ATO；口呼：ATO 模式绿灯亮，ATO 激活；作业：同时按下两个"ATO 启动"按钮，尝试动车。

　　2）报告行调故障地点和故障类型并申请执行故障处理流程

　　接通电话，报告行调：行调，××次在××站—××站上/下行区间列车警惕按钮故障触发紧急制动，转 ATO 模式仍无法动车，司机申请执行故障处理流程。行调回复：××次，申请执行故障处理流程，行调同意。

　　3）司机广播安抚乘客

　　通过车辆显示屏选择播放预置的"临时停车"广播。

　　4）驾驶模式转 RM 模式

　　手指、眼看："驾驶模式选择"开关；口呼：转 RM 模式；作业：将"驾驶模式选择"开关转至"RM"位。

　　5）操作 CUT-OUT（信号切除）模式尝试动车

　　手指、眼看："信号选择"开关；口呼："信号选择"至"信号切除"位；作业：将"信号选择"开关打至"信号切除"位后尝试动车。

　　6）操作"安全回路旁路"并尝试动车

　　手指、眼看："安全回路旁路"开关；口呼："安全回路旁路"至"合"位；作业：将"安全回路旁路"开关打至"合"位后尝试动车。

　　动车后报行调，申请限速退出服务。

6.2.3　案例 3：列车停放制动施加、缓解灯不亮

1. 故障现象描述

车辆显示屏显示停放制动图标"P"，"停放制动缓解"灯不亮，列车无法动车。

2. 故障原因

停放制动检测回路故障。

3. 故障处理流程

1）试灯查看是否指示灯烧坏，确认停放制动状态

作业：按下"灯测试"按钮进行试灯；手指、眼看："停放制动缓解"灯、"停放制动施加"灯；口呼：试灯亮；作业：点击车辆显示屏查看制动状态界面图标显示为"P"；口呼：制动状态图标显示为"P"。

2）报告行调故障地点和故障类型

接通电话，报告行调：行调，××次在××站—××站上/下行区间列车出现停放制动施加和缓解灯均不亮，司机申请执行车辆故障处理流程。行调回复：××次，申请执行车辆故障处理流程，行调同意。

3）司机广播安抚乘客

通过车辆显示屏选择播放预置的"临时停车"广播。

4）尝试按"停放制动缓解"按钮

手指、眼看："停放制动缓解"按钮；口呼：按下"停放制动缓解"按钮；作业：尝试按下一次"停放制动缓解"按钮，并点击查看车辆显示屏停放制动是否缓解；口呼：停放制动未缓解。

5）尝试操作"停放制动旁路"做列车溜动试验

手指、眼看："停放制动旁路"开关；口呼："停放制动旁路"至"合"位；作业：将"停放制动旁路"开关打至"合"位，以不超过 3 km/h 速度做溜动试验，确认停放制动状态；口呼：列车无抱闸。

动车后报行调，申请退出服务。

6.2.4　案例 4：列车所有气制动缓解灯不亮

1. 故障现象描述

列车牵引 5~8 km 后自行产生制动停车，动车过程中列车"所有气制动缓解"灯不亮，车辆显示屏无制动故障显示，列车无法动车。

2. 故障原因

所有气制动检测回路故障。

3. 故障处理流程

1）汇报列车故障信息

接通电话，报告行调：××次在××站—××站上/下行区间列车自行产生制动停车，无法动车，司机申请执行车辆故障处理流程。行调回复：××次，申请执行车辆故障处理流程，行调同意。

2）司机广播安抚乘客

通过车辆显示屏选择播放预置的"临时停车"广播。

3）按试灯，查看"所有气制动缓解"灯是否点亮，动车确认车辆显示屏上气制动状态显示是否缓解

作业：按下"灯测试"按钮进行试灯；手指、眼看："所有气制动缓解"灯；口呼：试灯亮；作业：尝试动车，点击车辆显示屏查看制动状态界面，确认制动状态；口呼：无

制动故障显示。

4）操作"气制动旁路"和"停放制动旁路"尝试动车

手指、眼看："气制动旁路"；口呼："气制动旁路"至"合"位；作业：操作"气制动旁路"至"合"位；手指、眼看："停放制动旁路"；口呼："停放制动旁路"至"合"位；作业：操作"停放制动旁路"至"合"位，尝试动车。

动车后报行调，申请退出服务。

6.2.5 　案例 5：列车气制动图标显示红点

1. 故障现象描述

车辆显示屏气制动图标显示单节气制动图标红点，列车无法动车。

2. 故障原因

单节气制动故障。

3. 故障处理流程

1）确认故障信息，判断故障

作业：点击车辆显示屏查看制动状态界面；口呼：操纵端 A 车气制动图标显示红点。

2）汇报列车故障信息

接通电话，报告行调：行调，××次在××站—××站上/下行区间列车操纵端 A 车气制动图标显示红点，无法动车，司机申请执行车辆故障处理流程。行调回复：××次，申请执行车辆故障处理流程，行调同意。

3）司机广播安抚乘客

通过车辆显示屏选择播放预置的"临时停车"广播。

4）检查故障单元车的"智能阀+网关阀"是否跳闸

手指、眼看：故障单元车的"智能阀+网关阀"开关；口呼："智能阀+网关阀"无跳闸。

5）向行调申请切除故障单元车 B05（2 个）

接通电话，报告行调：行调，××次司机申请前往操纵端 A 车切除 B05。行调回复：××次，司机申请前往操纵端 A 车切除 B05，行调同意。

6）切除 B05，返回司机室确认切除小锁图标后尝试动车

作业：离开司机室，通过列车模拟终端进行故障列车 B05 切除，返回司机室，点击车辆显示屏查看制动状态界面；口呼：小锁图标有；作业：尝试动车。

7）操作"气制动旁路"尝试动车

手指、眼看："气制动旁路"开关；口呼："气制动旁路"至"合"位；作业：操作"气制动旁路"至"合"位，并尝试动车。

动车后报行调，申请限速退出服务。

任务 6.3　辅助系统故障处理

辅助电源是城市轨道交通列车安全、稳定、高效运营的重要组成部分，是为列车的客室照明、风扇、空调、电暖及控制装置提供电源的基础系统。辅助电源对列车来说极为重要，当其发生故障时，会导致风源、制动、牵引等发生连锁反应，迫使列车停车且无法牵引运行，给运营秩序带来极大的影响。因此，地铁运营企业都非常重视辅助电源的运行质量，在发生辅助电源故障的情况下，要求列车司机准确判断故障并妥善处置，确保正线运营秩序不受到重大影响。

6.3.1　案例 1：辅助逆变器图标显示异常

1. 故障现象描述

故障发生在区间，列车牵引封锁，自动停车，无法动车。车辆显示屏显示辅助逆变器图标红点故障，所有空调只有紧急通风，列车无法动车。

2. 故障原因

辅助系统故障。

3. 故障处理流程

1）查看辅助逆变器图标显示情况

点击车辆显示屏查看辅助逆变器界面，口呼：所有辅助逆变器图标显示红点。

2）报告行调列车位置、故障信息

报告行调：行调，××次在××站—××站上/下行区间车辆显示屏辅助逆变器图标显示红点，列车出现空调、空压机不工作，司机申请执行车辆故障处理流程。行调回复：××次，申请执行车辆故障处理流程，行调同意。

3）司机广播安抚乘客

通过车辆显示屏选择播放预置的"临时停车"广播。

4）确保列车处于受电弓升起、主控钥匙打开和主断路器分开的状态

手指、眼看："受电弓升"绿灯亮、主控钥匙在"开"位；口呼：受电弓升起、主控钥匙在"开"位；作业：按下"主断分"按钮；手指、眼看："主断分"红灯亮；口呼：主断路器分。

5）操作 MVB 复位

手指、眼看："MVB 复位"按钮；口呼：复位 MVB；作业：保持按下"MVB 复位"按钮 5 s。

6）闭合主断路器，尝试动车

手指、眼看："主断合"按钮；口呼：合主断；作业：按下"主断合"按钮；手指、眼看："主断合"绿灯亮；口呼："主断合"绿灯亮；作业：尝试动车。

动车后报行调，申请限速退出服务。

6.3.2　案例 2：激活端单元 B 车失电

1. 故障现象描述

故障发生在区间，列车牵引封锁，自动停车，无法动车。车辆显示屏显示辅助逆变器图标红点故障，所有空调只有紧急通风，列车无法动车。

2. 故障原因

辅助系统故障。

3. 故障处理流程

1）查看车辆显示屏情况

作业：点击车辆显示屏查看车门、制动、空调界面；口呼：B 车所有车门打开，制动图标显示为 P，空调不工作。

2）报告行调列车位置、故障信息

接通电话，报告行调：行调，××次在××站—××站上/下行区间激活端单元 B 车失电，车辆显示屏上 B 车出现空调不工作、车门打开、制动图标显示 P，司机申请执行车辆故障处理流程。行调回复：××次，申请执行车辆故障处理流程，行调同意。

3）司机广播安抚乘客

通过车辆显示屏选择播放预置的"临时停车"广播。

4）切除故障单元车 B05

作业：离开司机室，通过列车模拟终端进行故障单元车 B05 切除。

5）驾驶模式转 RM 模式

手指、眼看："驾驶模式选择"开关；口呼：转 RM 模式；作业：将"驾驶模式选择"开关转至"RM"位。

6）操作"信号选择"至"信号切除"位

手指、眼看："信号选择"旋钮；口呼："信号选择"至"信号切除"位；作业：将"信号选择"旋钮打至"信号切除"位。

7）操作"车门旁路"至"合"位

手指、眼看："车门旁路"开关；口呼："车门旁路"至"合"位；作业：将"车门旁路"开关打至"合"位。

8）操作"停放制动旁路"至"合"位

手指、眼看："停放制动旁路"开关；口呼："停放制动旁路"至"合"位；作业：将"停放制动旁路"开关打至"合"位。

9）操作降级模式尝试动车

手指、眼看："运行模式选择"开关；口呼："运行模式选择"至"降级"位；作业："运行模式选择"开关打至"降级"位，并尝试动车。

动车后报行调，申请限速退出服务。

6.3.3　案例3：车辆显示屏黑屏

1. 故障现象描述

故障发生在区间，车辆显示屏黑屏，列车无法动车。

2. 故障原因

车辆显示屏黑屏。

3. 故障处理流程

1）查看车辆显示屏情况

手指、眼看：车辆显示屏；口呼：车辆显示屏黑屏。

2）报告行调列车位置、故障信息

接通电话，报告行调：行调，××次在××站—××站上/下行区间车辆显示屏黑屏，列车无法动车，司机申请执行车辆故障处理流程。行调回复：××次，申请执行车辆故障处理流程，行调同意。

3）检查"SKS1"自动开关是否跳闸

手指、眼看："SKS1"自动开关；口呼："SKS1"自动开关跳闸；作业：复位"SKS1"自动开关。

4）查看车辆显示屏情况

手指、眼看：车辆显示屏；口呼：车辆显示屏黑屏。

5）驾驶模式转RM模式

手指、眼看："驾驶模式选择"开关；口呼：转RM模式；作业：将"驾驶模式选择"开关转至"RM"位。

6）操作降级模式并尝试动车

手指、眼看："运行模式选择"开关；口呼："运行模式选择"至"降级"位；作业："运行模式选择"开关打至"降级"位，并尝试动车。

动车后报行调，降级限速退出服务。

任务6.4　车门故障处理

城市轨道交通站间距短、站点多，列车在运营服务时，车门开关频率很高，因此车门故障是列车在运行过程中发生率最高的故障之一。车门故障给乘客乘降、列车运行安全和客运服务质量造成较大影响，因此一旦车门发生故障，必须立即采取措施确保乘客的安全和运营工作的顺利进行。

1. 车门故障的原因

（1）车门的频繁开关致使门控制器故障。

（2）乘客抢门。

（3）乘客吊门。

（4）列车老化导致车门无法正常开启。

（5）车载信号不稳定。

（6）其他故障。

2. 车门故障安全风险

对以往的车门故障事故原因及车门特点进行分析，可知车门故障存在以下几种安全隐患：

（1）车门与屏蔽门之间夹人。

（2）车门开闭过程中夹人。

（3）在列车非站台侧车门开启。

（4）列车运营过程中车门意外开启。

（5）切除未锁闭的车门。

3. 车门故障处理原则

（1）尽量缩短在线故障处理时间。

（2）司机需要处理车门故障及处理完毕后，都应及时汇报行调。

（3）出现非正常故障时，司机应尽可能进站停车。

6.4.1　案例 1：单个车门故障

1. 故障现象描述

故障发生在站台作业完毕后司机关门时，单个车门不能关闭，列车无法动车。

2. 故障原因

单个车门机械故障无法关闭。

3. 故障处理流程

1）重新开关车门一次

重新按下"开左/右门"按钮，开门后，再按下"关左/右门"按钮，按下开、关门按钮需保持 3 s 以上。

2）报告行调列车位置、故障现象，申请到现场切除车门

接通电话，报告行调：行调，××次在××站上/下行列车单个车门故障，司机申请到现场处理。行调回复：××次，单个车门故障，司机申请到现场处理，行调同意。

3）司机广播安抚乘客

通过车辆显示屏选择播放预置的"临时停车"广播。

4）记下故障车门编号，并开启车门、站台门

记录：用纸笔记录故障车门的编号；作业：按下"开左/右门"按钮，开启车门、站台门，到达故障车门处切除车门；通过列车模拟终端，到达故障车门处，解锁车门，手动关闭车门；恢复解锁手柄，用方孔钥匙将车门切除。

5）确认切除成功

手指、眼看：车门上方的红灯亮，车门切除装置在水平位；口呼：红灯亮，车门切除。

6）返回司机室，确认小锁图标，关门动车

作业：返回司机操纵台点击车辆显示屏，查看车门状态界面，确认小锁图标；口呼：小锁图标有，动车；作业：按作业程序关门动车。

动车后报行调，申请退出服务。

6.4.2　案例 2：整侧车门无法打开

1. 故障现象描述

故障发生在站台作业完毕后司机开门时，列车整侧车门无法打开。

2. 故障原因

零速继电器故障。

3. 故障处理流程

1）确认列车对标精度和开门使能信号

手指、眼看：停车标、信号显示屏；口呼：停车到位，车门允许。

2）按下开门按钮

按下"开左/右门"按钮并保持 3 s 以上。

3）报告行调列车位置、故障现象

接通电话，报告行调：行调，××次在××站上/下行，整列车门无法打开，司机申请执行车辆故障处理流程。行调回复：××次，申请执行车辆故障处理流程，行调同意。

4）司机广播安抚乘客

通过车辆显示屏选择播放预置的"临时停车"广播。

5）复位主控钥匙，将"驾驶模式选择"开关转至"OFF"位，按下"强制开左/右门"按钮开门

作业：将主控钥匙打到"关"位，等车辆显示屏黑屏 3 s 后，将主控钥匙打到"开"位；手指、眼看："驾驶模式选择"开关；口呼：驾驶模式转"OFF"；作业：将"驾驶模式选择"开关转至"OFF"位，按下站台侧的"强制开左/右门"按钮、"开左/右门"按钮和备用按钮开门，按下"开左/右门"和备用按钮需保持 3 s 以上。

6）操作"门零速旁路"和"开关门模式切换"开关，尝试开门

手指、眼看："门零速旁路"开关；口呼："门零速旁路"至"合"位；作业：将"门零速旁路"开关打至"合"位。

手指、眼看："开关门模式切换"开关；口呼："开关门模式切换"至"网络"位；作业：将"开关门模式切换"开关打至"网络"位，尝试开门；驾驶模式打至"PM"位；按下"开左/右门"按钮，进行开门；车门打开后，按照作业程序进行作业。

7）站台作业完毕后恢复"门零速旁路"至"分"位

手指、眼看："门零速旁路"开关；口呼："门零速旁路"至"分"位；作业：将 "门零速旁路"开关打至"分"位。

动车后报行调，申请退出服务。

6.4.3　案例 3：整侧车门无法关闭

1. 故障现象描述

故障发生在站台作业完毕后司机关门时，列车整侧车门无法关闭。

2. 故障原因

关门指令回路故障。

3. 故障处理流程

1）重新开关车门一次

重新按下"开左/右门"按钮，再按下"关左/右门"按钮，按下开、关门按钮需保持 3 s 以上。

2）报告行调列车位置、故障现象

接通电话，报告行调：行调，××次在××站上/下行，整列车门无法关闭，司机申请执行车辆故障处理流程。行调回复：××次，司机申请执行车辆故障处理流程，行调同意。

3）司机广播安抚乘客

通过车辆显示屏选择播放预置的"临时停车"广播。

4）将"开关门模式切换"开关打至"网络"位并尝试关门

手指、眼看："开关门模式切换"开关；口呼："开关门模式切换"至"网络"位；作业：将"开关门模式切换"开关打至"网络"位，按下"关左/右门"按钮并保持 3 s 以上。

5）复位一次主控钥匙并尝试关门

将主控钥匙打到"关"位，等车辆显示屏黑屏 3 s 后将主控钥匙打到"开"位，按下"关左/右门"按钮并保持 3 s 以上。

6）报行调申请清客

接通电话，报告行调：行调，××次在××站上/下行，整列车门无法关闭，申请清客。行调回复：××次，申请清客，行调同意。

7）打开站台门

按下"开左/右门"按钮，打开站台门。

8）广播疏散乘客

紧急广播：通过车辆显示屏选择播放预置的"列车临时清客"紧急广播。

9）通知车站协助清客

接通电话，通知车站：站台，××方向列车清客，请做好乘客服务。站台回复：××方向列车清客，请做好乘客服务，站台收到。

10）清客完毕后，操作"车门旁路"开关后动车

作业：看到站台清客"好了"信号后，按下"关左/右门"按钮，关闭站台门；手指、眼看："车门旁路"开关；口呼："车门旁路"至"合"位；作业：将"车门旁路"开关打至"合"位，动车。

动车后报行调，申请退出服务。

6.4.4　案例 4："所有车门关闭"指示灯不亮

1. 故障现象描述

故障发生在站台作业完毕准备动车时，列车"所有车门关闭"指示灯不亮，列车无法动车。

2. 故障原因

车门关闭检测回路故障。

3. 故障处理流程

1）确认"关左/右门"灯及"所有车门关闭"灯状态，并试灯

手指、眼看："关左/右门"灯亮、"所有车门关闭"灯不亮；口呼："关左/右门"绿灯亮、"所有车门关闭"灯不亮，试灯；作业：按下"灯测试"按钮；口呼："所有车门关闭"绿灯亮。

2）查看车辆显示屏所有车门包括司机室侧门的状态关闭正常

作业：点击车辆显示屏状态查看车门状态界面；口呼：所有车门关闭正常。

3）报告行调列车位置、故障现象

接通电话，报告行调：行调，××次在××站上/下行，所有车门关闭灯不亮，列车无法动车，司机申请执行车辆故障处理流程。行调回复：××次，司机申请执行车辆故障处理流程，行调同意。

4）司机广播安抚乘客

通过车辆显示屏选择播放预置的"临时停车"广播。

5）重新开、关车门一次，查看关闭灯是否亮

作业：司机按下"开左/右门"按钮一次，再按下"关左/右门"按钮一次，按下按钮需保持3 s以上；手指、眼看："所有车门关闭"灯不亮；口呼："所有车门关闭"灯不亮。

6）复位主控钥匙一次，查看关闭灯是否亮

作业：将主控钥匙打到"关"位，等车辆显示屏黑屏3 s后将主控钥匙打到"开"位；手指、眼看："所有车门关闭"灯不亮；口呼："所有车门关闭"灯不亮。

7）确认所有车门关好，操作"车门旁路"开关，尝试动车

作业：点击车辆显示屏状态查看车门状态界面；口呼：所有车门关闭正常；手指、眼看："车门旁路"开关；口呼："车门旁路"至"合"位；作业：将"车门旁路"开关打至"合"位，尝试动车。

动车后报行调，申请退出服务。

6.4.5　案例5：车门关闭时站台门不联动

1. 故障现象描述

故障发生在站台关门作业时，车门关闭，就地控制盘"门全关且锁紧"灯不亮，站台门未关闭。

2. 故障原因

站台门故障。

3. 故障处理流程

1）查看"门全关且锁紧"指示灯状态

手指、眼看：就地控制盘"门全关且锁紧"指示灯；口呼：站台门未关好。

2）重新开、关门一次，查看站台门是否关好

作业：司机按下"开左/右门"按钮，待车门打开后，再按下"关左/右门"按钮，按下按钮需保持 3 s 以上；手指、眼看就地控制盘"门全关且锁紧"指示灯；口呼：站台门未关好。

3）报告行调列车位置、故障现象

接通电话，报告行调：行调，××次在××站上/下行，关门作业时站台门不联动无法关闭，司机申请执行故障处理流程。行调回复：××次，司机申请执行故障处理流程，行调同意。

4）司机广播安抚乘客

通过车辆显示屏选择播放预置的"临时停车"广播。

5）操作就地控制盘钥匙开关至"PSL 允许"位

作业：操作就地控制盘钥匙开关至"PSL 允许"位。

6）按下就地控制盘"关门"按钮，并确认站台门状态

作业：按下就地控制盘"关门"按钮；手指、眼看：就地控制盘"门全关且锁紧"；口呼：站台门未关好，操作就地控制盘钥匙开关至"自动"位；作业：操作就地控制盘钥匙开关至"自动"位。

7）通知车站协助处理

接通电话，通知车站：站台，××方向列车，站台门无法关闭，请协助处理。站台回复：××方向列车，站台门无法关闭，协助处理，站台收到。

8）车站人员前往就地控制盘将互锁解除

作业：车站人员操作互锁解除开关并保持，直至列车完全出清站台。在车站人员将互锁解除后，起动列车。

动车后报行调，申请退出服务。

任务 6.5　高压设备故障处理

电动列车的高压回路系统承担着地面高压供电电源与列车高压负载之间的电气连接、电源分配等任务，具有过流接地等各种保护功能。常见的高压回路设备有受流器，主要的元件包括断路器、熔断器、接地开关等。高压回路的故障会直接导致列车无法运行，处理此类故障必须具备良好的观察能力、分析能力、动手能力和安全意识，非常考验电动列车司机的业务能力和技能水平。

6.5.1　案例 1：受电弓降弓迫停区间

1. 故障现象描述

故障发生在区间，列车失去牵引力，车辆显示屏显示网压为零，且受电弓图标显示两受电弓均降下，受电弓"降"灯亮，列车无法动车。

2. 故障原因

受电弓升弓回路故障。

132　　城市轨道交通车辆驾驶技术

3. 故障处理流程

1）确认故障信息，判断故障

作业：点击车辆显示屏查看受电弓状态界面；口呼：网压为零，2 个受电弓降下。

2）汇报行调列车故障信息

接通电话，报告行调：行调，××次在××站—××站上/下行区间列车出现网压为零，2 个受电弓降弓故障，无法动车，接触网是否跳闸？行调回复：××次，接触网未跳闸，司机执行车辆故障处理流程。司机复诵：××次，执行车辆故障处理流程，司机明白。

3）司机广播安抚乘客

通过车辆显示屏选择播放预置的"临时停车"广播。

4）确认列车是否有紧急制动状态

手指、眼看：车辆显示屏；口呼：车辆显示屏无"紧急制动"信息；手指、眼看：两个"紧急停车"按钮；口呼：两个"紧急停车"按钮均弹起。

5）检查"受电弓控制"开关是否跳闸，若跳闸则闭合

手指、眼看："受电弓控制"开关；口呼："受电弓控制"开关跳闸；作业：闭合"受电弓控制"开关。

6）尝试升弓

作业：按下"受电弓升"按钮；手指、眼看：车辆显示屏受电弓图标；口呼：受电弓未升起。

7）操作"允许升弓旁路"

手指、眼看："允许升弓旁路"开关；口呼："允许升弓旁路"至"合"位；作业：将"允许升弓旁路"开关打至"合"位。

8）再次尝试升弓

作业：按下"受电弓升"按钮；手指、眼看：车辆显示屏受电弓图标；口呼：受电弓升起。

动车后报行调，投入正常运营。

6.5.2　案例 2：主断合灯不亮

1. 故障现象描述

故障发生在区间，列车失去牵引力，自动停车，无法动车，"主断合"灯不亮，车辆显示屏显示网压正常，两受电弓均正常，列车无法动车。

2. 故障原因

"HSCB 控制"开关跳闸，VCU 回路故障。

3. 故障处理流程

1）试灯

作业：按下"灯测试"按钮进行试灯；手指、眼看："主断合"灯；口呼：试灯亮。

2）确认网压及受电弓状态

作业：点击车辆显示屏查看受电弓状态界面；口呼：网压正常，受电弓正常升起。

3）汇报行调列车故障信息

接通电话，报告行调：行调，××次在××站—××站上/下行区间列车出现"主断合"灯不亮，网压、受电弓正常，无法动车，司机申请执行故障处理流程。行调回复：××次，司机申请执行车辆故障处理流程，行调同意。

4）司机广播安抚乘客

通过车辆显示屏选择播放预置的"临时停车"广播。

5）重新分、合一次主断

作业：按下"主断分"按钮，再按下"主断合"按钮；手指、眼看："主断合"灯；口呼："主断合"灯不亮。

6）检查"HSCB 控制"开关是否跳闸，若跳闸则闭合

手指、眼看："HSCB 控制"开关；口呼："HSCB 控制"开关跳闸；作业：闭合"HSCB 控制"开关。

7）尝试合主断

作业：按下"主断合"按钮；手指、眼看："主断合"灯；口呼："主断合"灯不亮。

8）复位 VCU

手指、眼看：VCU 自动开关；口呼：复位 VCU 自动开关；作业：断开 VCU 自动开关，等待 5 s，再闭合 VCU 自动开关。

9）再次尝试合主断

作业：按下"主断合"按钮；手指、眼看："主断合"灯；口呼："主断合"灯亮。

动车后报行调，投入正常运营。

任务 6.6　列 车 救 援

因地铁大多数采用双线单向运行，列车在正线因故障处理后仍无法动车，会直接导致整条线路的行车堵塞，造成地铁运营网点和客流积压，甚至会影响到整个线网的运营秩序。高效恢复行车秩序，是有效开展列车救援工作的根本目的。

当列车因故障在正线上迫停，为尽快开通线路，需要开行救援列车去故障列车迫停点，救援列车连挂牵引或推送故障列车到适当的车站清客，并到达指定停放地点。

救援视实施地点分为两类：车站救援和区间救援。车站救援是指列车连挂位置在站内的救援。列车在车站救援时，按有车线接车办理综控员的调车手信号引导进站。区间救援是指列车连挂位置在区间的救援。列车在区间救援时，须将相关线路封锁，救援列车凭调度命令和综控员手信号进入封锁区间。

6.6.1　申请救援流程

1. 请求救援的情况

遇到下列几种情况时，司机可以按照处理流程请求救援：

（1）列车发生故障，进行处理后，前方司机室仍不能牵引全列车维持运行时。

（2）制动系统发生故障，致使全列车不能缓解时。

（3）电客车发生火灾，处理后无法运行时。

（4）发生严重故障有危及行车安全的可能，司机认为须救援时。

2. 请求救援的报告

列车若发生故障，司机应立即报告行调，并做出正确的故障判断与处置。司机在得到行调继续故障处置的许可后，应继续进行故障处置，并将车况报告行调。司机继续故障处置 5 min，若未完成故障处置或故障处置无效，应立即向行调申请救援。请求救援的报告内容应包括：

（1）列车车次、车号；

（2）请求救援的事由；

（3）迫停的时间、地点（以百米标为准）；

（4）是否妨碍邻线；

（5）是否需要分部救援；

（6）有无人员伤亡及其他必要说明的事项。

在线列车的救援应竭力遵循正向救援的准则，以确保其他在线列车的正常运行秩序。确定救援列车开来方向后，行调应向司机说明。

3. 救援列车/故障列车司机职责

（1）故障列车司机在整个救援过程中担当调车作业指挥人。

（2）救援列车司机负责与行调联系，并严格按行调指令执行。

（3）救援列车司机负责将行调指令传达给故障列车司机。

（4）故障列车司机与救援列车司机共同负责整个救援过程中的列车运行安全。

6.6.2　列车故障实施救援

1. 接收救援命令

（1）故障发生 10 min 后，经司机处置无效，故障列车无法动车，救援列车已运行至距故障列车 1 m 处，行调下达救援命令，如故障列车恢复动车条件则取消救援。

（2）救援列车司机在接到行调下达的救援命令时，须与行调进行复诵核对，确保救援命令内容正确无误，信息传递准确、及时。

（3）救援列车司机必须按照救援命令内容的要求严格执行。

2. 救援清客作业

（1）故障列车停在站线时应就地清客，迫停在区间时根据救援方向在第一个停靠站组织清客。

（2）使用电客车救援时，原则上使用后续列车前往救援。如不能空车前往救援时，连挂动车后须组织故障列车和救援列车在最近的车站清客。

（3）清客作业时间为 2 min，列车司机应及时打开车门、安全门，播放清客广播 2 遍，由所在车站人员进入车厢进行清客作业。若无法在规定时间内完成清客作业，司机应立即汇报行调：××次××车在××站上/下行线，无法完成清客。汇报后根据行调指令执行。

（4）司机确认站台安全后，凭车站行车人员显示的"关门手信号"关闭车门、安全门。

（5）救援列车清客作业完毕后，司机及时报告行调并按调度命令将救援列车以 ATO/ATP 模式动车，运行至故障地点准备进行救援连挂作业。

6.6.3　救援连挂

1. 故障列车

（1）故障列车司机接到行调通知做好救援准备的命令后，了解救援来车方向，在救援准备工作前需先做好乘客广播安抚工作。

（2）故障列车司机施加停放制动、分高速断路器、带好主控钥匙、方孔钥匙、800 MHz 手持对讲机，换端切除列车 B11，保留连挂端 Tc 车 B09（根据实际线路坡度情况，若列车在 AW3 状态下，处于 30‰的坡道，须保留连挂端两至三节车的 B11），到连挂端司机室将方向手柄置"前"位，主控手柄保持在"零"位，指挥救援列车司机进行连挂。

2. 救援列车

（1）救援列车清客完毕后，司机以 ATO/ATP 模式运行至"0"码处一度停车。

（2）救援列车司机将"ATC 切除"开关打至"合"位，以 EUM 模式限速 25 km/h 并根据三、二、一车距离的限速要求运行至距离故障列车 1 m 处一度停车，转换慢行模式。

3. 连挂作业

（1）故障列车司机使用 800 MHz 手持对讲机与救援列车司机联系，指挥救援列车司机进行连挂作业。

（2）救援列车司机接到故障列车司机可以连挂的通知后，将司机室设备柜内"慢行/拖动模式"开关打到"慢行"位后，进行连挂作业。连挂过程中发现异常，立即通知救援列车司机停车。

（3）连挂完毕后，确认解钩灯亮进行试拉，试拉成功确保连挂妥当，以防脱钩溜车。

（4）确认连挂妥当后，故障列车司机提醒救援列车司机将"慢行/拖动模式"开关打至"0"位。救援列车司机及时将方向手柄置"前"位，主控手柄置"快速制动"位，提醒故障列车司机切除剩余 B11，缓解停放制动。

（5）牵引救援时，救援列车司机将"慢行/拖动模式"开关打至"0"位后，进行换端作业。

（6）故障列车司机切除 ATC、换端过程中切除剩余 B11，换端后缓解停放制动。救援列车司机将"慢行/拖动模式"开关打至"0"位，通知故障列车司机救援方式、救援目的地（未清客时通知清客目的地）。

6.6.4　救援运行

1. 推进救援

（1）故障列车司机确认前方进路、信号、道岔位置正确，指挥救援列车司机动车，救援列车司机回复后及时动车。

（2）推进救援运行过程中，故障列车司机负责确认前方进路、信号、道岔位置正确，使用 800 MHz 手持对讲机与救援列车司机不间断地进行联控。

（3）运行途中遇有危及行车安全的情况，故障列车司机必须立即通知救援列车司机采取停车措施。

（4）在进站/存车线/折返线前，故障列车司机通知救援列车司机做好控速，救援列车司机回复后按规定控速运行。

（5）至三、二、一车距离时，故障列车司机须与救援列车司机提前进行联控，确保列车准确对位停车。

2. 牵引救援

（1）救援列车司机换端完毕，得到故障列车司机所有制动已缓解的通知，回复故障列车司机准备动车。

（2）救援列车司机确认前方进路、信号、道岔位置正确方可动车。

（3）牵引救援运行过程中，救援列车司机负责前方进路、信号、道岔位置的确认。

（4）运行途中遇有危及行车安全的情况，救援列车司机必须立即采取停车措施。

（5）对位停车前，救援列车司机须与故障列车司机提前进行联控，确保列车准确对位停车。

6.6.5　救援解钩

1. 正线折返线/存车线

（1）救援列车进入正线指定折返线/存车线规定位置停稳后，故障列车司机立即施加停放制动，恢复就近端 Tc 车 B11，带好备品至连挂端司机室进行解钩，按下解钩按钮确认解钩灯灭后，使用 800 MHz 手持对讲机通知救援列车司机离钩。

（2）救援列车司机得到故障列车司机离钩的通知后，方向手柄置"后"位，操作救援列车与故障列车离钩。

（3）遇故障列车司机无法解钩时，由故障列车司机通知救援列车司机进行解钩。

（4）救援列车司机操作救援列车离钩至距离故障列车 1 m 内停车，救援/故障列车司机共同确认离钩成功，由救援列车司机报告行调：××次列车已离钩。

（5）救援列车与故障列车离钩后，需退行才能开通后方区间时，行调确认后方区间无其他列车占用，可允许救援列车司机不换端以 EUM 模式退行至防护信号机外，退行路径上的相关道岔必须处在锁定状态（单独锁定），列车运行至行调指定地点后与行调确认是否恢复 ATC 开关。

2. 车辆段/停车场

（1）救援列车按列车回段/场作业办理，运行至转换轨停妥后与信号楼值班员联系，按信号楼值班员指令继续运行至指定位置停妥。

（2）故障列车司机立即施加停放制动，恢复就近端 Tc 车 B11，带好备品至连挂端司机室进行解钩，按下解钩按钮确认解钩灯灭后，使用 800 MHz 手持对讲机通知救援列车司机离钩。

（3）救援列车司机得到故障列车司机离钩的通知后，方向手柄置"后"位，操作救援列车与故障列车离钩。

（4）遇故障列车司机无法解钩时，由故障列车司机通知救援列车司机进行解钩。

（5）救援列车司机操作救援列车离钩至距离故障列车 1 m 内停车，救援/故障列车司机共同确认离钩成功，由救援列车司机报告信号楼值班员：××次列车已离钩。并按信号楼值班员指令执行。

（6）救援作业结束后，若救援列车须继续投入运营，列车运行至转换轨停妥后与行调联系办理，同时确认是否恢复 ATC 开关。

6.6.6　救援注意事项

（1）救援作业必须按照行调下达的救援命令及信号机的显示要求进行，没有救援命令不准动车，信号不清立即停车。

（2）在规定时间内（2 min）无法完成清客作业，需及时将情况报告行调，按行调指令将滞留乘客带至指定车站再次清客。若仍无法完成清客作业，报告行调按行调指令执行。

（3）故障列车需要到站清客时，故障列车司机需做好救援列车停车引导，停车后施加停放制动，打开车门、安全门，播放清客广播（2 遍），清客完毕凭车站"关门手信号"关门。

（4）救援过程中，司机必须按规范用语使用普通话进行客室广播及与行调联系。

（5）救援过程中，司机必须注意劳动人身安全。

（6）故障/救援列车司机在作业过程中需离开司机室时，应带备品，包括主控钥匙、方孔钥匙、800 MHz 手持对讲机，并锁闭司机室侧门、通道门。

（7）救援过程中，救援列车司机应平稳牵引和制动，减少列车冲动及损伤，确保运行安全。

（8）救援过程中，司机遇异常情况或危及行车安全时，必须立即停车，及时向行调汇报，根据行调命令执行。

（9）救援过程中，其他司机必须严格按行调指令要求通过故障列车所处区段，并加强瞭望、鸣笛警示。

（10）救援目的地为车辆段/停车场时，司机在转换轨处注意转换 800 MHz 手持对讲机频组，运行过程中须认真确认进路、信号、道岔位置，在发现异常情况或危及行车安全时，必须立即采取停车措施。

（11）牵引救援列车限速 40 km/h 运行（如线路限速低于运行限速时，按线路限速运行）。推进救援限速 30 km/h 运行（如线路限速低于运行限速时，按线路限速运行）。

（12）救援结束，故障列车已被救援至指定位置停车离钩成功后，救援列车司机向行调汇报救援完毕。

6.6.7　处置程序总结

1. 故障列车司机

（1）汇报行调，申请列车救援。

（2）接到行调救援命令后，做好列车车厢广播。

（3）做好故障列车停放制动的施加，同时缓解常用制动。

（4）检查连挂端车钩状态，在前端司机室待命，等待救援列车连挂。

（5）故障列车司机应打开连挂端头灯进行防护。

（6）运行至前方车站进行清客广播和清客作业。

（7）2 min 内如无法完全清客完毕，应立即汇报行调，在得到行调同意并进行广播后可关门开车，并在救援完毕（进行折返或回库）前在所在站台再次清客。

（8）救援列车连挂推进运行中应做好前方线路的瞭望工作，前后列车确保联系畅通，遇有危急行车安全的情况应立即采取停车措施。

2. 救援列车司机

（1）接行调救援命令后，做好列车车厢清客广播工作。

（2）2 min 内如无法完全清客完毕，应立即汇报行调，在得到行调同意并进行广播后可关门开车，并在救援完毕（进行折返或回库）前在所在站台再次清客。

（3）接近故障列车时以 ATP 手动方式驾驶列车，在距离故障列车三车处一度停车，并严格按照三、二、一车距限速连挂。

（4）确认故障列车连挂端头灯点亮后进行连挂作业。

（5）连挂后救援列车司机进行列车有线或无线通信联系。

（6）两车司机联系后进行列车试拉，确认连挂妥当。

（7）按照救援规定速度正向牵引或推进运行至目的地。

（8）连挂好后，严格按照规定的速度运行。

6.6.8 救援/故障列车司机救援联控用语规范

1. 救援连挂作业

故障列车司机呼叫：故障列车已做好连挂准备，可以连挂。

救援列车司机回复：可以连挂，救援列车司机明白。

故障列车司机呼叫：解钩灯亮，可以试拉。

救援列车司机回复：解钩灯亮，可以试拉。

故障列车司机呼叫：试拉成功。

救援列车司机回复：试拉成功。

2. 救援运行

1）推进救援时

故障列车司机呼叫：故障列车所有制动已缓解，前方进路安全，可以动车。

救援列车司机回复：可以动车，救援列车司机明白。

运行中故障列车司机与救援列车不间断联控确认前方进路情况。

2）牵引救援时

故障列车司机呼叫：故障列车所有制动已缓解，可以动车。

救援列车司机回复：可以动车，救援列车司机明白。

3）推进至站名标时

故障列车司机呼叫：前方××站。

救援列车司机回复：前方××站，救援列车司机明白。

4）故障列车头部进站时

故障列车司机呼叫：列车进站。

救援列车司机回复：列车进站，救援列车司机明白。

5）故障列车对标时

故障列车司机呼叫：三车、两车、一车、减速、停车。

救援列车司机回复：8 km/h、5 km/h、3 km/h、减速、停车。

6）解钩作业

故障列车司机呼叫救援列车司机：故障列车已做好防溜，可以解钩。

救援列车司机回复：可以解钩，救援列车司机明白。

思考题

1. 列车故障处理思路、一般处理原则有哪些？
2. 列车故障处理的方法有哪些？
3. 简述列车救援流程。

项目 7　非正常条件下行车和应急处置

![train]

知识要点

1. 了解城市轨道交通车辆非正常条件下的行车组织。
2. 熟知城市轨道交通正线。
3. 熟知城市轨道交通区间火灾应急处理。
4. 熟知城市轨道交通异物侵限应急处理。

项目任务

1. 掌握城市轨道交通车辆非正常条件下的行车组织。
2. 掌握城市轨道交通车辆各种非正常条件下的处理流程。
3. 掌握城市轨道交通车辆区间火灾应急处理流程。
4. 掌握异物侵限应急处理流程。

项目准备

1. 所需设备：城市轨道交通车辆模拟驾驶台。
2. 所需物品：《司机日志》《司机报单》。

任务 7.1　非正常条件下行车组织及运行

7.1.1　列车在站通过的规定

（1）在行车工作中，如因车辆、设备故障、事故及客流突变等原因造成运行晚点或特殊原因需要时，准许载客列车在站通过（简称"跳停"）。

（2）行调应及时通知司机和相关车站。

（3）不影响后续列车正点运行或折返后能够正点始发的晚点列车，原则上不得通过。

（4）末班车或乘客无返乘条件的列车，不得通过。不准三列及其以上载客列车在同一车站连续通过。始发站不准两列及其以上列车连续放空。

城市轨道交通线路是城轨列车运行的道路设施，是城市轨道交通的重要组成部分，是城轨列车运行的基础。它直接承受列车轮对传来的压力，保证列车能按规定的速度安全、平稳、不间断地运行，质量良好地完成运营任务。线路的设计必须满足行车安全、线路平顺与养护方便等要求，并保证一定的舒适度及符合有关设计规范的要求。

7.1.2　清客

1. 清客的时机

（1）载客列车担任救援列车时，需在前方车站组织清客，空车担任救援。

（2）列车发生故障不能继续维持运营时清客，空车退出运营线路。

（3）因调整列车运行秩序，在中途站折返时组织清客。

遇列车在区间发生故障，短时间不能恢复运行，由行调决定是否组织区间清客。

2. 在站清客程序

（1）行调报告值班主任，决定清客。

（2）行调向列车司机发布命令：××次列车在××站清客。

（3）行调向车站发布命令：××次列车清客，做好乘客服务。

（4）救援列车清客广播两次后，可关闭客室照明。2 min 内未能清客完毕，可带客前往救援。列车到达存车线（车辆段）前，行调安排车站、公安配合再次清客。

3. 区间清客程序

（1）行调报告值班主任，决定执行区间清客。

（2）行调向列车司机发布命令：××次列车区间清客，疏散方向××。

（3）行调向车站（区间两端站）发布命令：××次列车××—××区间清客，疏散方向××，做好乘客服务。

（4）行调通知邻线列车司机限速，加强瞭望，注意安全。

（5）司机按照行调的要求，打开逃生门，在站务人员的配合下，组织乘客有序疏散。

7.1.3　列车反方向运行

1. 定义

各城市轨道交通系统在《行规》中对双线区段线路均规定了上行、下行列车运行方向，对应规定了上行、下行线。正常情况下，上行方向列车在上行线运行，下行方向列车在下行线运行，即双线正方向运行。

反方向是指在双线单向运行的区间因某种需要，按有关规定临时组织列车在线路上与规定方向反向运行的情况。

2. 启动时机

由于环线行车、开行救援列车或行调进行运行调整等需要时，可组织列车反方向运行。通常在正方向区间的线路封锁施工、发生自然灾害或因事故中断行车等特殊情况下，经行调准许反方向运行。

列车反方向运行，应按规定程序进行审批，专运列车反方向运行必须得到相关部门准许，客运列车反方向运行必须得到值班主任准许，方可以行调的调度命令下达执行。同时相应运行区段变更闭塞方式为电话闭塞，办理发车和接车进路，司机须确认行车凭证（路票）后，根据综控员的发车手信号发车。行调应对反方向运行列车重点跟踪调度指挥，确保行车安全。

3. 处理流程

（1）接收行调的反方向运行命令，注意调度命令的复诵和记录。

（2）反方向运行时，需要切除 ATP 对列车的控制，因此列车发车前，司机应将"信号选择"开关置于"旁路"位，模式选择"非限制人工驾驶"模式。

（3）司机接到车站值班员发放的行车凭证后，确认列车起动条件具备，看发车手信号起动列车。

（4）运行中要加强瞭望，按规定鸣示声响信号。

（5）进站前要适时采取制动措施，根据车站值班员的引导手信号进站，按规定速度运行，并做好随时停车的准备。无引导手信号时，要将列车停于车站外方。

7.1.4　列车推进运行

1. 定义

一般情况下，列车编组时，两端均有司机室，在列车尾部司机室操纵列车按线路规定方向运行或救援列车推送被救援列车运行为推进运行。列车进入正线运行往往要求正向牵引运行，但遇到正向前部驾驶设备故障、进行列车救援或车辆段调车作业时，可采用推进运行。

2. 启动时机

列车推进运行，必须得到行调的命令准许，必须有引导员在列车前端司机室引导。无人引导时，禁止推进运行。因天气影响，难以辨认信号时，禁止列车推进运行。在 30‰ 及以上的下坡道推进运行时，禁止在该坡道上停车作业，并注意列车的运行安全。

3. 处理流程

（1）司机确认列车当前已不能使用前端操纵台时，立即向行调汇报。得到行调准许后，广播通知清客。

（2）清客完毕后，司机关断前端操纵台，切除操纵端 ATP 设备，副司机前往尾端司机室。

（3）司机确认好行车命令、出站信号机的显示后，使用对讲装置通知尾端司机进行列车激活作业。

（4）尾端司机激活尾部操纵台后，通知前端司机做好推进准备工作。

（5）前端司机在得到尾端司机的通知后，再次确认出站信号机的显示，通知尾端司机开始推进。

（6）尾端司机操纵控制器手柄逐级牵引列车推进运行，速度不得超过 30 km/h。列车的牵引、惰行、制动由前端司机的指令操纵。

（7）前端司机应认真确认线路、信号、道岔状态，遇有紧急情况，果断采取紧急停车措施。停车后立即向行调说明情况，经妥善处理后方能继续运行。

推进运行的操作须由两名司机合作完成，在推进运行过程中，必须严格执行呼唤确认信号制度，前后司机保持不间断联系。若列车为单司机运行，前端司机的工作由引导员担任。

7.1.5　列车退行

1. 定义

在非正常情况下，列车与原运行方向相反运行为退行，可以推进或牵引运行。

2. 启动时机

列车在区间因自然灾害、线路故障、坡停等原因不能继续向前运行而退行至最近车站，或列车部分或全部车厢越过站台需退回站台内办理乘降作业称为列车退行。列车退行可以推进或牵引运行。退行时，司机须确认列车性能是否良好。动车前，确认接收到行调的授权，切不可私自操作。

列车退行进入车站时，车站接车人员应在进站站台端处显示引导信号，列车在进站站台端外必须一度停车，确认引导信号正确方可进站（后端推进退回车站难以确认时，车站应做好站台防护工作）。

一般情况下，车载 ATP 系统对列车退行有距离限制，当退行的距离接近限定值时，列车会自动启动紧急制动。如果这时列车还未退至规定位置，司机需要再次启动列车退行。列车退行的距离限制可以被预先设置，允许各运营企业根据线路情况进行不同的规定。

3. 处理流程

（1）司机判断列车需要退行时，利用车载电台或手持电台与行调或相关人员联系。

（2）得到准许后，司机通过广播向乘客播放关于列车退行的通知。

（3）司机将驾驶模式转换至"限制人工驾驶"模式，切断地面信号系统对列车的控制，将"方向选择"开关置于"后"位，退行至规定位置。

（4）退行列车到达车站后，司机应及时向行调报告，根据行调的命令进行下一步处理。

7.1.6　冒进信号

1. 定义

列车冒进信号是指在未经授权的情况下，列车前端任何一部分越过进路防护信号机显示的停车信号。发生冒进信号后，司机应立即向行调报告，再根据其指示进行办理。

2. 处理流程

实际运营过程中，行调收到司机列车冒进信号的报告后，应根据列车冒进防护信号机的实际距离及线路情况，决定列车是否退回或继续运行，灵活处理。一般情况下，末班车或乘客无返乘条件的列车发生冒进出站信号机时，应组织列车退回站内规定位置。

在 ATP 系统的安全防护下，列车不可能冒进停止信号。若信号显示红灯，列车将在无限接近信号机时被强制紧急制动，从而实现对闭塞区间的防护。司机在驾驶列车运行时，应时刻保持高度集中的注意力，防止冒进信号发生。

7.1.7　列车发生前溜/后溜

若溜动在开门前出现，司机立即采取停车措施（优先顺序：拉快制、按下紧停、施加停车制动）。待列车停稳后立即报告行调，按行调的指示执行。

若溜动在开门后出现，司机立即上车，采取停车措施（优先顺序：拉快制、按下紧停、施加停车制动），通知车站，确认车门与屏蔽门之间无夹人夹物，关好屏蔽门、车门，报告行调并按行调指示执行。车站维持好站台秩序，确认站台安全后，给司机"好了"信号。

若溜动在 DTRO 自动折返时出现，则马上开启主控钥匙破坏折返，若继续溜动立即施加停车制动。列车停稳后报告行调，按行调的指示执行。

任务 7.2　典型应急处置

7.2.1　自然灾害应急处置

1. 启动时机

在地铁车站、区间线路、车辆段基地等处发生暴雨、水管爆裂造成积水，遇大雾、雷击、地震等灾害性事件，影响地铁运营时适用。

2. 处理要求

地铁在发生暴雨灾害按预案处置时，必须遵循"统一指挥、快速反应、各司其职、配合协同、确保安全"的原则。

预防为主，事前准备。依据天气预报，及时做出恶劣天气预警，事前做好准备，采取预防措施，防止灾害发生并把灾害造成的损失减小到最低限度。

3. 大雾应急处置

（1）司机及时向行调汇报大雾的最新情况，注意监控列车的运行状态。

（2）若发现列车发生空转滑行等异常现象，司机应降低运行速度，并报告行调。

（3）若影响瞭望时，司机应开启列车头灯，运行中加强瞭望，根据能见度控制列车的运行速度，并及时向行调报告。

（4）行调根据能见度情况要求司机限速运行。能见度不足 200 m 时，限速 60 km/h；能见度不足 100 m 时，限速 40 km/h；能见度不足 50 m 时，限速 10 km/h。

4. 台风、雷雨大风（含龙卷风）天气应急处置

（1）运行中加强瞭望，发现线路上有飘浮物、树枝、石头等异物，及时采取措施。

（2）应避免急促加速或减速，使列车尽量平顺地运行。

（3）若是运行中发现列车有摇摆、空转滑行等异常现象，应降低运行速度，并报告行调。

（4）根据列车的大灯照明距离及制动距离，确定在不同能见度下的列车限速：能见度小于 50 m 时，限速 25 km/h；能见度小于 100 m 时，限速 45 km/h；能见度小于 200 m 时，限速 60 km/h。

（5）若需停车避风，司机应做好列车防溜措施，降下受电弓或收起集电靴。

5. 洪水、暴雨应急处置

（1）司机接到险情通知后，严格按照行调指挥行车。

（2）运行中发现线路水浸、区间水管破裂或过江区段存在漏水的现象后，立即报告行调。若行调要求通过水淹钢轨的区段时，司机确保安全后按规定限速动车。

（3）运行过程中，加强瞭望，注意观察线路状况，发现水淹或边坡、挡水墙倒塌等异常时，及时报告处理。

（4）运行过程中，加强瞭望，发现线路上有飘浮物、树枝、石头等异物，及时采取措施。

（5）若是运行中发现列车空转滑行等异常现象，降低运行速度，并报告行调。

（6）若影响瞭望，司机应开启列车头灯，并根据能见度控制列车的运行速度，及时向行调报告。

6. 冰雹、道路结冰、寒冷天气应急处置

（1）以“安全第一”的原则来处理，严格控制一个区间只允许一趟列车占用。

（2）在地面站及出、入车场时，以人工模式降低运行速度驾驶列车运行，制动时增加列车的制动距离，早拉/少拉并及时向行调汇报。

（3）下冰雹时，根据情况减速运行。遇特大冰雹打破列车玻璃的特殊情况，应停止受影响区域的列车运行，并报告行调，根据行调指令和现场情况进行应急处理。

（4）注意监控列车的运行状态及供电、机电等电气设备运行状态。

7. 地震应急处置

（1）接到启动地震应急预案的信息后，司机制动列车停车。执行一、二级预案，立即制动列车；执行三级预案时，司机视灾情尽量维持列车运行到前方站停车，疏散车上乘客。

（2）采取有效措施向行调或邻站值班站长汇报相关情况，组织有关人员疏散车站乘客，保护地铁设备。若通信中断，应设法与外界取得联系，做好自救工作。

（3）若列车在区间制动，组织乘客向车站方向疏散，并与车站人员确认列车上乘客疏散情况。

（4）若是准备出站的列车，应立即采取紧急措施制动。

（5）地震过程中若发现列车受损、接触网断线及隧道照明中断，应使用应急照明查明周围的情况，采用有效的措施与控制中心或邻站值班站长联系，报告情况，以求得救援和行动指令。在孤立无援的最困难条件下，司机是组织该列车所载乘客避险逃生的负责人，应立即采取一切可能的措施安抚乘客，组织乘客有步骤、有组织地脱离险境。

8. 典型案例：区间隧道积水

1）应急现象描述

区间隧道积水，限速通过。

2）应急处理流程

（1）发现隧道前方积水，立即制动停车。

（2）司机通过广播安抚乘客。

（3）确认积水情况，眼看、手指、口呼：线路积水，未没过轨面。

（4）报告行调列车位置及应急情况。

报告行调：行调，××次列车在××站—××站上/下行区间发现隧道积水，未没过轨面，现已停车。

行调回复：××次，以（或转）人工驾驶模式，限速 15 km/h 通过积水区段后，恢复正常运行。

司机复诵：××次，以（或转）人工驾驶模式，限速 15 km/h 通过积水区段后，恢复正常运行，司机明白。

（5）采用人工驾驶，限速 15 km/h 通过积水区段。

（6）恢复正常驾驶模式运行。

（7）报告行调。

报告行调：行调，××次已限速通过积水区段，现已恢复正常运行。

行调回复：××次，已限速通过积水区段，现已恢复正常运行，行调收到。

7.2.2　区间火灾应急处置

城市轨道交通列车一旦发生火灾，由于空间狭小、逃生困难等原因，将对乘客的人身安全和城市轨道交通设备的安全运行造成重大威胁，运营人员必须采取果断措施，最大限度地减轻灾害造成的损失，尽快恢复城市轨道交通正常运营。

列车火灾的抢险工作应坚持"先救人、后救物"的原则，优先组织人员疏散、伤员抢救。通过采取各种抢救措施，最大限度减少因突发事件造成的人员伤亡。列车发生火灾后，按照火灾影响运营程度、发展情况、紧迫性等因素，车站应立即组织力量，调动应急救援队伍，能够在事件一旦发生时迅速出动，赶赴现场并准确施救，达到控制事态和减少损失的目的。调度中心应根据实际情况组织后续列车不停站通过或扣停后续列车，组织小交路运行。列车司机发现火灾情况后，要充分利用客室广播，做好宣传，稳定乘客情绪，按运营调度员命令组织好行车。

需要强调的是，运行中的列车发生火灾时，无论火势大小，只要列车没有失去动力，一般情况下司机都应该坚持将列车驶入前方车站，尽量避免在区间停车。因为虽然列车停在区间时司机和运营调度员也可以采取相应的救援措施，但此时主要以乘客自救为主，仅靠司机一人很难进行有效的组织，而专业救援人员也难以迅速抵达现场，再加上乘客的恐慌情绪，很容易造成人身伤亡的严重后果。

列车在区间发生火灾的处理措施主要如下：

1. 火势较大，列车被迫在区间停车时

1）司机的处理措施

（1）列车发生火灾在区间被迫停车后，司机应迅速判明火情，立即报告运营调度员。

（2）降下受电弓。

（3）通过广播安抚乘客，引导其使用灭火器自救，并组织乘客疏散。如火灾发生在前部，将乘客从后端疏散；如火灾发生在尾部，将乘客从前端疏散；如火灾发生在中部，则将乘客从前后两端同时疏散。司机打开车头疏散门，若后端乘客未能疏散时，通过列车广播指引乘客打开后端疏散门，在确保自身安全的前提下，设法灭火或者到后端疏散乘客。

（4）随即前往着火处灭火。

2）火灾两端车站的处理措施

（1）行车值班员接到火灾报告后，立即报告值班站长，通知相关岗位人员，将进出闸机设置为紧急模式状态，并开启相应的区间工作照明，做好乘客广播。

（2）客运值班员接到通知后，立即到车控室协助行车值班员的工作，中央级不能实现时按设备（环控）调度员的指示操作环境与设备监控系统（BAS）。

（3）邻近列车的前、后方车站值班站长根据运营调度员指令带领站务人员或车站保安立即进入隧道协助灭火，引导乘客疏散，并做好消防队员的引导工作。

3）调度中心的处理措施

（1）运营调度员扣停后续列车，设备（环控）调度员启动区间火灾模式。

（2）通知两端车站疏散乘客，若列车停留区域具备打开侧门条件，调度长根据现场情况判断是否要求司机打开侧门。

2. 火势较小，列车可以维持进站时

1）司机的处理措施

（1）判明火情，并迅速向运营调度员和两端车站报告。

（2）根据情况，先行采取灭火措施。

（3）维持运行至前方车站。

（4）如确认发生火灾，通过广播安抚乘客，引导乘客使用车上灭火器进行灭火。

（5）如火势过大，则停车、降弓、疏散乘客。

2）车站的处理措施

（1）行车值班员接到运营调度员的通知，通知站台安全员确认火灾情况后，立即报告值班站长和运营调度员、119 火警、120 急救中心、车站公安室。

（2）通知相关岗位人员执行列车火灾紧急疏散预案，并广播通知乘客进行紧急疏散。

（3）将进出闸机设置为紧急模式。

（4）客运值班员接到通知后，立即到车控室协助行车值班员的工作，中央级不能实现时，按设备（环控）调度员的指示操作 BAS，对消防系统进行监控。

（5）值班站长带领售检票人员立即前往站台，与站台安全员共同做好灭火、疏散的准备。

（6）售检票人员负责关停扶梯，站台安全员负责列车上的乘客疏散，并使用消防栓（水枪）站在列车停车后相应的位置准备灭火。

（7）车站保洁员负责到出入口张贴安民公告、拦截乘客进站、引导消防队员进站的准备工作。

3）OCC 的处理措施

（1）运营调度员扣停上、下行列车，设备（环控）调度员启动区间火灾模式。

（2）调度长指令邻近列车和前方车站或后方车站组织工作人员前往火灾列车灭火和协助乘客疏散。

3. 典型案例：区间火灾，列车可以维持进站

1）应急现象描述

区间火灾，列车可以维持进站。

2）应急处理流程

（1）确认火灾报警位置。

（2）确认火灾报警情况。

（3）报告行调列车位置及火灾情况。

报告行调：行调，××次列车在××站—××站上/下行区间××车厢发生火灾，经判断，可运行至前方站。

行调回复：××次，做好乘客安抚工作，维持进站处理。

司机复诵：××次，做好乘客安抚工作，维持进站处理，司机明白。

（4）通过广播安抚乘客。

（5）确认开门。

（6）通知车站协助处理。

通知站台：站台，上/下行方向列车，第×节车厢发生火灾，请协助灭火，疏散乘客。

站台回复：上/下行方向列车，第×节车厢发生火灾，协助灭火，疏散乘客，站台收到。

（7）通过预置的"列车站内疏散"紧急广播疏散乘客。

（8）施加停放制动，分断主断路器，降下受电弓，断开蓄电池。

（9）穿戴好防毒面具进行灭火。

（10）合上蓄电池，升起受电弓，合上主断路器，停放制动缓解，关闭列车车门。

（11）确认发车条件。

（12）报告行调，申请退出服务。

报告行调：行调，××次列车在××站车厢火灾已扑灭，申请退出服务。

行调回复：××次，申请退出服务，行调同意。

7.2.3　异物侵限应急处置

1. 异物侵限类型

这是指轨道交通范围内所有的设备设施由于各种原因产生位移、脱落，或自然、人为等因素导致其他物体侵入线路设备限界，影响列车在本区段线路安全运营的情况。

对地铁侵限的异物可分为以下几类：

（1）小型飘浮物：在线路上经常会出现胶带、纸张、布料及小动物等异物，这类异物不出现在线路钢轨附近一般不会对行车造成影响。

（2）可能影响行车的异物：线路上的气球、雨伞、线路旁侵限设备、外界进入的物体及隧道壁开裂脱落等异物，将对列车运行造成直接的威胁。

（3）影响行车的异物：线路旁侵限的设备、外界进入的大型物体等异物，将对列车运行造成直接的威胁。控制中心应组织现场人员立即清除异物，或者使异物改变侵限状态，恢复行车条件。

（4）接触网或钢轨附近的异物：受电弓与接触网要求高精度匹配，弓网间的任何异物都有可能导致接触网跳闸等大型供电故障，所以与接触网或钢轨缠绕或者有可能缠绕的任何异物都应该及时清除。

2. 轨行区异物侵限的处理原则与应对措施

当轨行区发现小型飘浮物时，如果此类异物已固定在线路旁或者司机已确认不影响行车，则可暂时不处理，待运营结束后再由巡检人员处理。行调需将异物的位置通知全线司机，要求司机加强瞭望、注意安全。

如果此类异物仍在移动并有可能与接触网或钢轨进行接触，行调应利用行车间隔对其进行处理。

轨行区出现小动物时，行调应及时将小动物出现的大致位置通知全线列车司机，司机可鸣笛驱赶，但不必进行进一步的处理。

3. 可能影响行车异物的处理

（1）乘客掉落在轨行区的雨伞、接触网附近的胶带等异物，暂时不影响行车，但其状态或位置改变后将对运营造成较大的影响，行调应及时利用行车间隔，组织现场人员将异物处理掉，以解除对运营的潜在威胁。

（2）轨行区旁松动的设备、未绑扎好的电缆都是潜在的行车隐患，OCC 应及时组织专业人员进行加固，以防止设备侵限导致行车事故。

（3）线路旁生长的树木、堆放的杂物，在大风情况下都可能侵入行车限界，OCC 应及时组织有关部门对此类异物进行清理。

（4）线路旁作业的挖掘机、塔吊等运动中的"异物"，OCC 应及时通知护卫人员将其清理出地铁范围，并关注其在地铁线路附近的作业情况。另外，进入轨行区的非地铁工作人员大多是精神异常或者懵懂无知，可能对行车安全造成极大影响。OCC 应及时组织力量将此类人员清理出轨行区，以确保行车安全。

4. 影响行车异物的处理

车站人员发现从站台上掉落到轨行区的物品或车门夹住了乘客及其物品时，若其对行车安全将造成直接影响，则应立即报告行调。行调应及时组织车站人员对异物进行处理，并及时将后续、邻线列车扣停。

司机在区间异物前停车，若可自行处理的，则先将异物移到不影响行车的位置，然后列车以限速 25 km/h 通过，再由值班主任助理通知专业人员到场处理。若司机无法处理的，则行调通知列车待令，组织车站或专业人员携带工具前往处理。

列车已越过异物，但状态正常且异物对行车安全不构成影响时（结合异物的位置、材料、体积进行判断），行调可通知司机限速 5 km/h 尝试行车，如果运行正常则可以通知司机限速 25 km/h 离开，并组织车站人员添乘后续列车到现场处理异物。若列车状态异常或异物造成设备损坏时，则行调通知列车待令，并组织专业人员携带工具前往处理。

5. 典型案例：异物侵限，影响行车

1）应急现象描述

异物侵限，影响行车。

2）应急处理流程

（1）立即停车（当发现异物侵限时，立即采取制动措施）。

（2）通过广播安抚乘客。

（3）报告行调列车位置及应急情况。

报告行调：行调，××次列车在××站—××站上/下行区间发现异物侵限，列车迫停区间，申请下车清除异物。

行调回复：××次，申请下车清除异物，行调同意。

（4）下车清除异物。

① 按下"停放制动施加"按钮，施加停放制动。

② 拔下并携带主控钥匙。

（5）报告行调，恢复运行。

报告行调：行调，××次列车在××站—××站上/下行区间侵限异物已清除，申请恢复运行。

行调回复：××次，申请恢复运行，行调同意。

（6）起动列车，恢复运行。

7.2.4 接触网（轨）异物应急处置

1. 异物类型

在大风天气下，一些较轻的物体容易被风吹起，悬挂于接触网上。接触网上悬挂的异物有可能影响列车正常行驶，需要动员各方面力量尽快清除。在清理接触网异物过程中，应特别注意人身安全问题，避免被高压电击伤。

悬挂于承力索和吊弦位置外的轻飘物体，如果体积较小、长度较短，没有触及接触网导线，不容易缠绕在受电弓上，对行车没有影响；承力索和吊弦位置处的悬挂异物，如果体积较大、长度较长，相对较重并且触及接触网导线，或是接触网导线上的悬挂物，就容易缠绕在受电弓上，对行车造成严重影响。

2. 处理要点

（1）司机驾驶列车过程中，发现区间接触网附近有异物，需立即采取停车措施，并及时向行调汇报。

（2）列车在异物前停车，司机确认异物的状况（位置、初步情况）并及时汇报。

（3）列车未能在异物前停车的，司机需确认接触网（轨）是否越过异物。

（4）前端受电弓已越过异物，且网压显示正常，降下后端受电弓，限速 5 km/h 通过，期间密切关注列车状态。

（5）前端受电弓已越过异物，但网压显示不正常或者其他异常情况，应听从事故处理主任和行调的指挥。

（6）若异物与接触网有足够的安全距离（700 mm 以上），司机可以先行处理。

3. 典型案例：接触网挂有异物，影响行车

1）应急现象描述

接触网挂有异物，影响行车。

2）应急处理流程

（1）立即按下"紧急停车"按钮停车。

（2）列车停稳后，按下"停放制动施加"按钮，施加停放制动。

（3）通过广播安抚乘客。

（4）报告行调列车位置及应急情况。

报告行调：行调，××次列车在××站—××站上/下行区间发现接触网挂有异物，影响行车，列车已降弓停车。

行调回复：××次，做好乘客安抚工作，等待检修人员到达清除异物。

司机复诵：××次，做好乘客安抚工作，等待检修人员到达清除异物，司机明白。

（5）人工广播安抚乘客："各位乘客，由于前方接触网挂有异物，列车暂时无法通行，检修人员正在清理，请您耐心等待，多谢合作。"

（6）接收行调命令并复诵。

行调通知司机：××次，接触网异物已清除，恢复正常运行。

司机复诵：××次，接触网已清除异物，恢复正常运行，司机明白。

（7）升起受电弓，合上主断路器，停放制动缓解。

（8）起动列车，恢复正常运行。

7.2.5　区间无电应急处置

由于工作失误、设备状态不良或者自然灾害使接触网（轨）中断供电，导致列车无法获取外部电源。司机发现列车无网压，报行调维持进站对标停车待令。原则上行调预计停电时间超过 20 min 时，按照 30 min 内无法恢复动车处理，经运营主管安全副总同意后，应组织隧道清客疏散乘客。司机降弓，关蓄电池，在后端司机室设置红闪灯防护。

1. 处理流程

（1）列车运行过程中，司机发现车辆屏网压状态异常，列车无牵引力，应尽量维持列车进站，同时向行调汇报，列车在区间被迫停车，司机应做好乘客安抚。

（2）接到行调的列车停运通知后，司机需做好区间疏散准备，并等待车站疏散人员到达后协助组织疏散乘客。

（3）与值班站长共同确认车厢内乘客疏散完毕后，关客室灯，并恢复车门，在确认车门锁好和列车状态后，报告行调，申请降弓、关闭蓄电池。

（4）在两端司机室副台设红闪灯防护，关闭蓄电池，留守在前方司机室。

（5）接到行调送电通知后，合蓄电池，开司机台，升弓并撤除前端红闪灯防护。

（6）确认列车状态正常和进路安全后，以 URM 模式动车到站台后报告行调，按行调命令恢复运行。

2. 典型案例：区间接触网停电

1）应急现象描述

区间接触网停电，无法维持列车进站，迫停区间。

2）应急处理流程

（1）司机通过广播安抚乘客。

（2）确认接触网无网压。

（3）报告行调列车位置及应急情况。

报告行调：行调，××次列车在××站—××站上/下行区间受电弓在升弓状态，列车无网压，列车迫停区间。

行调回复：××次，待车站人员到达，执行区间疏散程序。

司机复诵：××次，待车站人员到达，执行区间疏散程序，司机明白。

（4）施加停放制动，降下受电弓。

（5）确认车站人员到达，打开车门。

（6）通过预置的"列车区间疏散"紧急广播疏散乘客。

（7）疏散完毕后，恢复车门。

（8）接收行调命令并复诵。

行调通知司机：××次，接触网已恢复供电，司机恢复正常运行。

司机复诵：接触网已恢复供电，司机恢复正常运行，司机明白。

（9）升起受电弓。

（10）合上主断路器，缓解停放制动。

（11）起动列车，恢复正常运行。

7.2.6 区间有人应急处置

1. 司机发现隧道有人的处理

（1）发现隧道有人，司机立即施加紧急制动，立即将情况报告行调，播放临时停车广播。

（2）列车头部没有越过进入隧道人员的位置，司机应停车并鸣笛，但此时不能打开任何车门。

（3）如司机停车后，此人仍停留在线路，没有进入安全位置，司机按行调要求，停车待令做好乘客安抚，通知前方车站派两名护卫和公安人员进入隧道抓人，抓到后经司机室进入客室，到达下一站下车交公安部门。

（4）如果客车已越过此人所在位置停车，如司机确认撞上非法进入隧道人员时，停车待令，行调通知前方车站派人进入隧道处理，事故处理完毕，经公安人员同意后，指挥列车前往下站。

（5）如司机不能确认是否撞上非法进入隧道人员时，限速 25 km/h 前往下一站。通知后方车站派护卫和公安人员登乘后续客车，后续客车清客、限速 25 km/h 进入该区间，如发现此人时，送往前方车站并报 120，待公安人员调查取证完毕后，出清线路，恢复正常行车。

（6）若该擅自进入的人员逃跑，司机限速 25 km/h 加强瞭望，运行到前方车站。

2. 行调通知司机隧道有人的处理

（1）确认行调命令，根据人员所在的大概位置与区间，按行调要求添乘人员上车，确认护卫或公安人员上车后，该区域司机限速 25 km/h 运行。

（2）在隧道发现进入隧道人员时，司机停车打开司机室门，护卫或公安人员下车抓人，司机做好广播，抓到非法进入隧道的人员后，护卫或公安押解经司机室进入客室，到达下一站下车。

（3）如果第一列限速客车没有发现进入隧道人员，继续准备护卫或公安添乘后续第二列车，限速 25 km/h 运行。若仍没有发现，继续添乘后续第三列车，按行调命令限速 45 km/h

运行。

（4）如列车均没有发现进入隧道人员，后续各次列车恢复正常模式运营，司机需加强对事发区间的瞭望，听从事故处理主任的指示。

（5）由行调组织公安人员和护卫进入区间泵房搜查，并通知两端站派人把守道口。运营结束后，行调根据指令组织相关人员进入该隧道搜查。

3. 典型案例：区间有人，影响行车

1）应急现象描述

区间有人，影响行车。

2）应急处理流程

（1）立即停车（当发现异物侵限时，立即采取制动措施）。

（2）司机通过广播安抚乘客。

（3）报告行调列车位置及应急情况。

报告行调：行调，××次列车在××站—××站上/下行区间发现有人，不影响运营，未与人员碰撞。

行调回复：××次，司机下车将人员带上列车。

司机复诵：××次，下车将人员带上列车，司机明白。

（4）下车将人员带上列车。

① 按下"停放制动施加"按钮，施加停放制动。

② 拔下并携带主控钥匙。

③ 下车将人员带上列车。

（5）报告行调，恢复运行。

报告行调：行调，××次列车在××站—××站上/下行区间人员已带上列车，申请恢复运行。

行调回复：××次，申请恢复运行，行调同意。

（6）起动列车，恢复正常运行。

7.2.7　区间乘客报警应急处置

1. 列车在区间运行时

司机通过乘客紧急对讲与报警乘客取得联系，了解信息并安抚乘客，通过车载 CCTV 了解现场情况，根据信息做进一步处置，报告行调，维持列车进站。

如列车在站刚起动时，司机应立即拉停列车，通过乘客紧急对讲与报警乘客取得联系，了解信息并安抚乘客，报告行调，按行调命令执行。若列车需退回车站时，停车后开安全门及车门，车站工作人员上车进行处置。

车站接报后，派人员到达站台相应位置等待，待列车停站开门后了解乘客按下报警按钮的原因，并进行相应的处置。

处置完毕后，站台站务员向司机显示"好了"信号并报告行调。

2. 列车停稳在站台时

车站接报后，立即安排人员到现场了解乘客按下报警按钮的原因，并进行相应的处置。

处置完毕后，站台站务员向司机显示"好了"信号并报告行调。

3. 典型案例：区间有乘客晕倒，乘客报警

1）应急现象描述

区间有乘客晕倒，乘客报警。

2）应急处理流程

（1）确认乘客报警（通过车辆显示屏查看乘客报警界面，口呼：××车厢乘客报警。）。

（2）与乘客通话。

① 司机按下"乘客对讲"按钮接通对讲。

② 乘客语音：车上有人晕倒，需要救治。

③ 回复乘客：请照顾好病人，待列车进站后，马上安排人员救治。

（3）报告行调列车位置及乘客报警情况。

报告行调：行调，××次列车在××站—××站上/下行区间，车厢有乘客晕倒，需在前方站停车，请求救助。

行调回复：××次，车厢内有乘客晕倒，需在前方站停车，请求救助，行调收到。

（4）维持列车进站对标停车，打开车门、站台门。

（5）通知车站协助处理。

通知车站：站台，××方向列车，××车厢乘客晕倒，请求救助。

站台回复：××方向列车，××车厢乘客晕倒，请求救助，站台收到。

（6）司机通过广播安抚乘客。

（7）确认车站人员给出"乘客救援完成"信号。

（8）报告行调，申请恢复运行。

报告行调：行调，××次列车在××站车厢乘客已救治完毕，申请恢复运行。

行调回复：××次，申请恢复运行，行调同意。

（9）起动列车，恢复正常运行。

7.2.8　车门夹人应急处置

1. 启动时机

（1）车门与站台门间隙有乘客或物品滞留，车门、站台门已经正常关闭，且检测设备显示正常，车务人员发现时。

（2）车门夹人夹物，车门、站台门已经正常关闭，检测设备显示正常，站务人员发现，且列车尚未动车时。

（3）车门夹物，车门、站台门已经正常关闭，检测设备显示正常，列车已经动车，站务人员观察所夹物品影响行车时。

（4）对于列车因车门检测电路故障打了车门旁路，车务人员发现任何夹人夹物的情况时。

2. 处理要点

列车在站关好车门、站台门后，尚未动车，车站人员发现夹人夹物时，车站值班站长作为现场事故处理主任，统筹整个事件的处理，司机听从事故处理主任的要求做好配合，处理完毕后，司机凭车站"好了"信号关门动车。

列车已动车，车站人员发现夹人夹物，经车站人员按下紧停或司机采取紧急措施，列车停车时：发生事件后车站值班站长作为现场事故处理主任，对列车能否动车、是否需要后退等作出判断。如无需动车或不能动车处理时，由事故处理主任进行现场处置，必要时通知司机到场配合；如需动车后退处理或继续运行至下一站再处理时则报告行调，由行调组织实施。

列车车门、站台门发生夹人（指人身体的某个部位，如手指、头发等）夹物情况，司机在动车前必须注意观察站台情况和监听对讲机，发现站台异常或站务人员要求停车时，必须立即停车，待确认安全后再动车。列车需后退时，司机不用换端操作。

3. 典型案例：列车在车站关门时，发现车门夹人

1）应急现象描述

列车在车站关门时，发现车门夹人。

2）应急处理流程

（1）立即按下"重开门"按钮打开车门。

（2）通知车站协调处理。

通知车站：车站，××次关门作业时车门夹人，车门已打开，请求协助处理。

车站回复：××次车门夹人，请求协助处理，车站收到。

（3）报告行调车门夹人。

报告行调：行调，××次在××站，因车门夹人，临时停车处理。

行调回复：××次在××站，因车门夹人，临时停车处理，行调收到。

（4）司机通过广播安抚乘客。

（5）待车站救助完成后，确认"好了"信号。

（6）关闭车门、站台门。

（7）报告行调，申请恢复运行。

报告行调：行调，××次，在××站车门夹人已处理完毕，申请恢复运行。

行调回复：××次，在××站车门夹人已处理完毕，申请恢复运行，行调同意。

（8）起动列车，恢复正常运行。

思考题

1. 在站清客的条件有哪些？

2. 什么是列车退行？退行要注意什么？

项目 8　行车事故的预防与处理

知识要点

1. 掌握行车事故的定义及分类方法。
2. 了解应急预案救援机制、行车事故的防范措施，掌握应急设备的使用方法。
3. 熟悉行车事故的分析、判定、调查与处理。
4. 了解典型的行车事故案例。

项目任务

1. 分析城市轨道交通行车事故的定义和分类。
2. 通过案例分析应急预案及事故的预防。
3. 分析城市轨道交通行车事故及处理方法。
4. 进行行车事故案例分析。

项目实施

任务 8.1　行车事故的定义及分类

安全是城市轨道交通运营的生命线，行车安全是城市轨道交通运营安全中最重要、最核心的部分，行车安全的好坏是衡量城市轨道交通运营管理水平和各部门工作质量的主要指标之一。认真贯彻"安全第一、预防为主"的方针，时时事事处处讲安全，是城市轨道交通运营企业应尽的职责，也是每一个城市轨道交通员工应尽的责任和义务。

城市轨道交通系统安全管理中所称的事故是指在运营生产过程中，因违反规章制度、违反劳动纪律、违反作业纪律或技术要求，或因人员技能不合格、设备技术状态不良及其他原因，造成人员伤亡、设备损坏、影响正常生产作业或危及安全生产的事件。运营安全管理主要工作是划分事故类型及等级、分析事故原因、制订事故预防措施和处理事故方法。

8.1.1　行车事故的概念

凡在运行线和车场线范围内，由于地铁自身原因造成乘客伤亡、车辆和设备损坏中断行车或危及运营安全的情况，均构成行车事故。但在地铁对外营业区域范围内，由于乘客自身原因或发生治安案情造成的伤亡或不良后果，均不列入地铁运营行车事故统计范围。

良好的车辆、设备是保证安全运营的物质基础，因车辆设备漏检、漏修、维修不到位而造成威胁安全运营的严重质量问题，按事故论处。地铁系统内任何单位和个人，在"高度集中、统一指挥"的原则下，均有尽快处理故障或事故的责任和义务。发生各类故障或事故时，有关单位和人员应相互配合、积极处理、迅速抢救，尽量减少损失和影响，尽快恢复正常运营。对于因失职或推诿扯皮而贻误时机造成后果的人员，要追究其责任。

地铁行车事故在地铁运营中时有发生，严重时会导致人员生命危险，其危害性显而易见。为减少事故的发生，地铁工作人员必须做到防患于未然，严格按照有关规定行车，开展事故通报工作，还应加强安全生产管理。通常来说，行车事故的管理要遵循以下原则：

（1）以"安全第一、预防为主"为安全生产方针，各级领导要把安全工作当作首要任务去抓，加强安全管理和安全思想教育，强化员工安全意识，严肃劳动纪律和作业纪律，自觉执行各项规章制度。

（2）做好员工技术培训，提高技术业务水平；加强安全检查，及时消除各类隐患；确保设备维修保养质量；深入开展增产节约运动和安全正点、优质服务的地铁安全运营。

（3）发生行车事故时要积极采取措施，迅速抢救，尽快恢复运营，尽量减少损失。

（4）事故发生后要按照"三不放过"的原则（即事故原因分析不清不放过，责任者和群众没有受到教育不放过，没有制定防范措施不放过）处理事故，找出原因，分清责任，吸取教训，制定措施，防止同类事故再次发生。

（5）对事故责任者，应根据事故性质和情节分别给予严肃的批评教育、经济处罚，直至纪律处分、法律制裁。对事故性质严重的，要逐级追究领导责任。

（6）对事故分析处理拖延、推脱责任、姑息、纵容、隐瞒不报或不如实反映事故情况者，应予以严肃批评教育和纪律处分。

8.1.2　行车事故的分类

由于我国各城市的地铁在设备、规章上并没有完全统一，所以我国城市轨道交通系统没有统一的行车事故分类标准。借鉴铁路的行车事故分类标准，以部分城市轨道交通系统为例，行车事故按照事故的性质损失及对行车造成的影响，可大致分为一般 A 类事故、一般 B 类事故、一般 C 类事故、一般 D 类事故和事故苗子。

1. 一般 A 类事故

A1. 造成 1 人以上 3 人以下死亡。

A2. 造成 3 人以上 10 人以下重伤。

A3. 因事故造成一条或多条线路全线停运 2 小时以上 6 小时以下。

A4. 发生电梯困人 3 小时以上。

A5. 造成 50 万元以上 1 000 万元以下直接经济损失。

2. 一般 B 类事故

B1. 造成 3 人以下重伤或 5 人以上轻伤。

B2. 正线上列车分离。

B3. 正线接触网塌网影响行车。

B4. 列车冲突、脱轨。

B5. 列车发生火灾、爆炸。

B6. 因故障造成正线（上下行正线之一）行车中断运营 1 小时以上 2 小时以下。

B7. 防淹门误动作。

B8. 电梯困人 2 小时以上 3 小时以下。

B9. 造成 30 万元以上 50 万元以下直接经济损失。

3. 一般 C 类事故

C1. 造成 3 人以上 5 人以下轻伤。

C2. 非正线上列车分离。

C3. 未经批准，擅动使用中的正线行车设备并造成影响。

C4. 未经批准，司机擅自转换成切断模式驾驶。

C5. 运营列车错开车门、运行途中开门、车未停稳开门。

C6. 运营列车夹人、夹物动车。

C7. 运营列车与站台门间缝隙夹人、夹物动车，造成人员轻伤或行车设备损坏。

C8. 列车运营期间正线冒进禁止信号。

C9. 地铁车辆在正线或折返线碰撞尽头线挡车器。

C10. 地铁车辆溜逸。

C11. 在列车运行中，齿轮箱吊挂装置、空压机、牵引电机等车辆重要部件脱落；装载材料超限、坠落等导致人员受伤或损坏行车设备。

C12. 各类设施、设备等侵入车辆限界，刮伤列车。

C13. 走行轨由轨头到轨底贯通断裂。

C14. 挤岔。

C15. 地铁车辆错误进入封锁区域。

C16. 拉铁鞋开车。

C17. 错误向停电区段的接触轨（网）供电，发生接触轨（网）错送电、漏停电。

C18. 列车错误带电进入停电区。

C19. 运营线路给水干管爆裂跑水并造成列车 30 分钟以上延误。

C20. AFC 设备全线不能正常使用。

C21. 因运营线上发生火灾，消防车出动现场进行扑救灭火。

C22. 造成 10 万元以上 30 万元以下直接经济损失。

4. 一般 D 类事故

D1. 造成 2 人轻伤。

D2. 地铁排水不畅，积水不能排出，中断列车运行。

D3. AFC 设备全站不能使用。

D4. 运营中地下车站照明全部熄灭。

D5. 接触轨断轨、倒塌。

D6. 正线接触网塌网，未影响行车。

D7. 调车作业冒进信号。

D8. 调车作业碰轧防护信号或尽头线碰撞挡车器。

D9. 错误办理行车凭证发车。

D10. 在非保护模式下行车，未预告司机变更列车运行进路。

D11. 应办理乘客乘降的运营列车在车站通过。

D12. 列车擅自在不具备条件的车站停车开启客室车门。

D13. 错办行车指令致使列车停车或超速运行（含临时限速区段）。

D14. 错办列车进路，致使列车错进。

D15. 漏发、错发、漏传、错传调度命令。

D16. 全线行车或电力指挥通信系统中断。

D17. 运营时间，作业人员未经批准进入正线（含折返线）区段。

D18. 在正线或车辆段（车场）线路上作业时，无调度命令施工，超范围施工，超范围维修作业。

D19. 车站或区间的主通风设备发生运行故障，造成功能失效 60 分钟以上。

D20. 气体灭火装置误动作。

D21. 私自更改、删除、销毁相关监控设备的信息资料。

D22. 漏检、漏修或维修不到位发生重大安全隐患，危及运营安全。

D23. 接地线错挂、漏挂、错撤、漏撤。

D24. 造成 5 万元以上 10 万元以下直接经济损失。

5. 事故苗子

E1. 造成 1 人轻伤。

E2. 接触网及其部件脱落未影响行车，车辆段、场接触网塌网。

E3. 车辆段、场列车行车过程中造成其他设备设施损坏或未获行车凭证进入无电区。

E4. 全站 AFC 设备进站或出站单方向不能使用。

E5. 运营中地下车站正常照明全部熄灭。

E6. 供电系统发生非正常单边供电。

E7. 车辆、设备故障或人为操作失误，造成运营线客流高峰阶段车站被迫采取非正常封站或限流。

E8. 车站客流激增，限流措施不及时或措施不得力，对运营安全造成严重影响。

E9. 站台电视监视车门设备故障超过 30 分钟。

E10. 列车客室内或车站的设备、设施、器材松动脱落等异常情况，造成乘客受伤。

E11. 使用自动扶梯运送物品，导致扶梯损坏停运。

E12. 非正常屏蔽、遮挡、损坏火灾探测器、自动灭火装置等消防设备设施，造成功能失效。

E13. 严重火灾隐患整改未落实。

E14. 发生火情。

E15. 应办理乘客乘降的运营列车,因全列站台门或列车门未打开,造成乘客不能乘降。

E16. 运营列车应开启照明时,正常照明和应急照明全部停电。

E17. 人员误操作,造成危及人身安全的。

E18. 调度电话无录音或未到规定时间录音丢失。

E19. 车站视频监控无记录或未到规定时间丢失。

6. 其他认定

因其他原因严重危及行车安全,地铁安全机构认为有必要时可定为事故,也有权对事故重新认定。

8.1.3　事故报告原则

事故发生后,事故现场人员应立即向就近车站、车场(车辆段)信号楼、控制中心人员或公司值班人员报告。有关单位和人员接到报告后,应立即将事故情况向控制中心调度人员报告。调度人员接到事故报告后,立即按规定(《轨道交通运营突发事件通报办法》)上报。如需救援时,立即启动应急救援预案。

任务 8.2　应急预案及事故预防

8.2.1　应急预案的法律法规标准

根据我国有关法律法规等要求,企业和各级政府都应针对重大危险源制定有效的应急预案。加强应急救援,提高防范处置突发事件能力是落实"安全第一、预防为主、综合治理"方针的主要工作,以"一案三制"(应急预案、应急管理法制、体制和机制)为主线,从规划、投入教育等基础环节入手。为了加强安全生产工作,防止和减少生产安全事故,保障人民群众生命和财产安全,促进经济社会持续健康发展,制定相关法律法规等内容。

1. 法律

《中华人民共和国安全生产法》第五章生产安全事故的应急救援与调查处理指出:国务院应急管理部门牵头建立全国统一的生产安全事故应急救援信息系统,国务院交通运输、住房和城乡建设、水利、民航等有关部门和县级以上地方人民政府建立健全相关行业、领域、地区的生产安全事故应急救援信息系统,实现互联互通、信息共享,通过推行网上安全信息采集、安全监管和监测预警,提升监管的精准化、智能化水平。其中,第八十条要求:县级以上地方各级人民政府应当组织有关部门制定本行政区域内生产安全事故应急救援预案,建立应急救援体系。

《中华人民共和国突发事件应对法》第十七条:地方各级人民政府和县级以上地方各级人民政府有关部门根据有关法律、法规、规章、上级人民政府及其有关部门的应急预案以及本地区的实际情况，制定相应的突发事件应急预案。第十八条：应急预案应当根据本法和其他有关法律、法规的规定，针对突发事件的性质、特点和可能造成的社会危害，具体规定突发事件应急管理工作的组织指挥体系与职责和突发事件的预防与预警机制、处置程序、应急保障措施以及事后恢复与重建措施等内容。

2. 法规

《城市轨道交通运营管理规定》第四章安全支持保障也有相关的要求，其中第三十四条明确禁止下列危害或者可能危害城市轨道交通运营安全的行为：

（1）拦截列车；

（2）强行上下车；

（3）擅自进入隧道、轨道或者其他禁入区域；

（4）攀爬或者跨越围栏、护栏、护网、站台门等；

（5）擅自操作有警示标志的按钮和开关装置，在非紧急状态下动用紧急或者安全装置；

（6）在城市轨道交通车站出入口 5 米范围内停放车辆、乱设摊点等，妨碍乘客通行和救援疏散；

（7）在通风口、车站出入口 50 米范围内存放有毒、有害、易燃、易爆、放射性和腐蚀性等物品；

（8）在出入口、通风亭、变电站、冷却塔周边躺卧、留宿、堆放和晾晒物品；

（9）在地面或者高架线路两侧各 100 米范围内升放风筝、气球等低空飘浮物体和无人机等低空飞行器。

3. 标准

《国家突发公共事件总体应急预案》明确了各类突发公共事件的分级分类和预案框架体系，是指导预防和布置各类突发公共事件的规范性文件。随后，国务院又相继发布了《国家安全生产事故灾难应急预案》《国家处置城市地铁事故灾难应急预案》等共 9 个事故灾难类突发公共事件专项应急预案。其中，《国家处置城市地铁事故灾难应急预案》的目的是：做好城市地铁事故灾难的防范与处置工作，保证及时、有序、高效、妥善地处置城市地铁事故灾难，最大限度地减少人员伤亡和财产损失，维护社会稳定，支持和保障经济发展。

8.2.2　城市轨道交通应急预案救援机制

城市轨道交通系统中，可能会发生或存在多种潜在的突发事件和紧急情况，例如：大面积停电、火灾、水灾、地震、危险物质泄漏、恐怖袭击、行车事故、大客流等。因此，在建设城市轨道交通应急救援体系时，就必须进行合理规划。既要做到突出重点，准确反映城市轨道交通的重大事故风险，又要合理地编制各类预案，避免各类预案间相互孤立交叉和矛盾，从而使任何可能发生的事故局部化，尽可能地消除、减少事故造成的人员伤亡和财产损失，尽快恢复城市轨道交通的正常运营。应急救援活动一般划分为应急准备、初级反应、扩大反应和应急恢复四个阶段。应急机制与这些应急活动密切相关。应急机制主要由统一指挥、分级响应、属地为主和公众动员四个基本机制组成。

统一指挥是应急活动的最基本原则。应急指挥一般可分为集中指挥、现场指挥、场外指挥、场内指挥几种形式。无论采用哪一种指挥系统，都必须实行统一指挥模式；无论应急救援活动涉及单位级别高低和隶属关系如何，都必须在救援指挥中心的统一组织协调下开展相关工作，使各参与单位既能充分发挥自己的作用，又能相互配合，提高整体效能。

分级响应是指在初级响应到扩大应急反应的过程中，根据事故的严重程度、发展趋势采取相匹配的应急预案。扩大或提高应急响应级别的主要依据是：事故灾难的危险程度、事故灾难的影响范围、事故灾难的控制事态能力。而事故灾难的控制事态能力是"升级"的最基本条件，扩大应急救援主要是提高指挥级别、扩大应急范围等。

属地为主是强调"第一反应"的思想，强化属地部门在应急救援体制管理工作中的主导作用，以提高应急救援工作的时效。

城市轨道交通事故灾害大致可分为安全事故、自然灾害、人为突发事件三类。针对每一类灾害的具体措施可能千差万别。同时，事故事件在发展的过程中爆发速度、持续时间、范围和强度等都不相同。因此，应制定具有较强针对性的专项应急预案。为了保证各种类型预案之间的整体协调和层次清晰，实现共性和个性、通用性与专业性、层次性和专项性的结合。结合以上的应急预案机制，以及城市轨道交通事故灾害的特性，可建立起相应的应急预案框架，如图 8-1 所示。

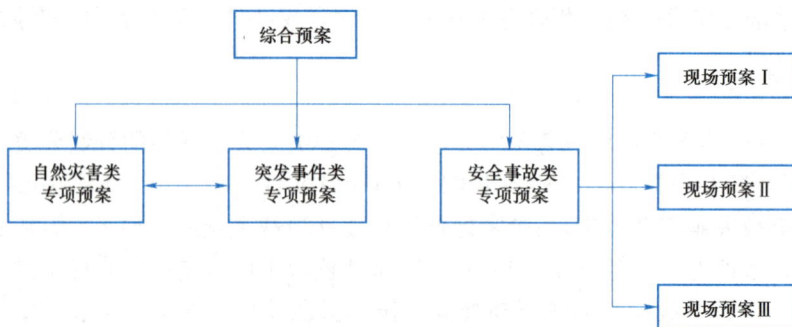

图 8-1 应急预案框架

应急预案编制的内容应包括以下几项：抢险组织、主办单位职责、抢险器具操作程序、配备工器具清单、培训及演练要求等。

8.2.3 城市轨道交通应急设备

1. 列车应急设备

1）应急疏散门

应急疏散门安装于司机室左部顶的水平轴，垂直向上开启。手动解锁后，通过气簧执行机构机械动作，可推下专门的接近轨道的紧急梯。该逃生门装有挡风玻璃、一个雨刮器可拆洗器。当在运营区间发生故障时，司机可以通过前后的应急疏散门疏散乘客。通过该门，乘客可以快速有序地疏导至隧道，进而逃生，如图 8-2 所示。

图 8-2　紧急开门装置

2）紧急报警装置

　　紧急报警装置安装于列车的车厢内。一般情况下，列车的每节车厢至少安装两个紧急报警装置，包括报警按钮和紧急对讲器。当车厢发生乘客冲突、有人昏厥、火灾等紧急状况时，乘客可以立即使用此装置通知司机，以便司机根据现场情况采取相关措施进行处理，如图 8-3 所示。

图 8-3　紧急报警装置

3）灭火器

　　城市轨道交通列车是运送乘客的封闭大型载客工具，一旦发生火灾，后果不堪设想。因此，在每节车辆里均配备有灭火器。一般情况下，车辆内配备的灭火器型号均为 6 kg，放置于乘客底座下或前后两端的专门设备内。当列车发生火灾初期或较小火灾时，乘客可自行利用灭火器进行灭火，防止较大火情的出现，如图 8-4 所示。

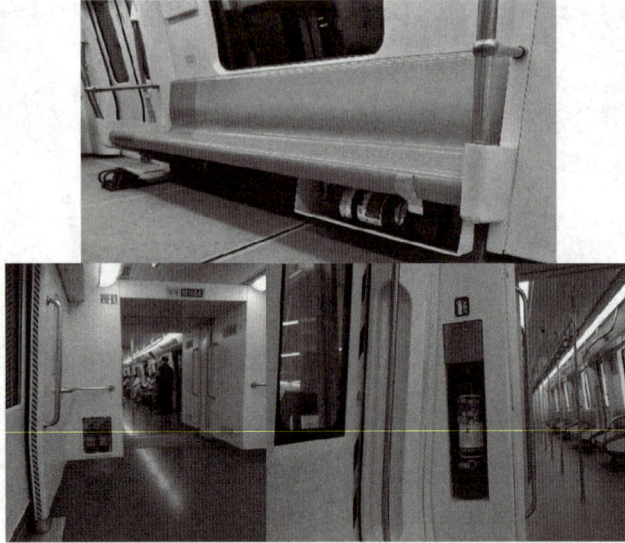

图 8-4　灭火器

4）紧急开门装置

在列车的每列车门上均安装有紧急开门装置，其主要作用是当列车在故障或紧急情况下，需要人工开门时使用。每节列车每扇门内部提供一套紧急设备，每节列车提供两套从外部进入的紧急设备。

内部紧急设备是一个带锁的曲柄，可由乘客手动操作，也可由司机用方孔钥匙操作；外部紧急设备是一个方孔钥匙孔。司机可在客室内使用方孔钥匙或手动使紧急设备复位。司机在客室外只能使用方孔钥匙复位外部紧急设备，如图 8-5 所示。

图 8-5　紧急开门装置

2. 车站应急设备

车站应急设备分为事故救援应急设备和车站机电设备应急装置。

1）事故救援应急设备

（1）呼吸器。

车站应定期组织员工演练，掌握使用方法，定期进行检查，保证气瓶压力在规定允许使用的范围，压力不足及时向安全保卫科通报，确保突发情况发生时能够正常使用（呼吸器正常使用范围为呼吸器压力表指针读数 2～10 min，呼吸器压力表指针接近红色区域时，表明呼吸器只能维持 10 min 的正常呼吸，佩戴人员应立即撤出危险地带），如图 8-6 所示。

（2）逃生面具。

车站所有员工必须掌握其使用方法。逃生面具保存期为三年，安全使用时间为 15 min，超过期限应立即上报安全保卫科并更换。车站每岗一具，随岗配发，随岗交接，各岗主岗人员负责保管并定期检查逃生面具真空包装的完好情况，有不符合标准的及时报安全保卫科，如图 8-7 所示。

图 8-6　呼吸器

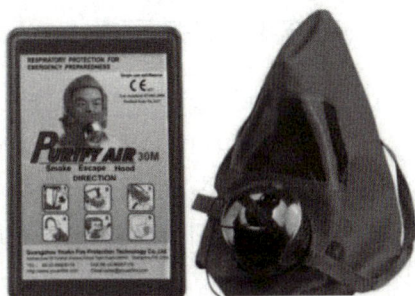

图 8-7　逃生面具

（3）应急灯。

存放于各岗位，车站要定期检查应急灯的性能，按使用说明及时进行充电，专人管理并建立充电登记制度，确保随取随用，如图 8-8 所示。

（4）担架。

每车站一个，统一放置于车站行车值班室，指定专人保管，如图 8-9 所示。

图 8-8　应急灯

图 8-9　担架

（5）存尸袋。

每车站一条，统一放置于车站行车值班室，指定专人保管。

（6）便携式扶梯。

每车站四个，分别放置于车站行车值班室和行车副室，每处指定两个专人保管。

（7）湿毛巾。

每车站 150 条，当车站发生火灾、生化恐怖袭击时，用于分发给乘客使用。湿毛巾分别存放于车站两个售票室和行车值班室，每处 50 条。

（8）抢险锤。

每车站一只，统一放置于车站行车值班室，指定专人保管。

（9）防汛铁锹。

统一放置于车站仓库，指定专人保管。

车站应急抢险器材要由专人保管，不得随意挪作他用，当出现故障、损坏或数量不足时应立即上报有关部门。如因人为因素导致器材出现故障、损坏或数量不足，必须由肇事者照价赔偿。

2）车站机电设备应急装置

车站机电设备应急装置主要有：火灾紧急报警器、自动扶梯紧停装置、紧急停车按钮、屏蔽门紧急开关等。其安装位置和数量因城市轨道交通系统的建设要求不同而有所不同，各类应急设备必须在发生危及列车行车安全或危及人身安全的紧急情况下能够启用。

8.2.4　行车事故的防范措施

1. 全面提升从业人员业务素质

地铁在行车过程中，难免会出现很多意外情况，能否处理得当是对地铁行车调度人员的一大考验，这就要求地铁行车的从业人员不仅要有过硬的心理素质、成熟的处置经验，而且还要具备相关的科学知识，能够合理解决问题，并找出相关原因。因此，必须要加强地铁从业人员的业务能力和综合素养，定期为其进行相应的业务培训和心理辅导，借鉴国外先进的业务技能，全面提升地铁运行的服务水平和能力。

2. 加强地铁行车的自动化管理

建立地铁行车智能平台是实现地铁行车调度规范化、科学化、现代化的技术保障。随着科技的不断发展，地铁行车调度设备自动化也在不断发展和完善，但也存在着一定的问题，因此要加大对其研发力度，使其在警报、列车站前折返等方面实现全面智能化，以减少因人工介入而造成的意外。全面实现地铁行车调度的自动化，不仅能够全面掌握线路上列车运行状况，还能够对中途发生事件作出及时提醒和纠错，这大大提高了可靠性和智能性，也能提供更安全的保障。地铁的运营涉及众多人员和先进的设备，车辆因素、线路问题、信号标志等设备都直接关系到列车的安全运行。车辆所使用的阻燃材料是否合格、安全装置是否充足有效、车辆是否符合运行要求、车辆技术状况的好与坏，都会直接影响到地铁的运行安全。韩国大邱地铁车厢内为了防止触电而未安装自动报警设备和自动淋水灭火装置，同时也未采用先进的阻燃材料，因此易燃材料燃烧后产生了大量毒气和烟雾，导致了事故的扩大。另外，还应该将安全线改为自动安全门，以杜绝坠落地铁事故。建立和完善设备状况计量检测体系，确保设备运作的安全度。对已发现的事故苗头、灾害险情要及时记录，用系统安全工程的方法进行评价，及时制定切实可行的整改措施，把工作落到实处，尽量把事故和灾害消灭在萌芽状态。

3. 健全和完善科学规范的地铁行车调度体系

地铁欲实现向现代化转变就要有一个科学规范的行车调度体系做保障，以此来确保整个地铁系统能够在平稳安全的状态下运行。首先，加强地铁行车调度安全生产体系的建设，全面落实地铁行车的安全规章制度和操作规程，在实际工作中，严格按照地铁的安全操作流程来进行合理的行车调度。其次，规范地铁快速安全反应机制，吸收以往的安全教训，结合实际情况制定一套有效的应急预案，并且要勤加练习、及时调整，在实际操作中，严格规范和管理操作人员的操作流程，要能够在问题发生时，及时把握住关键时间点，抓住问题的主要矛盾并拿出解决方案和措施，做到报告快、处置快。

4. 构建安全生产制度

企业应根据自身的实际制定符合自身条件的安全生产制度，设立安全生产管理机构，由专人负责，切实履行各自的职责，负责全面管理和监督安全生产，将各项安全生产管理工作落实到每个班组和个人，保证每个员工的安全思路与企业的目标一致。

5. 加强地铁安保部门工作

安全检查是地铁安保部门管理工作的重要内容，也是发现问题、排查安全隐患、防止事故发生的重要手段。各层级部门应进行定期和不定期的全面排查或重点突击检查，在元旦、五一、十一等节假日开展各阶层的联合节前安全大检查，对于检查到的问题及时通报并要求责任区负责人限期进行整改，由安全委员会或相关安全部门负责对整改情况进行确认。通过企业各层级的安全检查，强化各员工的安全意识，增强员工安全责任心，确保各项安全防范措施落到实处，消除事故隐患，保障地铁运营安全。加强地铁安全检查，减少社会治安事件发生的可能性也是确保地铁行车安全的重要手段。伦敦地铁推行了飞机式安全安检系统，X 光安检机和警犬在地铁车站逐步出现，并在地铁车站安装新型高科技安保设备和闭路监控系统。纽约地铁耗资 2 亿美元安装了 3 000 个摄像头，用以监控纽约地铁运行情况；地铁隧道安装加固设备，可抵御炸弹爆炸和洪水的冲击。

任务 8.3 行车事故的分析与处理

城市轨道交通由于方便快捷等优势，正在成为各大城市的重要公共交通方式，我国许多城市目前都在大力建设城市轨道交通。但由于它的运量大、密度高，一旦发生事故，其后果是不堪设想的，因此城市轨道交通安全的重要性不言而喻。近年来，全球城市轨道交通事故不断发生，我国各城市轨道交通也常有事故发生，因此，分析城市轨道交通运营事故的影响因素、制定预防事故相关对策以及突发事故后的救援措施，对改善城市轨道交通运营的安全现状、预防事故和降低事故损失都具有十分重要的意义。

根据著名的海因里希法则，在看似偶然的背后存在必然的规律，从发生的事故中吸取教训，避免同类事故再次发生，这是运营安全实现有序可控、基本稳定目标的重要途径。城市轨道交通运营企业安全管理的疏漏，是造成行车事故的主要原因，而对行车事故分析的不完善、对安全管理漏洞的忽视，将对同类事故的再度发生埋下祸根。

行车事故发生后，应组织相关人员对事故进行深刻的原因分析，针对该事故提出若干防范措施，避免今后发生同类事故。为减少事故的发生，做到防患于未然，应加强安全生产管理。坚持"安全第一、预防为主"的方针，各级领导要把安全工作作为首要任务去抓，加强安全管理和安全思想教育，把安全思想在全体员工中牢固树立，强化员工安全意识，严肃劳动纪律和作业纪律，教育员工自觉执行各项规章制度；做好员工的技术培训，加强员工的日常技能演练和考核工作，不断提高员工的业务水平；加强安全检查，及时消除隐患，搞好设备维修养护，提高设备质量，确保城市轨道交通安全运营。

8.3.1　影响城市轨道交通系统行车安全因素分析

影响列车行车安全的因素很多，有些是非常复杂的。为了保证列车的行车安全，需从系统工程的角度进行分析。影响列车行车安全的因素可分为三类：环境因素、设备因素和人为因素。这三类因素是相互关联、相互制约的，事故的发生也受到这三方面因素的综合影响。

1. 环境因素：外部环境突变

外部环境包括自然环境和社会环境，这些都有可能会对列车安全行车构成影响。自然环境指的是天气、季节、时间及地质条件等因素，还包括一些自然灾害，例如暴雪、暴雨等。由于列车是全年运营，这些自然条件是不能人为改变的，并且这些因素都可能对列车安全行车造成不利影响。社会环境指的是经济、法律、政治和社会风气等因素对列车行车安全造成的不利影响。

2. 设备因素：运输设备故障

列车作为铁路安全行车的载体，在发生故障时往往会对行车安全造成不利影响。现代城市轨道交通运用先进的技术为行车安全提供了保障，与此同时，这些设备的可靠运行离不开运营企业的工作人员。目前，现代化的调车设备、通信设备和信号设备都已经应用到城市轨道交通系统中，而这些设备都必须有相应的安全保障措施。否则，一旦发生故障，将会威胁到乘客的生命财产安全。目前，对于这些智能化新技术，必须配备相应的专业使用人才，并且运营企业应保证充足的设备维修费用，两方面缺一不可，否则将会影响到上述设备的正常使用。这些潜在因素都有可能造成城市轨道交通运输设备的失控而诱发行车事故。

3. 人为因素：工作人员人为失误

运输人员的工作态度和专业素质将会对行车安全造成非常重要的影响。从以往的行车事故案例可以看出：大部分行车事故都是由于人为失误造成的。因此，人的因素是行车安全的最关键因素，人为失误的具体表现主要分为以下几个方面：

1）领导层安全管理不到位

行车安全事故屡禁不止的主要原因是相关工作人员未按章程办事，更深层次的原因是个别领导安全把控不严。一些部门搞形式主义，对于事故采取回避态度，空喊口号不解决实际问题。这使得一些安全措施难以认真实施，是造成行车事故的重要隐患。

2）违章指挥与作业

一些工作人员值班时不在岗或睡觉，将一些作业程序进行简化，乘务员没有认真确认信号或根据自己猜测行车等都会造成行车安全事故。

3）工作人员素质偏低

一些关键工种的员工文化素质偏低，专业技能掌握不熟，导致在发生事故时应对能力不足。还有一些员工缺乏责任心，对待自己工作不认真，做事消极。在事故发生以后，不是积极吸取教训而是推卸责任，互相隐瞒。管理手段和方法落后，一些安全部门的规章制度没有进行相应的完善。

这三方面的因素与铁路行车安全的关系如图 8-10 所示。

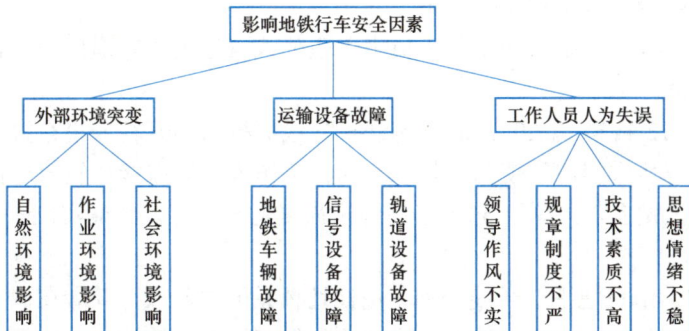

图 8-10　影响铁路行车安全的因素

各大地铁运营企业结合自身的实际情况均会制定相应的安全风险管理实施办法，要以确保载客列车安全为重点，以推进安全生产标准化为载体，以落实安全生产责任制为保证，全面引入风险管理的理念和方法，构建安全风险控制体系，把风险管理与既有安全管理有机融合，切实强化安全生产过程控制和超前防范，严格落实"作业标准化、管理规范化"，最大限度地降低安全风险，使安全工作更具超前性、针对性和主动性，促进安全管理的规范化、系统化和科学化。针对识别出的安全风险，各业务部门、车站都制定安全风险控制表，每个岗位都制定岗位安全风险控制卡，作为安全风险卡控重点，实施常态化管理，重点包括风险名称、风险等级控制措施、责任分工等内容，把安全风险的管控责任落实到各层级、各岗位，做到全面覆盖、全员、全过程管理。根据各个部门的生产实际，对照相应风险控制措施，作业层对每一条要不折不扣地贯彻执行，管理层对每一条要进行量化监督检查，严格卡控。对贯彻落实不力的责任部门、单位和人员，各级都要严肃追究责任。通过抓落实，达到列车风险逐步降低、有效控制行车事故的目的。

8.3.2　城市轨道交通系统行车事故分析

城市轨道交通运营安全不仅需要先进的现代化智能设备作为保障，同时还必须有系统的安全规章和制度保障。一般来说，人员、设备及社会灾害等是地铁事故的主要因素。

1. 人员因素

由于乘客和工作人员不遵守规章制度或者疏忽大意造成的事故时有发生，发生事故后，工作人员应急处理不当也会使事故后果进一步扩大。通过一些行车事故的分析统计发现：一般性事故主要是因乘客未遵守安全乘车规则造成，而险性事故多是由于工作人员疏忽而引发。人员因素是导致城市轨道交通事故的主要原因，其中包括以下几个方面：

1）拥挤

在大客流的情况下，地铁站台一般十分拥挤，若站台上没有相应的保护设施，乘客就可能被挤下轨道，发生事故。

1999 年 5 月，白俄罗斯地铁车站因人员过多，混乱而拥挤，导致 54 名乘客被踩死。2001 年 12 月 4 日晚，北京地铁 1 号线一名女子在站台上候车，当车驶入站台时，该女子被拥挤人流挤下站台，当场被列车轧死。针对此类事故，运营企业可以通过在站台上装设站台屏蔽门来减少此类事故的发生。

2）不慎落入和故意跳入轨道

在地铁运行过程中，乘客或工作人员由于意外或有意进入轨道区域，也会影响正常行车秩序，造成事故。

2015年2月12日早上7:05，北京地铁1号线五棵松站开往四惠东方向的运营轨道正线中，突然进入一名乘客，致使列车紧急制动。工作人员采取接触轨停电措施进行处理，之后该乘客被抬上站台，列车于50 min后逐步恢复运营秩序。经证实，该乘客是自行跳下站台自杀。

2012年4月，南京地铁2号线一列车由油坊桥站开往经天路站，在南大仙林站正常上下客后，同机起动发车按钮，同时由于该站站台门有被挤开的信号，出于安全设计，系统未输出动力。司机随即下车检查异常，但瞬间站台门又迅速复位，列车起动。司机发现列车起动后，立即上车，但在上车过程中，跌落轨行区，导致头部等部位摔伤。此次事故除系统设计存在缺陷外，司机缺乏行车安全意识是造成事故的主要原因。

2014年2月24日，一位乘客行至上海某地铁站台，此时她从口袋里掏出手机，边看边往候车区走去，似乎完全被手机所吸引，完全没注意到她离站台边缘越来越近，由于站台没有安装屏蔽门，仅几秒钟，这位乘客一脚踏空，跌落至列车轨道区域。

2009年，某地铁司机在正线行车过程中发现区间有人正从上行翻越接触轨到下行，立即鸣笛并采取紧急制动停车，该男子在列车头部右侧倒地受伤。经查发现该男子当天未购票，私自从专用通道进站，到站台后从站台端部翻越到上行。

2013年，一名男子擅自跳入上海地铁3号线的轨道，结果导致3号线运营延误9 min。据了解，该男子当时与他姐姐、姐夫一起乘坐3号线，其间其姐夫在虹桥路站下车问路，返回时车门已关上。列车在延安西路站停稳后，该男子和姐姐立刻下车，急着寻找姐夫的他头脑一热，竟然跳入轨道，企图徒步走回虹桥路站。

2013年，北京地铁八通线一乘客突然跳下站台，工作人员见状赶忙将其拉上来。一问才得知，这位乘客想上厕所，以为地铁隧道里有卫生间，就跳下站台准备去隧道里寻找。

2015年6月，重庆地铁2号线佛图关站，一名男乘客为捡回不慎掉进轨行区的宜居畅通卡突然跳进轨行区，导致2号线较场口至动物园区段运营受阻20 min，影响了不少乘客出行。

2016年，有乘客乘北京某地铁进站时从车站端部跳入区间自杀，司机立即拍下紧急制动按钮，并通知车站和调度组织救人，此事件造成该线路延误14 min，掉线6列，晚点18列。

乘客故意跳入轨行区的原因各式各样，但大部分原因的共同点均为乘客缺乏相关的安全意识及法律常识，对此地铁运营企业可适当增加安全知识的宣传力度。

3）工作人员处理措施不得当

2003年2月18日上午10:00左右，一名纵火犯向大邱市1号线地铁车厢内投掷易燃物，导致车厢起大火。火灾爆发时，对面驶来的另一列车在站停车时也遭到大火侵袭。两列车的12节车厢全部被烧毁，造成198人死亡，147人受伤，298人失踪。

此次韩国大邱地铁2003年火灾事故，客车司机和综合调度室人员负有不可推卸的责任。当前方车站已经发生火灾后，另一辆 1080 号列车继续驶入烟雾弥漫的站台，在车站已经断电、列车不能行驶的情况下，司机没有采取任何措施果断疏散乘客，却紧闭车门，而且仍请示行调该如何处理。行调在事故发生 5 min 后，甚至仍然下达"允许 1080 号车出发"的指令。运营企业平时的麻痹大意、安全意识不强、安全保卫人员不足，以及通信联络不完备等，也是造成此次地铁火灾大批人员伤亡的重要因素。特别是当时车站的中央控制室管理不力，没有及时阻止另一列车进入已经失火的车站，第二列车的司机拔掉总控钥匙，更造成了更大的伤亡。

2. 设备因素

地铁一般都是采用先进的现代化智能设备，由于设备的状态不良等原因造成的事故也时有发生。一般来说，设备因素主要有车辆因素、轨道因素、供电因素、信号系统因素和线路因素等。

1）车辆因素

（1）列车出轨。

2003 年 1 月 25 日，伦敦地铁一列挂有 8 节车厢的中央线地铁列车在行经伦敦市中心一地铁站时出轨并撞在隧道墙上，最后 3 节车厢撞在站台上，32 名乘客受轻伤。同年 9 月，一列慢速行驶的地铁列车在国王十字地铁站出轨，导致地铁停运数小时。

2014 年，莫斯科地铁在早高峰时段发生列车车厢脱轨事故，造成 22 人死亡，150 余人受伤。

（2）其他车辆因素。

2002 年 4 月 4 日，上海地铁 2 号线因机械故障导致列车门无法开启，停运半小时；2003 年 3 月 20 日，上海地铁 3 号线闸门自动解锁脱钩故障，停运 1 个多小时。

2）轨道因素

2001 年 5 月 22 日，台北地铁淡水线土林站附近轨道出现裂缝，地铁被迫减速，并改为手动驾驶，10 万旅客上班受阻。

2013 年 4 月，北京地铁公主坟站道岔故障造成到晚 5 min 以上 4 列，中途清客折返 1 列，加开临客 1 列，加开回空 1 列，调表 13 个。

3）供电因素

2003 年 7 月 15 日，上海地铁 1 号线莲花路到莘庄的列车突然停电，被迫停运 62 min。经查是由于地铁牵引变电站直流开关跳闸，列车蓄电池亏电过量，致使列车无法正常起动。

2003 年 8 月 28 日，英国伦敦和英格兰东南部部分地区突然发生重大停电事故，伦敦近 2/3 地铁停运，大约 25 万人被困在伦敦地铁中。

4）信号系统因素

2003 年 3 月 17 日，上海地铁 1 号线信号控制系统突然发生故障，停运 8 min。2003 年 2 月 14 日，上海地铁 2 号线中央控制室自动信号系统发生故障，停运 20 min。

要杜绝此类事故的发生，必须建立健全设备的安全使用制度，定期对设备进行检修，保证设备的良好状态。

5）线路因素

2017 年 12 月 12 日，深圳一企业未经审批进行打桩施工作业，造成深圳地铁 11 号线接触网设备受损，桩头击穿 11 号线红树湾南—后海下行盾构隧道结构，致使一辆正在高速行驶的列车撞断桩头，列车严重受损，司机受伤，相关地铁设备不同程度损伤，导致行车被迫中断，如图 8-11 所示。

图 8-11 事故现场

3. 社会灾害

城市轨道交通车站及列车是人流密集的公众聚集场所，一旦发生爆炸、毒气、火灾等突发事件，会造成群死群伤或重大损失，严重影响社会秩序的稳定。近三十年来，世界各国地铁接连不断发生爆炸、毒气、火灾等社会灾难，如 1995 年 3 月日本东京地铁遭受邪教组织施放沙林毒气，造成 13 人死亡，5 500 余人受伤；2003 年 2 月，韩国大邱地铁发生的纵火事件造成至少 198 人死亡，147 人受伤；2010 年 3 月，俄罗斯莫斯科市中心卢比扬卡地铁站内一节车厢发生爆炸，造成至少 41 人死亡，另有 74 人受伤。

8.3.3 行车事故的判断

在发生地铁行车事故之后，作为相关负责人必须先了解事故概况，包括行车事故发生的时间、地点、涉及的人员、造成的乘客伤亡情况、列车车辆等设备破损情况和中断的行车时间等内容。在清楚掌握这些情况之后，再根据地铁行车事故的分类标准及影响城市轨道交通系统行车安全的主要因素，来判断行车事故的类别和性质。

行车安全受到很多因素的影响，这些因素存在着一定的联系。在地铁行车安全事故中，人为失误是造成事故的主要因素，设备故障和环境因素也会对行车安全造成不利影响。对各类事故发生的原因进行深刻剖析并提出针对性的预防措施，能为研究地铁行车安全提供有效的理论依据。

实现地铁行车安全需要采取多方面的措施。第一是考虑管理因素，用先进的管理理念和管理方法建立相应的制度，提高卡控，规避风险，最终实现转移风险的目的，真正做到有制度、有落实、有考核，全面提高管理能力。第二是尽量减少人为失误，因为人为失误是造成列车事故的关键因素。要提高职工的安全意识和专业素养，严格按标作业，落实岗位标准，加强各类型的应急，在非正常情况下能够正确对事故进行处理。第三是保证铁路运输设备的可靠性，要从设计开始就加强行车设备的安全性与可靠性。第四是加强环境方面的整治，对于恶劣天气及时预警，做好针对性的部署和准备。第五是加强管理创新，对于已经发生的事故要进行详细分析，建立和完善相关事故树。同时，建立行车安全的检查监测保障体系，保证列车的行车安全。

8.3.4　行车事故的通报及调查处理

1. 行车事故报告程序

1）报告原则

在区间发生时，由司机立即报告行调。在车站内或车辆段发生时，由车站值班站长或车辆段调度员报告行调。

发生人员伤亡、火灾、爆炸毒气袭击等事故，需要报告火警、急救中心或公安时，由值班站长、事故现场人员或目击者在第一时间内报告；如果没有电话直接报告（如列车司机），则立即报告控制中心，由控制中心报告火警急救中心或公安。

2）报告事项

（1）时间（月、日、时、分）；

（2）地点（区间、百米标和上、下行正线）；

（3）列车车次车组号、相关人员姓名、职务；

（4）事故概况及原因；

（5）人员伤亡情况及车辆、线路等地铁设备损坏情况；

（6）是否需要救援；

（7）是否影响邻线运行；

（8）其他必须说明的内容及要求。

3）行调接到事故报告后应做的工作

（1）积极设法防止事故扩大，积极组织救援，同时最大限度地维持运营。

（2）立即报告控制中心值班主任。

（3）按照"先通后复"的原则组织指挥事故处理。

（4）将每件行车事故及时填写行车事故概况，报相关部门。

2. 处理方式

（1）重大、大事故发生后，事故调查处理小组到达事故现场前，若事故发生在区间，由司机负责。当就近车站值班站长（或行车值班员）到达现场后，由该值班站长负责。若事故发生在车站或车辆段，由值班站长（或行车值班员）或车辆段调度员负责，其任务是负责指挥抢救伤员，做好救援准备工作，尽快开通线路，并查看现场，保存可疑物证，查找事故见证人，做好记录，待事故调查处理小组到达后如实汇报。

（2）接到重大、大事故报告后，立即组成事故调查处理小组迅速赶赴现场，组织指挥有关人员积极抢救伤员，采取一切措施，迅速恢复运营。同时，做好以下工作：

① 保护事故现场，详细检查车辆线路及其他设备，做好调查记录。绘制现场示意图，摄影录像，如技术设备破损故障时，应保存其实物。

② 若事故地点的线路破坏严重，无法检查线路质量，则应对事故地点前后不少于 50 m 的线路进行测量以作为衡量事故地点线路质量的参考依据。

③ 对事故关系人员分别调查，由本人写出书面材料。

④ 检查有关技术文件的编制填写情况，必要时将文件附在调查记录内。

⑤ 必要时召开事故调查会。

⑥ 根据调查结果，初步判定事故原因及责任，及时向安全部门汇报。

（3）发生重大、大事故的责任单位，应于事故后及时写出行车事故报告。

（4）事故调查处理小组接到责任单位事故报告后，由事故调查处理小组组长主持召开事故分析会议，分析事故原因，判明事故责任，制定防范措施。

（5）重大、大事故若初步判明系属地铁外部单位责任时，事故调查处理小组应立即发起会议。若双方意见不一致时，可提请司法部门裁决处理。

3. 险性、一般事故调查和处理程序

（1）险性、一般事故发生后，事故处理人员到达事故现场前，若事故发生在区间，由司机负责，当就近车站值班站长到达现场后，由该值班站长负责。若事故发生在车站或车辆段，由值班站长或车辆段调度员负责。接到运营控制中心（或车辆段控制中心）报告赶赴现场后，主要设备部门负责指挥抢险，相关部门配合。

（2）发生险性事故，由安全监察室负责人立即组织有关人员进行调查。发生一般事故，各部门要立即进行调查，召开事故分析会，查明原因及责任者，作出处理建议，制定防范措施。

任务 8.4　行车事故案例分析

安全是地铁科学发展之本，是地铁和谐发展之基，是地铁运营效益之道，是地铁员工幸福之源，是地铁的生命线，是永恒的主题。车辆作为轨道交通行业的重要行车设备之一，其运行状态将直接影响线网运营效率、乘客舒适度，严重时甚至会危及乘客安全。综合轨道交通各线路车辆运行情况来看，车辆总体运行安全平稳，为线网运行的安全顺畅提供了有力的保障。

为了更好地保障轨道交通的平稳运营，践行"安全、准时、便捷、文明"的服务宗旨，需要认真分析研究车辆故障及安全事故典型案例，从中可以吸取经验教训，发人深思，令人警醒，以便进步，提升安全技术和管理水平，营造地铁安全发展的环境和氛围。

本任务中所列举的每个案例都详细记载了事故的经过、事故原因分析和整改措施三个方面的内容，能够客观全面反映事故发生的整个过程。这些事故主要体现在车辆自身故障及人员误操作两方面，主要原因为车辆自身硬件故障及个别人员安全意识薄弱、应急处置不当、检修作业不到位等。尤其是事故的原因分析和整改措施，读者应结合身边发生的具体案例，掌握相关的安全知识和操作规程，以便在今后的工作中高度重视，遵章守纪，不要存在侥幸心理，避免类似事故再发生。

在阅读和学习典型地铁事故案例时，不仅要搞清每起事故的来龙去脉，而且还要将自己置身于事故的背景之中，学会换位思考：当处在当事者的位置会怎么做？是否会犯同样的错误？要努力从每起事故中吸取教训，使自己在今后的工作中自觉遵章守纪，并且主动关心他人的安全，形成安全和谐的工作环境和氛围。

8.4.1　人为原因引起的地铁事故

1. 南京地铁列车连挂车钩发生碰撞

发生时间：2005 年 12 月 1 日。

事故后果：造成 2526 车 A 端的防爬器轻微擦伤，2526 车 A 端车头右侧的导流罩损坏。

1）事故经过

7:40，行调指令基地内 1314 车出库连挂故障列车 2526 车。8:05，1314 车出库，采用洗车模式与 2526 车连挂时，因列车处于小半径曲线位置，车钩对位不正，连挂失败，车钩发生碰撞。

2）事故原因分析

本事故的主要原因是编制技术文本时，考虑不够充分，没有将"小曲率半径连挂作业要求"进行明确：当时车辆连挂线路半径为 150 m，根据《南京地铁南北线一期工程车辆合同文件》附件 1 中对车钩连挂的规定，是不允许进行自动连挂的，合同中明确要求列车自动连挂时最小半径不得小于 300 m。

本事故也反映出调度人员和作业人员安全意识不强、经验不足、缺乏处理特殊情况的应变能力。

3）整改措施

经过此事故后，南京地铁在 2007 年版《小行基地运作规则》中规定：小行基地内道岔区段及其他 300 m 以下曲线半径线路原则上不得进行电客车连挂作业。特殊情况下须进行连挂作业时，须确认车钩位置，如果车钩自动对中不能达到对中范围的要求，须进行手动调整。150 m 曲线半径的线路上进行连挂作业时，由车辆系统派专业人员进行现场技术指导。

由此引申，还要考虑车辆在坡道连挂时车钩纵向偏差会导致的后果，相关的技术规定有待与设备部商定；加强安全教育，完善培训计划；从兄弟单位多收集一些特殊故障处理的资料，作为乘务员培训的必修课；加大管理力度，严禁擅自操作；理性对待没有把握的陌生故障，及时请教专业工程师和相关领导。

2. 南京地铁列车撞列检库事件

发生时间：2005 年 12 月 6 日 22:11。

发生地点：小行基地列检库 15 道大门。

事故后果：15 道列检库大门破损严重；电客车头部右侧有一处表面擦伤（长 8 cm、宽 1.4 cm）。

1）事故经过

1920 车在回列检库 15 道时，19A 车头撞上车门。检修调度员接报后，立即要求信号楼不要动车，同时到现场察看情况，发现 15 道库门在列检库内侧，门页下方被电客车撞凹陷一块（被电客车防爬器所撞），大门撞过门上止挡，导致该大门无法向外正常开启到位。电客车头部右侧有一处表面擦伤（长 8 cm、宽 1.4 cm），另有两处与大门有轻微摩擦。

2）事故原因分析

负责开启 15 道大门的保安人员安全预想不够，导致车门未开启到位，侵入车辆限界发生碰撞。司机入库前对前方线路观察不够仔细，未及时发现此安全隐患，最终导致该事故的发生。

3）整改措施

此事故发生后，南京地铁在有关文本中增加了"列车运行至库门口前要一度停车，司机确认库门开启状态良好具备入库条件后，方可动车入库"。该规定实行后，此类事故在南京地铁再没有发生。

除需要司机停车确认外，也要督促开闭库门责任人自查，做到双保险。建议根据车辆限界确定库门最小的开启位，并在相应的地方做好警示标志，以此作为大门开启程度的标准。

3. 北京地铁机场线列车救援

发生时间：2013 年 2 月 3 日 20:29。

发生地点：东直门至三元桥区间。

事故后果：造成停运 7 列，到晚 5 min 以上 2 列，调表 6 个。

1）事故经过

2013 年 2 月 3 日，机场线车务中心乙 3 组司机杨某、郑某，副司机徐某某担当 107 车 1090 次运营任务。20:29，东直门站发车，以 A1 车为头，司机发现该车全列牵引无流，重新建立模式后故障消失。运行至百米标 003 处再次出现无牵引、无制动现象，使用紧急按钮停车，重新建立模式后故障消失。继续运行至百米标 007 处再次出现无牵引、无制动现象，使用紧急按钮停车，重新建立模式后故障消失。继续运行至百米标 012 处再次出现无牵引、无制动现象。20:41，接行调命令，107 车原地等待救援不许动车；21:01，救援列车与故障列车连挂完毕，由三元桥下行站线推进至大山子库线，导致机场线运营一度中断。

2）事故原因分析

直接原因：司控编码器异常，导致列车加减速指令与牵引制动 PWM 值无输出，造成列车无牵引、无制动。

间接原因：一是管理和维修人员对机场线车辆故障的分析排查深度和广度不够，导致部分整改工作不彻底；二是对机场线车辆整体状况和存在的隐性问题掌控不到位；三是部分管理人员对提高车辆稳定性、可靠性和维检修质量和水平的紧迫性认识不足，导致主观能动性发挥不够。

3）整改措施

（1）主管领导带队，成立技术攻关小组，组织人员认真排查隐患，分析查找故障根源，确定整改方案和计划并监督指导落实。

（2）完善机场线车辆维修维护规程和标准，落实检修工艺标准，加强日常检查测试等工作。

（3）加快完成直线电机、APU 防雨雪措施的落实工作。

（4）以此次事故为案例开展安全大讨论。各级管理人员要查找自身管理不足之处，要深抓思想根源，坚持深入基层、真抓实干，深入开展"向管理者不作为、管理不到位宣战""向违章违纪宣战""向漏检漏修和维修不到位宣战"活动，努力提高员工安全意识、质量意识、责任意识，认真落实各项规章制度，提高技术业务水平，稳定安全运营。

4. 日本铁道公司列车出轨事故

发生时间：2005 年 4 月 25 日，当地时间上午 9:20。

发生地点：日本兵库县尼崎市，西日本铁路公司福知山线冢口到尼崎车站之间的一外弯道（曲率半径约 300 m）。

事故后果：事故列车共有七节车厢，其中有五节出轨，第一节车厢冲入大楼（距离轨道 6 m）的一楼停车场，第二节车厢紧贴大楼边缘并严重扭曲变形，挤压成正常宽度的一半。事故列车共搭载约 580 名乘客，死亡人数达 106 名，另有 458 人受伤。

1）事故经过

一列隶属西日本铁道公司的通勤电车，在一处限速 70 km/h 的急转弯处出轨，冲入距出轨点 60 m 远与轨道距离 6 m 的一栋九层楼公寓，两节车厢严重扭曲变形，车上旅客死伤惨重。

2）事故原因分析

引发事故的原因可能有以下几种：

（1）司机人为因素。

出轨地点的限速为 70 km/h，而事故列车当时的行驶速度达 100 km/h（由列车数据记录得），且事故发生的列车信号控制系统属于比较旧的形式，列车超速行驶不会自动制动保护。事发前，该列车在伊丹站停靠超过预定停车位置 40 cm，司机将列车后退开门让乘客上下车，列车延误 1 min 30 s。司机有可能为赶点而超速行驶，并在弯道未减速而起动紧急制动，造成车厢失去平衡而出轨。据专家表示，事发地点弯道行驶速度需达 133 km/h 以上才有可能出轨，故不排除尚有其他原因同时存在。

此外，事故司机时年 23 岁，于 2004 年 5 月才取得电车驾驶执照，驾驶经验较不足。且过去有不良记录，包括实习期间有 3 次被处分记录，2004 年 6 月违规后接受 13 天的"再教育"，经适任评估与心理测验后才复职。

（2）轨道因素。

① 轨道上有障碍物。

出事路段的轨道上发现"粉碎痕"，疑似车轮碾过碎石的痕迹，也可能有人在铁道上放置石头或硬物（日本曾有因孩童在铁轨上放置石块致列车出轨案例）。

② 轨道出现问题。

在事故现场采证当中，尚未找到具体迹象。轨道弯道段无护轨装置也可能是导致出轨的原因。

（3）列车机械因素。

列车制动或其他机械故障调查，人员解读事故列车行车记录器（位于列车第 1、4、5、7 节）的资料未发现异常。

（4）车底设备掉落。

车底设备掉落，会在轨道上产生碰撞痕迹，但并未发现异常。

3）整改措施

西日本铁道公司列车出轨事故，司机违反限速规定超速行驶应为主要原因，所以一定要加强对电客车司机安全意识的教育，如观看一些地铁事故录像等。

适当提高司机工资待遇，为司机创造良好的工作环境，增加对司机的重视程度，同时加大对司机的考核力度，适当增加备用司机的数量，采用竞争上岗，严进宽出，违章次数累计达到一定数量不得再竞聘司机岗位，使司机产生危机感，从而提高司机本身对岗位的珍惜程度。

由于国内地铁采用了 ATS 系统，类似这种由于超速驾驶导致出轨的事故基本不会发生，当车辆本身或信号系统检测到运行速度超速时，会给出警告或紧急制动反应，保障列车安全运行。

8.4.2　设备原因引起的地铁事故

1. 地铁列车无法正常牵引严重晚点事故

发生时间：2006 年 3 月 15 日 14:06。

发生地点：三山街站上行区间。

事故后果：故障列车退出运营，正线运营晚点近 1 h。

1）事故经过

14:06，0506 车运行至三山街站上行站台停车开关门作业后，正常按 ATO 模式驾驶起动。起动后不久，列车发生冲动，随即自动停车，改用手动 SM 模式驾驶，列车只能以 5 km/h 速度缓慢牵引；14:15，故障列车到达张府园站，按规定开关门作业上下客后开出不久，列车产生紧急制动，手动 SM 模式驾驶时速度只能维持在 5 km/h 左右，故障现象仍然存在；14:26，到达新街口站，进行清客，该车退出运营。

2）事故原因分析

列车制动系统中的制动压力开关状态不稳定，在常用制动已经全部缓解的情况下，司机室得不到制动已缓解的信号，导致列车无法正常牵引。

车辆检修和行车部门工作人员安全意识不强，存在侥幸心理。据了解，这条电路曾经也发生过类似故障，但都是在终点站或存车线附近，未影响到正常运营。加上这类故障难以重现，致使故障一次次被放过，最终造成此次事故的发生。

当值调度处理突发事件能力不足。在事故处理过程中，列车在故障状态下仍然载客运行了两个区间，致使影响正线正常运营近 1 h。

3）整改措施

消除侥幸心理，彻底清查车辆故障。对于存在安全隐患的一切车辆，拒绝上线运营。对正线运营的车辆出现不稳定因素时，坚决安排下线。建议将此故障现象告知地铁车辆的生产厂家，使其加强对该系统特别是制动压力开关的验收力度。同时，在车辆调试时，对该部件的状态进行重点观察。

2. 地铁车辆常用制动失灵事故

发生时间：2006 年 10 月 22 日 10:33。

发生地点：上行线距中华门站 300 m 处。

事故后果：正线行车中断 25 min，造成清客 5 列次，单程票退票 401 张，IC 卡更新 145 张，影响涉及 5 列车、4 个车站。

1）事故经过

10:33，1314 车上行行驶至距中华门站 300 m 处，发现速度不降，随即快速制动，仍不降速，最终因超速 ATP 保护列车产生紧急制动；10:34，司机检查发现 DDU 面板和故障清单无任何故障显示，检查司机室设备柜的开关，未发现有开关动作，随后司机采取应急处理措施，发现无法缓解紧急制动；10:41，行调要求司机换端等待列车救援；10:52，救援列车与故障列车完成连挂；11:01，故障列车推到中华门清客；11:29，到达小行基地。

2）事故原因分析

本案例事故的原因是司控器航空插头某号针与制动命令继电器连接不良，导致制动命令继电器 BDR 不得电，最终使司机的制动命令无法传递给每节车厢，全车都无法执行制动指令。同时由于紧急制动的缓解过程也需要制动命令信号，所以也无法缓解紧急制动。

3）整改措施

对事故的认识：这是一起因车辆设备质量问题引发的事件，虽然没有造成严重的后果，但事故本身反映的问题应引起相关单位的注意。试想，如果列车紧急制动系统设备出现故障，导致紧急制动无法实现，后果将不堪设想。

采取的措施：要求相关单位检查并确认原装防缩尺是否符合使用要求，对所有的司控器连接器进行状态普查，及时整改，避免类似故障再次发生；要求其对列车制动系统进行大检查，确保列车运行的安全；做到检查要有记录，使作业过程具有可追溯性。

3. 列车右门关好继电器故障致延误事件

发生时间：2015 年 11 月 26 日 17:09。

发生地点：光谷广场上行站台接车 B07。

事故后果：正线运营造成列车延误 3 min，到晚 1 列，中途清客 1 列。

1）事故经过

2015 年 11 月 26 日 17:09，司机 A 在光谷上行站台接车 B07，在 1 车司机室建端后，正常进行关门作业。司机确认列车车门、信号显示正确后按下 ATO 发车，但列车报紧急制动无法动车，之后紧急制动缓解，HMI 屏显示 VCU 报车门未关闭。司机检查司机台及电器柜开关旋钮等均处在正确位，所有门关好指示灯亮，再次尝试 ATO 发车，但依然无法动车，但此时 HMI 显示 VCU 报车门未关闭的故障消失。17:11，司机尝试 ATP 动车无效（列车有速度码），且列车 RM 模式无法建立（RM 模式灯没有点亮）。司机查看 HMI 页面检查列车牵引电机和各车制动，发现并无故障显示。中心指示 B07 紧急牵引模式动车。此事件造成正线运营列车延误 3 min，到晚 1 列，中途清客 1 列。

2）故障调查分析

故障发生后，车辆部门第一时间组织相关技术人员前往调查故障原因，技术人员通过故障数据、控制逻辑及电气原理图分析，判定车辆故障原因为 B07 1 车+115 柜内"=81-K109 列车右门关好继电器" 6R-10R 触点接触不良致右门关好信号丢失，列车触发 VCU 紧急制动并封锁牵引无法动车。

3）整改措施

进一步优化、细化正线故障应急处理办法的内容，确保应急处理办法内容全面、流程精炼、指导性强。

将职员工培训重点放在《电客车司机正线运营故障应急处理办法》《正线电客车故障处理程序》《行车组织规则》的再学习上，并针对应急故障处理办法中的常见故障进行分析判断，严格按照《行规》的要求执行，强调各规章制度的实用性。

4. 正线所有门关好回路断开事件

发生时间：2017 年 6 月 19 日 9:02。

发生地点：云飞路 1 站台。

事故后果：造成最大延误 8 列，掉线 1 列，到晚 3 列，中途清客折返 1 列。

1）事故经过

2017 年 6 月 19 日 9:02，C216 车为头在云飞路 1 站台乘降完毕后以 ATO 模式发车。列车在云飞路 1 至武汉商务区 1 区间内突然紧急制动（百米标 161）。列车停稳后，司机确认所有门关好后报中心"C21 车所有门关闭指示灯熄灭，但是 TCMS 显示所有车门均处于关闭状态"。司机联系班组长汇报 C21 故障情况，并向中心申请司机室门旁路，但所有门关好指示灯仍然不亮，随后检修人员重新开关一次司机室门，处理无效。司机尝试 RM 模式动车，但列车无法动车。C21 以 ATP 切除模式，打"所有门关好旁路"后动车前往武汉商务区 1 站台。C21 到达汉商务区 1 站台，中心指示 C21 司机清客退出运营。

2）故障调查分析

列车回库后，对列车所有门关好回路的接线进行检查，发现 C21 5 车所有门关好安全互锁回路线存在断路。经检查，熔断线缆为七芯线，熔断的位置在七芯线外皮的剥线处。熔断位置位于客室电气柜顶部，检查发现该七芯线缆中的备用线在剥线处存在绝缘层破损现象。造成线缆熔断的原因为新车制造时线缆剥线误伤线缆绝缘层及内部线芯，造成导线存在断股，线接触不良，长时间发热导致熔断。

3）整改措施

更换该多芯线缆，多次试验确保该车功能正常；发现该问题后及时制定普查方案，对全部车辆进行普查整改；强化安全隐患意识，C21 车在宏图大道交车时已发生 3 次门关闭灯延时点亮，接车司机、驻站跟车人员、正线监控班组长都未对此引起重视。

8.4.3　社会灾害引起的地铁事故

莫斯科地铁自杀式爆炸袭击事故案例相关内容如下：

发生时间：2010 年 3 月 29 日。

发生地点：莫斯科市中心的卢比扬卡地铁站和文化公园地铁站。

事故后果：至少 41 人死亡，74 人受伤。

1）事故经过

莫斯科时间 2010 年 3 月 29 日 7:50 左右，莫斯科市卢比扬卡地铁站内一节车厢发生爆炸。其后，莫斯科地铁文化公园站发生爆炸，随后又发生第三起爆炸事故，地点位于和平大街地铁站。此次事件被称为莫斯科地铁连环爆炸案。

2）事故原因分析

此次地铁爆炸显然是一次精心策划的恐怖事件。爆炸装置威力约为 3 kg TNT 炸药。两名女性自杀炸弹客涉嫌实施恐怖事件。

3）整改措施

做好地铁车站前期预防工作，是防止恐怖事件发生的有效途径。由于这类事件可能带来的严重性后果，城市轨道交通运营部门员工在日常工作中必须保持高度的警觉，发现可疑物品和可疑人员应迅速地向有关部门汇报，便于尽早采取防范措施，最重要的是需做好自身的安全防护工作，避免一些不必要的伤害发生。

思考题

1. 城市轨道交通行车事故的定义和分类是什么？
2. 城市轨道交通行车事故及处理方法是什么？

附录 A 用 语 说 明

序号	词汇	说明
1	OCC	控制中心
2	ATS	列车自动监控
3	ZC	区域控制器
4	VOBC	车载控制器
5	PMI	计算机联锁
6	MAU	移动授权单元
7	AMT	人工列车授权
8	LMA	移动授权限制
9	NCT	非通信列车
10	NCO	非通信障碍物
11	DCC	车场控制中心
12	CCTV	电视监视系统
13	ATO	自动驾驶模式
14	ATPM	ATP 保护下的人工驾驶模式
15	RM	限制人工驾驶模式，最大允许速度不超过 25 km/h
16	CUT-OUT	ATP 切除驾驶模式，列车运行由人工控制，信号系统对运行不提供速度监督和防护
17	运营时刻表	列车在车站（段、场）出发、到达（或通过）及折返时刻的集合
18	列车	指在正线上运行的客车、工程车、救援列车、调试列车等
19	客车	指可载客运行的列车，采用两动两拖的编组型式
20	工程车	以内燃机为动力，用于调车、救援等作业的轨道车

续表

序号	词汇	说明
21	备用车	用于替换故障客车或在需要加开时使用的客车
22	关门车	关闭截断塞门而失去制动能力的车辆
23	联锁控制站	在 CBTC 模式或后备模式下，集中控制道岔和办理进路的车站
24	转换区	在正线与车辆段（车场）连接处设置，在 CBTC 模式下，列车在转换区实现车辆段（车场）与正线信号系统的转换
25	车站紧急停车按钮	在车控室和站台设置，在紧急情况下按下此按钮实现列车的紧急停车
26	限界	为保证安全，规定车辆、设备及建筑物等不能超出（侵入）的轮廓线
27	后备模式	在 CBTC 模式因故不能使用时，利用固定闭塞原理组织行车的一种方式
28	路票	在采用大区间闭塞和电话闭塞行车时，列车进入区间的凭证
29	推进运行	在列车尾部司机室操纵列车运行，或救援列车在被救援客车尾部推进运行
30	反方向运行	列车运行进路分为上、下行方向运行，如违反常规运行方向的称反方向运行
31	退行	因列车在车站冒进或其他原因需退回车站，退行可以推进或牵引运行

附录 B 线路标志图

序号	标志名称	图示	注释
1	站名停车标		指示司机操纵列车停车定位，每站上、下行各一个，并提示司机所停车站的站名。 设立在列车运行方向站台头部左侧墙上，在站台 CCTV 屏幕下方
2	站台停车精度标	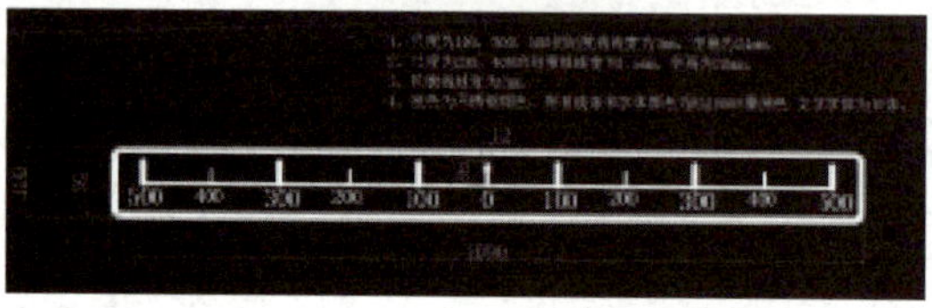	用于车站停车时，司机精确对标。 设立在列车运行方向端门站台地砖上
3	正线应急疏散停车标	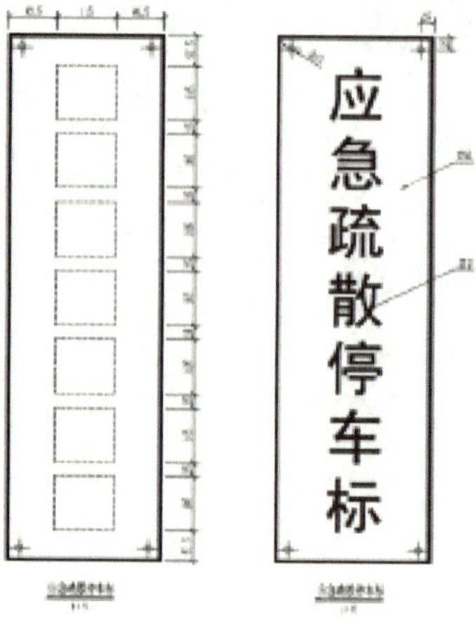	用于车辆应急情况时，指示司机对标停车疏散的指示牌。 每站上、下行各一个，设立在列车运行方向站台头部左侧墙上

续表

序号	标志名称	图示	注释
4	5 米标	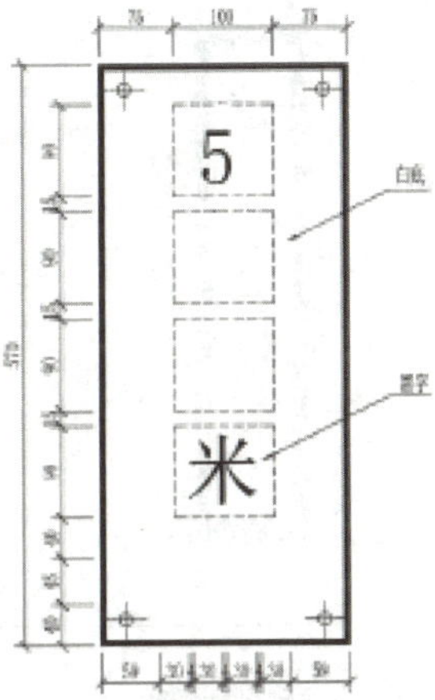	提示司机此处超越"站名停车标"5 m。该标识与站台停车标规格参数相同，仅在内部写上"5 米"两个字。 设立在列车运行方向"站名停车标"前方 5 米处左侧墙上
5	进站预告标	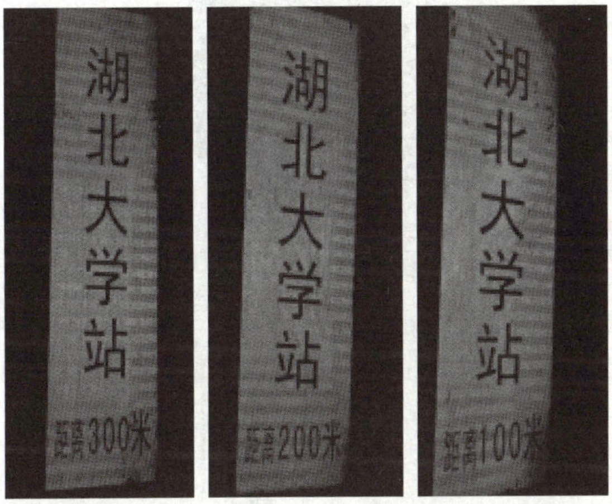	提示司机即将进入前方车站的站名及距离，设立在进站端
6	正线限速标	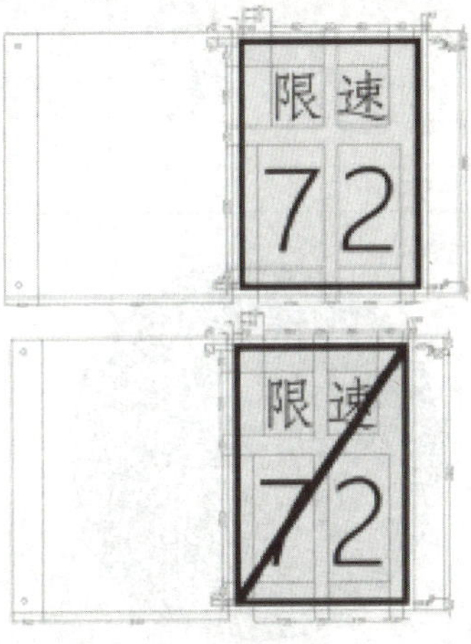	提示司机线路限速。限速地段标志不必加斜线"/"，标志下方表示限制速度值。 限速标地段过后采用取消限速标。限速标设在距限速曲线起点外 20 m 处，取消限速标设在距限速曲线终点外 60 m 处。若两限速地段距离较近时，可将前一限速地段的取消限速标取消

序号	标志名称	图示	注释
7	正线折返线停车标	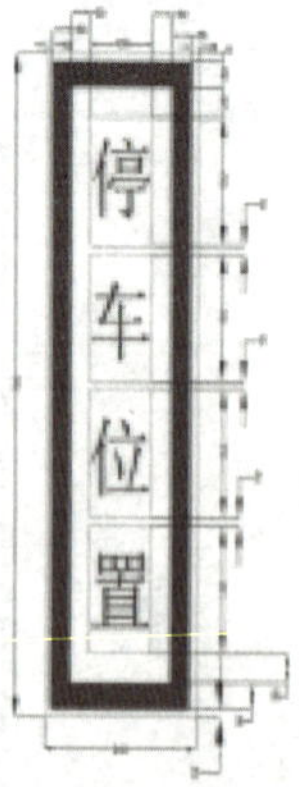	指示司机操作列车进入折返线所停车位置。 一般设立在列车前进方向的右侧，一般距线路中心线 2 m
8	正线存车线停车标		指示司机操纵列车进入存车线所停车位置。 一般设立在列车前进方向的右侧，一般距线路中心线 2 m
9	车辆段一度停车标	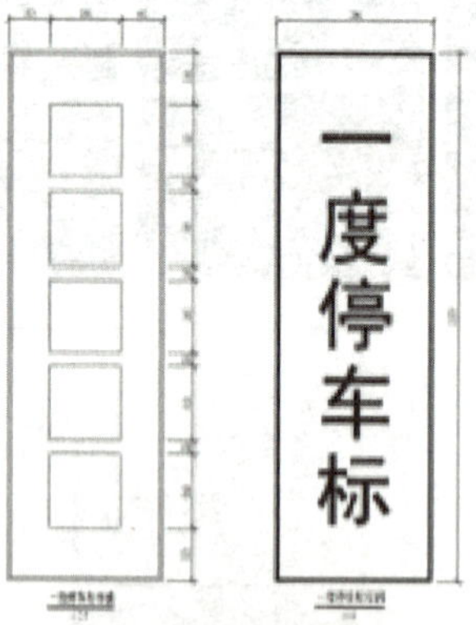	列车在转换模式、进出车辆段或停车场、库门前，平交道、机车车辆调车换端处等位置设立的标牌，指示列车停车的标识。 设立在列车运行方向的右侧，标牌中心距离线路中心线 2.5 m，并不得侵入邻线设备限界
10	车辆段停车标		指示机车车辆调车时（尽头线）停车位置标

续表

序号	标志名称	图示	注释
11	车辆段试车线 三车、二车、一车指示停车标	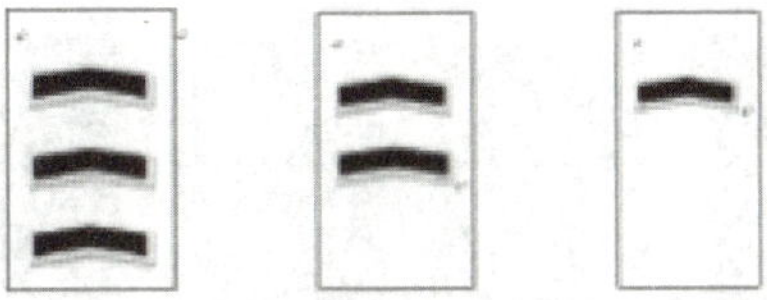	指示列车、机车、车辆在停车时,距离停留位置的距离指示标识
12	车辆段试车线停车位置标		指示机车车辆停车位置标识
13	车辆段试车线百米标	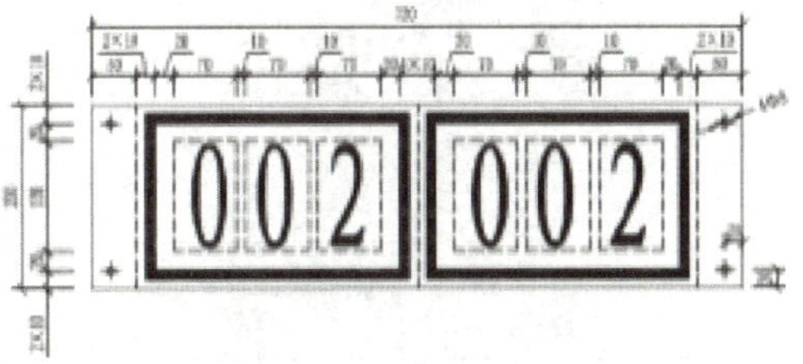	指示线路距离的标识,应设立于列车前进方向右侧整百米处
14	试车线限速标		提示司机试车线线路限速
15	车辆段股道号牌		表示列车进库的股道编号

续表

序号	标志名称	图示	注释
16	车辆段洗车标	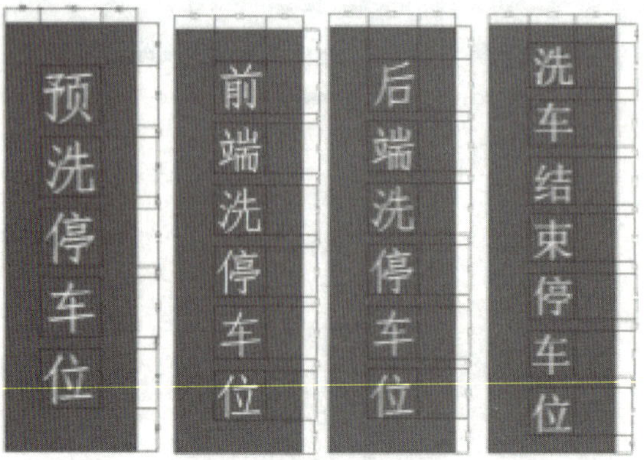 预洗停车位　前端洗停车位　后端洗停车位　洗车结束停车位	表示不同的洗车方式列车应停车位置
17	客车禁入、接触轨终点标	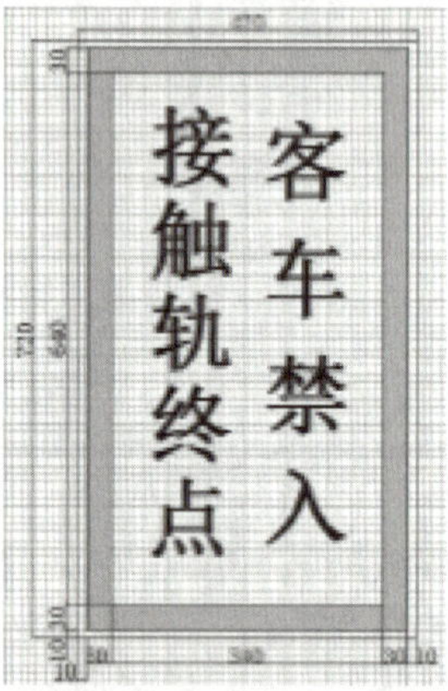 接触轨终点　客车禁入	提示司机前方 10 m 到达接触轨尽头，电客车禁止前行。设立在工程车牵出线接触轨尽头前 10 m 处，一般设立在列车前进方向的右侧，距离线路中心线 2 m
18	坡度标	 20.000 310.000 44+500.000	标志右侧上方数字表示列车行进方向边坡点处前方的坡度值，下方数字表示坡度长度，标面坡度值为千分率，上下坡是相对于边坡点而言，用箭头表示，下方数字表示边坡点里程
19	曲线要素标	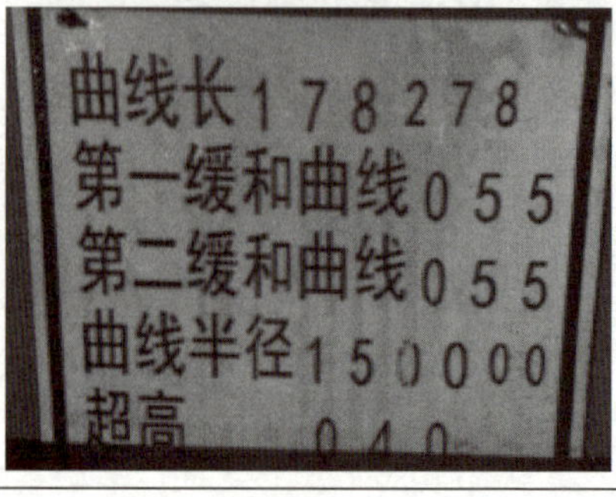 曲线长 178278 第一缓和曲线 055 第二缓和曲线 055 曲线半径 150000 超高 040	曲线要素标标志出对应曲线长度、第一缓和曲线长度、第二缓和曲线长度、曲线半径及超高值。本标志设立于曲线中间，并用膨胀螺栓固定在列车行进方向右侧墙上

续表

序号	标志名称	图示	注释
20	圆曲线和缓和曲线始终点标	 	圆曲线和缓和曲线始终点标，表示直缓、缓圆、圆缓、缓直4个曲线始终点标志。 　本标志向下箭头正好对应于里程数，并用膨胀螺栓固定于列车行进方向右侧墙上
21	竖曲线始终点标	 	竖曲线始终点标表示竖曲线始点、终点标志，下方数值表示对应始点（终点）里程。 　本标志用膨胀螺栓固定于列车行进方向右侧墙上
22	道岔编号标		标志中的数值为信号专业道岔编号。 　本标志用膨胀螺栓固定于列车行进方向道岔前顺坡终点的道心处
23	警冲标		警冲标是用来指示列车停车时，不准向道岔方向或线路交叉点方向越过，以防止停留在该线上的机车车辆与邻线上的机车车辆发生侧面冲突的标志。 　该标志设立在两会合线路间距4 m的中间处，线路间距不足4 m时，设在两线路中心线最大间距的起点处

续表

序号	标志名称	图示	注释
24	鸣笛标	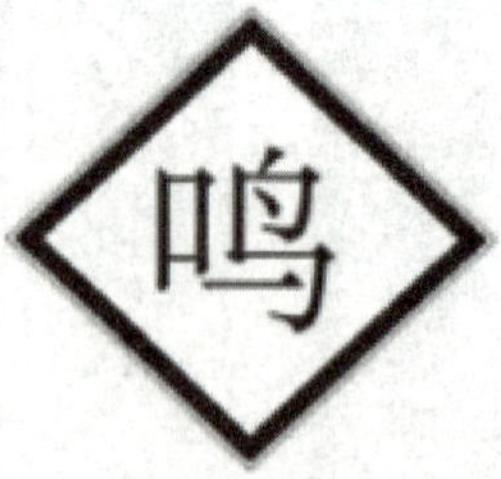	车辆段、车场行车指示标志，车辆通过此处需鸣笛警示
25	限速标	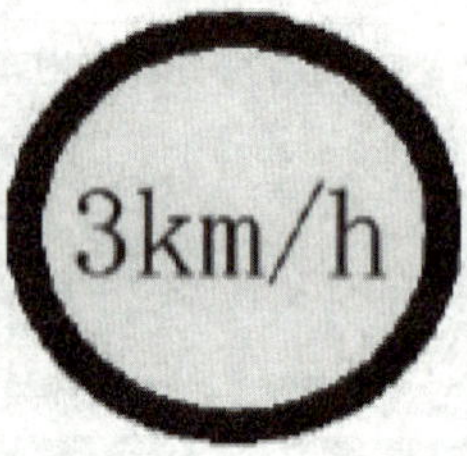	车辆段、车场行车指示标志，提示前方进入限速地段，行驶最高速度不能超过限速值

附录 C 术语与缩写词

简称	英文全称	中文全称
ATB	Automatic Train Back	列车自动折返
ATC	Automatic Train Control	列车自动控制
ATO	Automatic Train Operation	列车自动运行
ATP	Automatic Train Protection	列车自动防护
AXMe	Analog Input/Output Mixed Module	模拟量输入输出模块
VCMe	Vehicle Control Module	车辆控制模块
DCU	Drive Control Unit	传动控制单元
DIMe	Digital Input Module	数字量输入模块
DTECS	Distributed Train Electronic Control System	分布式列车电子控制系统
DXMe	Digital Input/Output Mixed Module	数字量输入输出模块
EBCU	Electronic Brake Control Unit	电子制动控制单元
EMD	Electronic Middle Distance	电气中距离
ERMe	Event Record Module	事件记录模块
ESD	Electronic Short Distance	电气短距离
HMI	Human Machine Interface	人机接口
MVB	Multifunction Vehicle Bus	多功能车辆总线
PTU	Pocket Test Unit	便携式维护工具
REP	Repeater	通道中继器
SIV	Static Inverter	辅助变流器
TCMS	Train Control and Monitor System	列车控制和诊断系统
TCN	Train Communication Network	列车通信网络